高等医学院校护理学专业教材

护理教育学概论

主　编　郑修霞
编写人员　（按姓氏笔画排序）
　　　　　　丛笑梅　北京大学护理学院
　　　　　　孙宏玉　北京大学护理学院
　　　　　　陆　红　北京大学护理学院
　　　　　　吴　瑛　北京大学护理学院
　　　　　　尚少梅　北京大学护理学院
　　　　　　郑修霞　北京大学护理学院
　　　　　　宫玉花　北京大学护理学院
　　　　　　郭记敏　北京大学护理学院

北京大学医学出版社

HULI JIAOYUXUE GAILUN

图书在版编目（CIP）数据

护理教育学概论/郑修霞主编. —北京：
北京大学医学出版社，2002.8（2017·6 重印）
高等医学院校护理学专业教材
ISBN 978-7-81071-306-1

Ⅰ. 护… Ⅱ. 郑… Ⅲ. 护理学-教育-医学院校-教材 Ⅳ. R47-4

中国版本图书馆 CIP 数据核字（2002）第 042497 号

护理教育学概论

主 编：郑修霞
出版发行：北京大学医学出版社
地 址：(100191) 北京市海淀区学院路 38 号 北京大学医学部院内
电 话：发行部 010-82802230；图书邮购 010-82802495
网 址：http://www.pumpress.com.cn
E-mail：booksale@bjmu.edu.cn
印 刷：北京瑞达方舟印务有限公司
经 销：新华书店
责任编辑：赵 莳 责任校对：李月英 责任印制：张京生
开 本：787mm×1092mm 1/16 印张：12.75 字数：321 千字
版 次：2002 年 8 月第 1 版 2017 年 6 月第 7 次印刷
书 号：ISBN 978-7-81071-306-1
定 价：17.50 元

版权所有，违者必究
（凡属质量问题请与本社发行部联系退换）

出版说明

在教育改革不断深入的今天，我国高等医学院校护理学教育获得了大力发展，为适应目前护理教育发展形势的需要，北京大学护理学院和北京医科大学出版社组织医学院校与临床教学医院从事护理专业教学的专家编写了这套"高等医学院校护理专业教材"。本套教材包括《护理教育学概论》、《护理伦理学》、《护理社会学概论》、《护理评估》、《康复护理》、《临床营养学》、《精神障碍护理学》、《临床肿瘤护理学》、《老年护理学》、《中医护理学》、《五官科护理学》、《护理美学》、《临床护理研究》等，再加上原先出版的《内科护理学》、《外科护理学》、《妇产科护理学》、《儿科护理学》、《急诊护理学》、《传染病护理学》、《现代护理管理》等教材，组成了一套完整的护理专业教材。

随着现代医学和护理学科的迅速发展，为达到新世纪人人享受健康的目标，护理专业面临的重要任务是如何为我们的护理对象提供高质量的整体护理。本套教材的编写贯彻了这个宗旨，强调医学模式和护理模式的转变，充分体现了以病人为中心的整体护理理念，内容力求反映护理学基础理论、基本知识和基本技能，体现学科先进性，并注意在理论与实践相结合的同时，注重学员能力的培养。

本套教材适用于全日制本科和成人教育专升本（含网络教育）；同时，我们在编写教材时，考虑到各地不同学校使用的需要，注意了教材的全面性、系统性，内容由浅入深，并反映新进展内容，各地使用教材时，可根据情况，针对学生层次要求进行取舍和侧重，故本套教材也可以作为大专、高职护理学专业的教材；此外本教材还可作为在职护理人员继续教育和岗位培训教材。

前　言

经历 25 个年头的改革开放，祖国医疗卫生事业蓬勃发展。这期间，护理专业作为医学科学中的专门领域，无论在社会（包括医院和社区）服务、人才培养方面还是在护理教育、护理研究方面所取得的进步与发展都是十分惊人的。进入 21 世纪，中国加入世贸组织必将对我国政治、经济、科学、文化生活产生巨大影响，护理事业和护理教育也不例外。

1994 年，为适应护理教育改革和护理专业师资队伍建设的需要，我们撰写、出版了《当代教育学理论与护理教育》。该书出版后，承同行厚爱和支持，被很多高等医学院校护理专业选为护理教育教材或参考教材；也曾被全国高等教育自学考试指导委员会和北京市护理专业自学考试办公室选为护理教育或考试科目的参考依据。当初，这本书问世是基于美国 HOPE 民间健康基金会与北京大学护理学院（原北京医科大学护理学院）联合举办的护理专业高级研讨班、进修班讲座内容编撰的，适合研究生教育和护理专业教师深造需要。时隔 8 年，通过教学实践和学习，作者们对全书所涉及的理论和内容又有了一些新的体会和认识。如果说当初大多是停留在理性认识上，那么现在又多了些感性的。8 年来，我们的教学实践和国际交流不断扩大，为这些感性和理性认识增添了新的内涵。当然，更难得的是国内同行的支持。鉴于此，编写适应我国护理专业本科生教育需要的护理教育教材时机已经成熟，我们在《当代教育学理论与护理教育》编写经验基础上，按教材形式组织编写了这本适合于护理专业（本科）使用的《护理教育学概论》。

如果说《护理教育学概论》与《当代教育学理论与护理教育》比较有什么不同的话，首先是内容简练。作者们通过教育学有关理论的再学习和再认识，对护理教育有关理论进行了"精炼"和"重组"，删去了很多描述性、评论性的内容；特别对一些护理教育研究发展历史的有关介绍大幅删减，更适合本科生学习。其次，增加了教育学的一般概念。第三，对经典的护理教育学理论及其代表人物的教育观点精心选择和归类，采用更加通俗易懂的语言并结合护理应用或实例加以描述。第四，在教学方法中，增加了"以问题为中心"的教学法。第五，将"教学评价"与"学习评估"内容整合为"教育评价"，并增加了试卷编制、分析的具体做法。采取这些做法的基本原则是使全书内容力求在突出科学性、时代性的同时，更突出知识性、实用性和可读性，便于自学。

21世纪的自然科学和社会科学的发展确定了护理科学的多元化和跨学科知识融合的发展趋势,改变师生传统的教育理念,加快护理教育改革步伐是当务之急。本教材可以为师生提供参与教改的灵感:在教育学原理指导下,师生共同设计方案,有利于培养学生评判性思维,变被动学习为主动学习;懂得如何通过各种学习形式、利用多种途径获得信息和技能,使学习成为终身的过程。

全书包括教育学基本概念、教育相关原理、课程设置、教学方法/技巧、临床教学、教育评价和教育管理等内容。希望书中内容能帮助学生在教师指导下,或通过自学提高教育科学的理论素养、学习运用相关理论和方法开展科学研究的能力,加快我国护理教育与实践的发展步伐。由于全书内容涉及道德、伦理、心理学及其在教学活动中的运用,因此涉及指导者——指导对象;服务者——服务对象的场景,例如医护人员与病人乃至健康人群间的人际沟通活动等的描述对临床以外的人类社会生活也有一定指导意义。

鉴于编者水平有限,错误或不足之处难免,乞望专家、读者指正。

郑修霞

2001年4月20日

目 录

第一章 绪论 (1)

第一节 教育学的基本概念 (1)
一、概述 (1)
二、教育学中的基本概念 (3)
三、教育的基本要素及关系 (3)
四、教学及教学过程 (4)

第二节 护理教育的研究任务、教学内容和研究方法 (9)
一、护理教育的研究任务 (9)
二、护理教育的教学内容 (9)
三、护理教育的研究方法 (9)

第三节 护理教育的现状及发展趋势 (11)
一、国外护理教育的形成及发展 (11)
二、我国护理教育的状况 (13)
三、影响护理教育发展的因素 (14)
四、护理教育的发展趋势 (16)

第二章 教育基本原理与护理教育 (19)

第一节 行为主义理论 (19)
一、行为主义理论的产生及主要代表人物 (19)
二、行为主义理论的主要观点 (19)
三、桑代克的学习理论 (20)
四、斯金纳的操作性条件反射理论 (22)
五、对行为主义理论的评论 (25)
六、行为主义理论在护理教育中的应用 (25)

第二节 认知理论 (28)
一、认知理论的产生及主要代表人物 (28)
二、认知及认知心理学的概念 (28)
三、认知心理学与行为主义心理学的主要区别 (28)
四、人类的记忆系统 (29)
五、记忆与遗忘 (30)
六、布鲁纳(Bruner)的发现学习理论 (33)

第三节 社会学习理论 (36)
一、社会学习理论的产生及主要代表人物 (36)
二、社会学习理论的主要观点 (36)
三、社会学习理论在护理教育中的应用 (37)

第四节 人本主义理论 (39)
一、人本主义理论的产生及主要代表人物 (39)
二、人本主义理论的主要观点 (39)
三、罗杰斯理论的主要观点 (40)
四、人本主义理论在护理教育中的应用 (41)

第五节 成人教育理论 (43)
一、成人教育理论的产生及主要代表人物 (43)
二、成人教育理论的主要观点 (43)
三、成人教育理论在护理教育中的应用 (44)

第六节 合作学习理论 (45)
一、合作学习理论的产生及主要代表人物 (45)

二、合作学习理论的主要观点……………（45）
三、合作学习理论在护理教学中的
　　应用……………………………………（45）

第七节　学习动机理论………………………（47）
一、内驱力和需要理论…………………（47）
二、人类动机理论………………………（47）
三、成就动机理论………………………（49）
四、动机归因理论………………………（50）

第八节　操作技能的教学原理………………（52）
一、概述…………………………………（52）
二、操作技能的教学……………………（53）
三、操作技能的教学目标………………（54）
四、操作技能的教学原理在护理教育
　　中的应用………………………………（55）

第三章　课程与护理专业课程设置 …（57）

第一节　课程的定义与发展…………………（57）
一、课程的概念…………………………（57）
二、课程的类型及在护理教育中的
　　应用……………………………………（58）

第二节　课程模式的类型与内容……………（64）
一、系统模式……………………………（64）
二、行为目标模式………………………（65）
三、过程模式……………………………（72）
四、文化分析课程模式…………………（73）

第三节　课程设置的原则及在护理教育
　　　　中的应用………………………………（75）
一、课程设置的原则……………………（75）
二、课程设置在护理教育中
　　的应用…………………………………（76）
三、课程科目大纲的制订………………（78）
四、课程设计小组的设立及作用………（79）

第四节　课程的变化与革新…………………（80）
一、影响课程变化及革新的因素………（80）
二、课程变化和革新的方针……………（82）
三、课程革新后的推广…………………（83）

四、生物—心理—社会医学模式对护理
　　教育变革的影响………………………（83）

第四章　教学方法与技巧……………（85）

第一节　课堂讲授法…………………………（85）
一、讲授法的特点………………………（85）
二、制定讲授计划的过程………………（86）
三、讲授过程……………………………（90）
四、增进讲授效果的措施………………（90）

第二节　小组教学法…………………………（93）
一、小组的规模与性质…………………（93）
二、小组教学环境………………………（94）
三、小组的基本过程……………………（96）
四、组内交流和相互作用………………（98）
五、教学小组的目的与目标……………（99）
六、指导教师的角色功能………………（100）
七、小组教学存在的共同
　　问题及对策……………………………（101）
八、教学小组的主要类型………………（102）
九、增进教学效果的措施………………（104）

第三节　经验学习法…………………………（106）
一、护理实践中经验学习
　　的过程…………………………………（107）
二、经验学习的计划……………………（107）
三、有关经验学习的论题………………（108）

第四节　以问题为基础的教学
　　　　方法………………………………………（110）
一、以问题为基础的教学法的产生及
　　发展……………………………………（110）
二、以问题为基础的教学法的操作
　　过程……………………………………（110）
三、以问题为基础的教学法对护理教
　　育的意义………………………………（112）
四、以问题为基础的教学法在推广实
　　施中存在的问题………………………（112）

第五节　其他教学方法…………………………（114）

一、开放式学习 …………………… (114)
二、个别辅导 ……………………… (114)
三、咨询 …………………………… (114)
第六节　教学技巧 …………………… (116)
一、课堂提问技巧 ………………… (116)
二、演示 …………………………… (117)
三、小组教学常用技巧 …………… (118)
四、电化教学 ……………………… (121)

第五章　临床教学 …………………… (123)
第一节　概述 ………………………… (123)
一、临床教学的概念及意义 ……… (123)
二、临床教学的内容 ……………… (124)
三、临床教学的重要性 …………… (125)
第二节　临床教学目标及组织领导 ……
　………………………………… (126)
一、临床教学目标 ………………… (126)
二、临床教学的组织领导 ………… (126)
第三节　临床教师角色及选择 ……… (129)
一、临床教师角色 ………………… (129)
二、临床教师的选择 ……………… (131)
第四节　临床教学环境 ……………… (132)
一、临床教学环境的组成 ………… (132)
二、社区临床教学环境 …………… (135)
三、临床教学环境对学生
　　心理的影响 …………………… (135)
四、临床教师态度或行为对学生学习
　　的影响 ………………………… (136)
五、临床教学环境的评价标准 …… (136)
第五节　临床教学常用方法 ………… (138)
一、带教制 ………………………… (138)
二、实习前、后讨论会 …………… (139)
三、临床查房 ……………………… (140)
四、专题报告及研讨会 …………… (140)
五、其他临床教学方法 …………… (141)

第六章　教育评估与评价在护理教育
　　　　　中的应用 ………………… (142)
第一节　教育评估与评价
　　　　发展简史 ………………… (142)
一、教育评估与评价的发展阶段 … (142)
二、相关概念 ……………………… (143)
三、教育评估与评价在护理教育中的
　　意义 …………………………… (144)
第二节　教育评估 …………………… (145)
一、教育评估的分类 ……………… (145)
二、有效评估的标准 ……………… (146)
三、常用的评估方法 ……………… (147)
四、临床能力评估 ………………… (159)
第三节　教育评价 …………………… (163)
一、概述 …………………………… (163)
二、教育评价模式 ………………… (163)
三、教育评价过程 ………………… (165)
四、教育评价的内容 ……………… (166)
五、教育质量保证 ………………… (169)

第七章　护理院校的教育管理 ……… (172)
第一节　绪论 ………………………… (172)
一、教育管理学定义 ……………… (172)
二、教育管理学的主要功能 ……… (172)
三、护理教育领导者的
　　主要功能 ……………………… (172)
第二节　护理学校组织 ……………… (174)
一、高等护理教育的行政
　　管理系统 ……………………… (174)
二、各级行政管理机构及
　　其职能 ………………………… (174)
第三节　护理学院的管理过程 ……… (177)
一、管理过程的要素 ……………… (177)
二、护理学院的管理过程 ………… (177)
三、护理教育教学中的管理原则 … (177)

第四节 护理教育中的教育制度……（180）
　一、学制 ……………………（180）
　二、学位制度 ………………（181）
　三、护理院校的招生就业
　　　制度 ……………………（182）
　四、教师聘任制度 ……………（183）

第五节 工作人员及工作情况
　　　的评价…………………（189）
　一、评价的目的 ……………（189）
　二、评价的原则 ……………（189）
　三、评价的实施 ……………（190）

第一章 绪 论

第一节 教育学的基本概念

护理教育中经常应用教育学中的基本概念和原理，要了解护理教育的发展我们有必要先明确教育学的一些基本概念和原理。

一、概述

(一) 教育的本质

关于教育的本质问题，在中外教育史上，许多人作过表述。在我国古籍中，《中庸》上说，"修道之谓教"。《荀子·修身》中说，"以善先人者谓之教"。后来《说文解字》中说，"教，上所施，下所效也。""育，养子使作善也"。在西方，教育一词，源于拉丁文，原意是"引发"的意思，也就是对人做出引导的意思。后来，捷克著名教育家夸美纽斯（1592～1670）说，"教育在于发展健全的个人"。法国18世纪启蒙思想家卢梭（1712～1778）说，"植物是由培栽而成，人是由教育而成"。美国实用主义教育家杜威说，"教育即生活"、"教育即生长"等等。这些说法，尽管有他们各自的哲学观、社会观、伦理观，反映着不同时代、不同阶级的要求，但他们的表述都集中在一个基本的共同点上，那就是都把教育看做是培养人的活动，看做是感化、启发、引导人的活动，或者看做是传道、授业、解惑的过程，目的在于促使一个新生个体社会化，促使受教育者的身心得到发展，在知识、品格等方面都能适应社会的需要。

因此，什么是教育，或者说教育的本质属性，就是根据一定社会的需要所进行的培养人的活动，或者说是培养人的过程。

人们在标明教育的本质属性时，基本上是从两个侧面来表述其内涵的：一是从教育者培养人的过程来谈，如教育是培养人、造就人、训练人的过程；另一是从受教育者身心发展变化来谈，如教育是发展，是生长，是对生活的适应，是经验的积累与重新组合，是个体社会化的过程。总之，对教育的普遍的本质的概括，都是教育者与受教育者活动的统一，都是教育者促使受教育者身心发展的过程。

(二) 教育学中教育的概念

从上述教育的本质的属性出发，在教育学的文献中，教育常常被看做是对人从生到死的全部感化的总和。即有计划的和偶然的，有组织的和无组织的，自觉的和自发的感化的总和。它泛指一切增进人们知识、技能、身体健康以及形成或改变人们思想的活动，这是广义教育的含义。

在我们教育学中，教育的涵义是有条件的，这里说的教育，是教育成为独立社会活动形式以后的教育，它的条件是：第一，受教育的对象主要是新生一代，即儿童、青少年的教育。第二，有专门受过专业训练的教育者，主要是专业教师。第三，是有目的、有计划、有组织地影响青少年一代的活动，这种活动主要在学校进行。凯洛夫主编的《教育学》里认为，教育就是有目的有计划地实现对青年一代影响的过程，以便把学生培养成社会所需要的人。这一概念，直至现在在我国"教育学"教科书中一直沿用着。《中国大百科全书·教育卷》中，对"教育"一词的释文中说："狭义的教育，主要指学校教育，其涵义是教育者根据一定社会（或阶级）的要求，有目的、有计划、有组织地对受教育者的身心施加影响，把他们培养成为一定社会（或阶级）所需要的人的活动"。

（三）教育学的形成与发展

教育活动为人类社会所特有，它随着人类社会的产生及物质生产的发展而产生和发展起来。对教育活动的认识、研究、探讨，则是随着教育的发展而逐渐发展起来，特别是教育成为独立的社会活动形式，许多的教育事实积累起来以后，教育科学也逐渐发展起来了。教育科学的发展过程，经历了以下几个时期。

1. **萌芽期** 指对教育问题的研究已经开始，但研究的问题还很不完整的时期。这一时期的研究实际上是对经验的总结或对教育事实的记叙或描绘，而研究的结果，散见于哲学、政治的学说中，这一时期教育科学还没有从哲学、政治学、伦理学中分化出来，成为一门独立的科学。

2. **雏形期** 教育科学成为一门原始状态的独立的学科。在我国，出现了对先秦儒家教育思想、教学经验做了较为系统总结的《学记》，这是中国最早的教育专著，它对教育的作用、教育制度，特别是对教与学中的许多问题，做了较为精辟的阐明。在欧洲，最早的教育专著是17世纪捷克的民主主义教育家夸美纽斯的《大教学论》。在这部著作中，夸美纽斯对教育目的、作用、组织方法，特别是班级授课制以及教学原则和方法等，都做了比较系统的叙述。它标志着教育学已经初步形成为一门独立的学科。

3. **发展期** 这一时期，出现了许多关于教育学的论著，如德国赫尔巴特（1776~1841）的《普通教育学》，阐发了被后来称为"传统教育派"的教学理论。这一理论主张把过去人类传授下来的知识、技能以及社会上形成的道德规范、行为准则按科学的逻辑编为教材，分科教学，系统地传授给儿童；在这个过程中教师是传授知识技能和实施行为准则的代理人，因而强调教师的权威和作用，要求学生要有顺受和服从的态度。他的教学理论是以他的哲学、心理学、伦理学为基础的。美国杜威（1859~1952）的《民本主义与教育》，以他的实用主义哲学为依据阐发了自称为"进步教育"的理论，他认为教育不过是学生经验的不断积累、改造和重新组合，因而他主张"儿童中心"，"活动中心"，"教育即生活，学校即社会"，让儿童在做中学。他反对书本中心、教师中心、课堂中心的"传统教育"。俄国教育家乌申斯基（1824~1870）的《人是教育的对象》，乌申斯基的重要贡献在于他将生理学、心理学看做是教育学的基础，从人是教育的对象角度，研究了教育对象的身心特征，推进了教育学的科学化。这些著作可以看做是教育科学发展的新标志。它们的基本特征是教育学已经形成了独立的体系，称得上是一门独立的科学。

4. **科学化时期** 尽管在上一时期内，教育学已经发展起来，而且出现了不同的学派，取得了重大的成就，但整体看，还没有完成科学化的过程。教育科学的科学化是以下面四个条件为前提的：首先是生理学和心理学的发展，它为教育科学研究教育对象奠定了基础。其次是现代科学的发展，它为教育内容各门学科的建立奠定了基础。再次是研究手段、方法的科学化，实验教育学的出现，教育统计学、计量学应用于教育研究，为教育科学研究提供了科学的方法。最后，也是最重要的条件，是马克思主义的产生，它为教育科学走向科学化全面地奠定了基础，提供了科学的方法论基础。从此，教育学作为一门独立的学科走上了科学化的道路。

二、教育学中的基本概念

1. 智育 是指按计划、有目的地用一定的知识、技能、技巧武装学生，发展学生的智力，并在此基础上，奠定学生科学世界观基础的教育。

2. 德育 它是教育者把一定的社会思想和道德规范转化为个体的思想意识和道德品质的教育，其实质是形成学生一定的政治观点、思想意识、道德品质，即一个人的社会特质。通常是指学校里全部的思想政治教育。

3. 体育 是向受教育者传授健身的知识、技能，增强体质，培养自觉锻炼身体习惯和养成良好卫生习惯的活动。体育可以促进人体正常发育，完善人体的形态和功能，增强体质。这对于维持和扩大社会再生产以及人类自身再生产，延长人的寿命，都有重要作用。

4. 美育 也称审美教育或美感教育，是培养学生认识美、爱好美和创造美的能力的教育。美育要通过各种艺术以及自然和社会生活中美好的事物来进行。在教育中，美育越来越被重视。

5. 教学 是教师教和学生学的共同活动。学生在教师有目的、有计划的指导下，积极、主动地掌握系统的科学知识和形成基本技能，发展智力，增强体质，并形成一定的思想品德的过程。教学是学校教育活动的基本形式。

以上这些基本概念是互相联系和互相依赖的。教育概念，包括智育、德育、体育、美育、教学等。智育主要是通过教学来实现的。德育主要是在智育的基础上进行的。教学始终具有教育性，是实现德育、智育、体育、美育的基本途径。

三、教育的基本要素及关系

上面讲到，教育是培养人的活动，这是给教育做了质的规定。但要展示出教育活动的复杂性，揭示出教育活动的内部矛盾，还要研究构成教育活动的基本要素及其要素间的基本关系。

任何教育活动，都是由四个基本要素构成的。这就是教育者、受教育者、教育内容、教育手段。

1. 教育者 凡是给受教育者影响起到教育作用的人，都可以称是教育者。主要是指学校教师以及其他形式教育机构的工作者，家长是子女最初和最经常的教师。

2. 受教育者 一个人从生到死都在受教育。所以受教育者包括的范围十分广泛。主要是新生一代，是儿童、少年和青年。随着科学技术在生产上的广泛运用，受教育者扩展到了成人。在职或脱产的教育，已成为现代生产中生死攸关的问题提了出来。所以受教育者也包括着在各种形式中从事学习的成年人。

3. 教育内容 是受教育者（学生）认识的客体。这一客体，广义地说是客观存在。狭义地说，是教育者根据一定社会的要求所确定的教育内容，在学校里主要体现在教学计划、教学大纲和教科书中。

4. 教育手段 这是教育者借以将教育内容作用于教育对象的媒介物。或者说，是受教育者借以实现认识客体的媒介物。教育手段包括精神手段和物质手段。精神手段主要是教育者对教育客观规律的认识，教育方法的掌握，教育艺术的运用。物质手段主要是进行教育时所需要的一切物质条件，如教具、实验室、现代化教学设备、电化教育器材等等。

教育的四个基本要素，构成了教育活动极其复杂的关系，如教育者与受教育者；教育者与教育内容和手段；受教育者与教育内容和手段；教育内容与教育手段等。这些关系就是教育活动的内部矛盾。对教育者说，他要研究认识三个客体：学生、教育内容和教育手段。教育者的任务是将既定的教育内容通过一定的手段传授给学生。对受教育者说，他认识的客体只有一个，就是教育内容。他的任务是在教师的指导下通过一定的手段学习和掌握既定的内容。

在四个要素中，主要的关系是教育者与受教育者的关系。这在教育活动中表现为教与学的关系。教，包括两层意思：即传授知识，传递思想；启发诱导，感化影响。也就是传授知识、思想与教给学生如何学习、修养的方法。学也包含着两层含义：即学习掌握人类积累下来的精神财富和学会学习及修养的方法。教与学的主要形式是学校的教学活动。

教师与学生在教育活动中的地位，一般说来，受教育者是教育活动的主体人物，而教育者在教育过程中处于主导地位。教育过程说到底，是学生认识客体的过程，是通过一次次的认识活动，将认识事物转化在他的头脑之中，形成他的智慧、才能、思想、观点、品质、性格的过程。这个过程是学生要知与不知的矛盾；是知之之少与要知之多的矛盾；获得新知的愿望与现有心理的水平之间的矛盾。总之，教育过程是受教育者将一定外在的教育内容向自己主体转化的过程。所以，学生是教育活动中的主体人物，是认识的主体。教育者在教育过程中的主导作用表现在受教育者所学的内容，所采用的学习方式是由教育者决定的，而且受教育者学习愿望的产生、认识兴趣、学习习惯的形成，在很大程度上是取决于教育者良好的教育。对学生来说，教师是已知者，是启蒙者，是领路人。正因为他的主导作用，才使教育活动有别于环境的影响。教育者的主导作用，受教育者的主体地位，是从不同角度提出的命题，两种提法并不矛盾。

教育者与受教育者之间的关系，表现为教与学的关系，实质是教育与发展的关系。可以说，这就是教育的基本规律。在教育活动中，一切关系最后都归结在这一关系的运动中。

四、教学及教学过程

教学是学校教育活动的基本形式，是学校实现教育目的，培养合格人才的重要途径。教学在整个教育体系中居中心地位，发挥核心作用，它既是教育的主体部分，也是教育的基本途径（或形式）。

（一）教学的概念

由王道俊、王汉澜教授主编的《教育学》，认为"教学是教育目的的规范下的，教师的教与学生的学共同组成的一种教育活动。在我国，教学是以知识的授受为基础的，通过教学，学生在教师的有计划、有步骤的积极引导下，主动地掌握系统的科学文化知识和技能，发展智力、体力，陶冶品德、美感，形成全面发展的个性。所以，教学是学校实现教育目的的基本途径。"要准确理解这一概念，需要认识以下几点。

1. 教学是一种特定的实践活动，主要是一种认识活动、认识过程，因此，对教学应做动态考察。

2. 教学是教与学的双方的共同活动，是教与学共同活动的统一过程。

3. 教学过程不仅仅是个认识过程，也是促使受教育者身心发展的基本途径。

4. 就教学活动的构成要素来看，它和整个教育活动构成要素一样，同样是由教师、学生、教材、教学手段构成的。

5. 教学所要完成的任务，是向学生传授科学文化知识，培养技能和技巧，发展学生的智力和体力，形成一定的思想意识和道德品质。这些任务具有统一性，又具有独立性。

（二）教学的基本任务

教学的基本任务包括：

1. 传授和让学生掌握系统的基础知识和基本技能，这是教学的基本任务，其他任务是在完成本任务的过程之中和基础之上完成的。

2. 发展学生的智力与体力。这不仅是掌握知识与技能的必要条件，也是保证教学顺利进行的必要条件，而且也是人们全面发展的基本标志。智力，一般说来，是指人们的认识的能力，它包括观察力、注意力、思维力、想像力、记忆力等。体力，主要是指身体的正常发育成长与身体各个器官的活动能力（如视力、听力、运动器官的动作力）。

3. 奠定学生科学世界观的基础，培养学生良好的思想意识和职业道德品质。教学始终具有教育性，我们应充分发挥教学中的教育作用。教书育人是一个不可分割的统一过程。

三项基本任务互相关联，又各有其独特的内涵，不可分割，也不可混同，它们统一在一个教学活动之中。

（三）教学过程

1. 教学过程的本质　教学过程包括教与学两个方面，是教师根据一定的教育目的、任务和计划，通过教与学的双边活动，引导学生掌握系统的科学知识和技能、技巧，启发学生的学习主动性，发展学生的认识能力，培养学生思想品德的过程。教育过程是由智育、德育、美育、体育等构成，它们各自有自身的特点，又相互联系相互影响，并在教学中共同承担着实现教育目的的任务。

凡是一个教学过程都包含以下三对基本矛盾：①学生与所学知识、发展能力之间的矛盾；②教师与学生之间的矛盾；③教师与教材之间的矛盾。

正是这三对相互联系的矛盾，构成了教学过程的特殊本质。但在这三对矛盾中，学生与所学知识、发展能力之间的矛盾是基本矛盾，这一基本矛盾既是整个教学过程的出发点又是其归宿，因为组织教学的根本目的就是要解决学生与所学知识、发展能力之间的矛盾，使学生由不知到知，由知之不多到知之更多，由不能到能，由能之不多到能之更多。其他两对矛盾是适应于解决这个主要矛盾的需要而产生的，就是说，为了解决学生与所学知识、发展能力之间的矛盾才产生了教与学、教师与教材之间的矛盾，这两对矛盾对于解决学生与所学知识、发展能力之间的矛盾起着重要的促进作用，但带有从属性。

总之，教学过程的本质就是教师不断地解决教师与学生之间、教师与教材之间的矛盾，从而推动学生与所学知识、发展能力之间的矛盾不断地解决的过程，它是学生的认识过程，是学生解决与知识之间，与发展能力之间的矛盾的过程，同时也是发展学生认识能力和使其受到思想品德教育的过程。

2. 教学过程的基本规律　教学过程中存在着直接知识与间接知识的关系、知识传授与思想品德教育的关系、掌握知识和发展能力的关系、教师的主导作用与学生的主体作用之间的关系。这四大关系客观地不依人的意志为转移地存在于教学过程之中。因此教学中在处理这些关系时也是有客观规律可遵循的。

(1) 按照学生认识过程的规律组织教学：教学过程实质上是学生的认识过程，这一过程除了具有人类一般认识过程的特点外，还具有自身的特点，首先表现在学生所要掌握的知识是已经确认了的科学知识，是前人或他人从实践经验中总结、概括出来的成果，是间接知识、理论知识。人类的一般认识是直接从实践中获得知识，发现真理。其次，学生的认识过程是在教师的指导下进行的，教师通过科学的教授方法，引导学生通过捷径来认识世界，这样就可以避免或减少认识上的错误，少走弯路。第三，由于学生认识世界基本上是从间接经验获得的，没有参加更多的直接实践活动，因此学生学习时感到抽象、困难，而且还容易遗忘；而成人的认识是通过亲自实践获得的知识，印象比较深刻。因此学生对所学的知识进行及时的巩固和反复的复习是十分重要的。第四，学生掌握知识的过程，同时也担负着发展认识能力和形成科学世界观的任务。作为教师在教学过程中只有认识到学生掌握知识的认识过程与人类科学认识过程的相同点和不同点，特别是掌握了学生认识过程的特殊性，才能科学地组织教学过程，提高教学质量。

（2）教学永远具有教育性：教学具有的思想道德教育意义，客观地存在于教学过程之中。这可以从三方面来说明：首先，教师在传授给学生知识的教学过程中，总是在一定的思想体系指导下，受一定的哲学观点和一定的阶级立场、观点所支配。其次，科学知识本身就具有重要的思想道德教育的价值。因为各科教材的内容，从不同方面科学地揭示了自然界、人类社会和思维现象发展变化的规律。第三，在教学过程中，学生不仅可以从知识中受到教育，而且还可以从教师的教学态度和思想感情中获得思想道德教育。教师在教学过程中的一举一动、一言一行都潜移默化地对学生有教育作用。

（3）教学与发展的统一性：教学与发展的统一性，是指学生掌握知识与发展能力统一在教学过程中。知识就是人们在实践活动中对客观世界的正确的深刻的反映，然后形成为理论。同时教学中使学生获得的技能、技巧也包括在知识的范围内。教学中学生的能力发展是指学生认识能力的发展，它是一种心理特征，包括观察能力、注意能力、想像能力、记忆能力和思维能力等，其中思维能力是核心。掌握知识是能力发展的基础，而能力发展又是进一步掌握知识的条件，它们互相联系、互相促进。教学中，教师既要注重对学生知识的传授，更要加强对学生能力的训练和培养。

（4）教学中教师起主导作用：我们已经知道，教学过程是学生掌握知识、发展能力的认识过程，学生是认识的主体。但学生在掌握知识的过程中是从原有知识的基点上开始的，带有个体经验的特点，并受到原有的知识水平和认识能力的制约。这就使其自发形成的认识往往是不确切的，甚至可能是错误的。因此在客观上要求具备较确切知识和科学概念的教师去启发、教育、引导学生，使其学习到严谨科学的知识，使学生的认识能力向正确的方向发展。这就是教师在教学中起主导作用的实质。具体来讲，教学中教师的主导作用主要表现在：一是教师决定着教学中的思想政治方向；二是教学中学生学习质量的好坏，知识掌握的多少，能力发展的快慢，不是由教学计划、教学大纲、教科书和好的教学参考资料最后决定的，而是通过教师发挥主导作用来决定的；三是学生学习的主体作用发挥得如何，在于教师在教学中的启发诱导，在于教师教学中的艺术力量和方法方式，就是说教师对于学生学习的主动性和积极性发挥的程度起着主导作用。

3. 教学过程的基本阶段 教学阶段是根据教学中学生掌握知识的认识过程的特殊规律形成的，教学中每一个阶段都有自己专门的特点和任务。教师只有了解学生掌握知识的几个基本阶段，才能搞好教学，提高教学的效果。从学生掌握知识的过程来分，教学过程可分为四个阶段。

（1）学生感知新教材，形成表象、观念阶段：简称感知阶段。一般来说在教学过程中，学生掌握和学习知识是从对教材的感知开始的。感知具有多样性，归纳起来主要有两大形式：①直接感知，就是让学生直接接触所要学习的对象，如观察、实验、实习、参观、调查、访问以及让学生亲自参加社会活动和生产劳动等。②间接感知，主要是靠教师的讲解，即教师通过形象化语言和各种形象化直观教具等使学生获得对学习对象的认识。总之,学生对新教材的感知是学生掌握知识的初级阶段,是整个教学过程的基础。

(2) 学生理解新教材、形成科学概念和理论阶段:简称理解阶段。就学生掌握知识的过程来说,学生只有理解教材、形成科学的概念,才算是真正掌握了科学知识和理论。因此理解阶段是教学过程中的中心环节。学生理解新教材,形成科学概念是一个复杂的抽象思维过程,教师应该在学生占有感性材料的基础上进一步引导学生进行分析、比较、综合和概括,经过学生自己的思维活动加工形成科学概念,而不是使学生机械地记定义。

(3) 学生巩固知识阶段:简称巩固阶段。这个阶段在学生掌握知识的过程中尤其重要。这是因为学生学习的主要是间接经验、书本知识,这些知识是没有经过学生自己直接的实践,因此学生在学习中往往感受不深,易于忘记。同时,学生在各科教学中是连续不断地接受多方面的新的科学知识,如果教学中不帮助学生对知识进行巩固,教师是无法继续进行教学的,学生也是无法继续学习下去的。学生对知识的巩固的方法多种多样,主要的有作业、练习、复习和阶段考试等。

(4) 学生运用知识,形成技能技巧阶段:简称运用阶段。这个阶段是学生把知识转变为技能和技巧的阶段。学生只有运用知识,做大量的练习和作业,或者是进行实习、实验和操作,才能实现这一转化,基本的技能技巧也才能得到训练。运用知识又分为最初运用阶段和熟练运用阶段,前者主要是培养学生运用知识的正确性、准确性,后者主要是培养学生运用知识的速度和效率。教学中要在学生能正确地准确地运用知识的基础上,大力加强学生熟练运用知识的程度。

教学活动中所经过的感知—理解—巩固—运用四个阶段,贯穿在整个教学过程中。在这个过程中教师应如何使学生更有效地感知和理解教材呢?应如何使学生更有效地去巩固和运用所学到的知识呢?应如何发展学生的认识能力呢?这都是教师在组织教学时所必须考虑的重要问题。

4. 教学的基本原则　教学原则是根据一定的教育目的,反映教育规律而制定的对教学的基本要求。主要有以下几点。

(1) 科学性和思想性相结合的原则:是指教师要以准确无误的科学知识来武装学生,同时有目的、有计划地对学生进行思想道德教育。教学的科学性是指教学内容要正确地反映客观世界和它的运动规律,教给学生科学知识;教学的思想性是指教学要坚持正确的政治方向,培养学生的科学世界观。因为教学中教师本身的教学思想、教学态度和方法,有力地影响着学生的学习效果和思想品德形成的进程,所以要求教师在教学中必须具备正确的教学思想、认真的教学态度和科学的教学方法。

(2) 理论联系实际的原则:是指教师在教学中密切联系实际,使学生达到"有知能用"、有能力能发挥的目的。这包括了教师的教学要联系学生已有知识的实际;教学要联系科学上最新成就的实际;教学要联系社会生产的实际;教学要联系学生思想实际;教学还要联系学生实践活动的实际等等。

(3) 直观性原则:是指在教学中让学生通过各种感官直接感知具体事物和现象,或代表这些事物和现象的教具,从而使学生获得表象和观念,为进一步掌握科学概念和理论奠定基础。直观性原则有利于学生完成感知新教材的任务,发展学生的认识能力,特别是观察能力,另外还可以集中学生的注意力,活跃课堂的气氛,激发学生学习的积极性,提高教学效果。

(4) 系统性原则:也称循序渐进性原则。它是指学校中各科教学都必须严格按照学科的逻辑顺序来系统连贯地循序渐进地进行，从而使学生日积月累，逐步掌握各门学科的系统知识和技能技巧，发展各个方面的能力。教学的系统性是由科学知识的内在逻辑联系和学生认识能力发展的顺序性所要求的。系统性原则要求教师在教学中要按照建立在严格科学知识体系基础上的教材内容，系统连贯地进行教学，指导学生去循序渐进地学习，养成良好的学习习惯，对学生的学习进程和成绩进行系统的检查，一旦发现学生学习和掌握知识有缺陷，应及时进行弥补。

（5）巩固性原则：是指在教学过程中使学生牢固地掌握各门学科的基本知识和技能技巧，并能在学生记忆里随时再现已掌握的知识和在工作实际中运用这些知识。可以说教学中的一切任务，都是在使学生巩固地掌握知识的过程中实现的。教师运用这一原则，首先在讲授新课时要对教材的讲解条理清楚，重点突出，主次分明，又结合学生的实际，启发学生思考，使学生透彻理解教材内容，为巩固知识打下基础。其次，组织好学生的复习。教师在教学活动中一方面要注意采用多种的形式，如日常性复习、阶段性复习、总复习等；另一方面要对学生复习进行科学性指导，采取科学正确的复习方法。

（6）量力性原则：是指在教学中无论教学内容，还是教学方法的确定，都必须从学生的实际出发，适应学生的年龄特征和知识水平，适应学生的接受能力。量力性原则一方面要求教师在教学中讲授的教材内容、教学进度以及教学方法，都要适应一般学生的接受能力，另一方面要求教师要因材施教，在教学过程中既要对全班学生有统一的要求，又要承认差别，因材施教。

第二节 护理教育的研究任务、教学内容和研究方法

一、护理教育的研究任务

具体到护理教育的研究任务，应包括以下几个方面：①护理教育理论的发展；②教育目标和教育哲理的制定；③课程设置的形成和发展；④教学方法的改革；⑤评估与评价在护理教育中的应用；⑥临床教学的组织和改革；⑦护理教育资源配置理论即护理教育的组织管理等。

二、护理教育的教学内容

护理教育是培养护理学生成为具有雄厚的基础医学知识，护理专业知识及人文科学知识，在护理实践中能够为护理对象提供整体护理的各层次护理专业人员。护理教育的教学内容包括教育学基本原理、护理专业的课程设置、教学方法、评估及评价在护理教育中的应用、临床教学组织和护理中的教育管理等。

三、护理教育的研究方法

就护理教育的研究来说，探索教育规律的一般常用方法有以下几种。

(一) 观察法

这是教育科学研究广泛使用的一种方法，其目的是取得大量的感性材料。护理教育研究者按照预定的目的和计划，在自然条件下，对研究对象进行观察，以取得全面的完整的材料。观察的步骤是：第一，制定观察计划，确定观察目的、内容和重点，确定观察的方式和进行的手段。第二，按计划进行观察，记录观察结果，并把观察中的特异情况记录下来，以备研讨。第三，及时整理观察材料，对大量的观察材料利用统计技术进行整理汇总，对典型材料应进行分析。观察有时需要多次完成，甚至要做长期的追踪观察，以资比较。

(二) 实验法

实验法是在人工控制护理教育现象的情况下，有目的、有计划地观察护理教育现象的变化和结果的一种方法。它能使观察、研究更精密，便于弄清每一个条件下所产生的影响，保证研究工作的准确进行。实验法分为自然实验和实验室实验。教育研究多采用自然实验法。自然实验是在正常情况下进行，以取得更加准确的材料和数据。严格地说，没有教育实验就没有真正的教育科学。实验法一般地可分为单组法、等组法和循环法三种。单组法，就是在一组或一个班中进行实验，研究施加某一实验因子之后，与在施加之前，或施加另一实验因子之后比较，在效果上有何不同。等组法，就是将各方面基本相同的两个班或组，分别施以不同的实验因子，再来比较其效果，做出肯定或否定的评价。循环法，是把各个不同的实验因子，按照预定的排列顺序，分别施加在不同的班或组中，然后把每个因子的几次效果加在一起，进行比较，做出结论。进行实验要事先拟定好实验计划，选好实验对象，确定实验方式，想好实验手段，认真做好实验记录，处理好实验结果，最后得出实验结论。必要时可进行反复实验，以验证结论的可靠程度。

(三) 文献法

该法是在护理教育研究中，通过阅读有关文件、资料、图书、作业、作品、试卷等，来

全面准确地掌握所要研究的情况。文献法要求的材料，最好是第一手原始材料。如果是间接的资料，首先要鉴别其真伪及是否准确。文献法的步骤为：第一，搜集一切可以搜集的文献，并从中选择出重要的和确实可用的材料。第二，详细阅读有关文献，认真审阅，并做摘录、分类。第三，分析研究材料，提出研究意见，确立大纲。第四，写出研究报告。

（四）比较法

比较法是经常运用于护理教育研究的一种方法。比较的根本要求是同质相比，而在同一护理教育问题上由两个或两个以上的单位进行比较。进行比较的材料必须是同类范围的，采用的标准、处理方法必须都是同一的，否则就不可比。

比较研究法，可分为同时代的不同国度、民族、地区、学校等之间在某一课题上的横向比较和同一国家、民族、地区、学校等自身在某一课题上不同时期的纵向比较。比较研究法的步骤：一般说，先广泛搜集所要研究课题的教育资料，而后对资料进行分析比较，进而得出比较的结论。比较教育研究工作可分四步：①描述：描述各个考察对象的某一护理教育现象或教育事实。②解释：主要是对所了解的教育情况进行解释，并从社会、经济、心理诸方面分析影响护理教育的各种因素。③并列：主要是把要比的材料，按可比的形式排列起来，决定比较的格局，确立比较的标准，然后进行资料分析，提出比较分析假说。④比较：即全面的比较研究，验证假说，做出结论。

（五）统计法

统计法是把通过观察、测验、调查、实验所得到的大量的数据材料，进行统计分类，然后对所研究的护理教育问题做出数量分析的一种方法。这是数理统计法在教育上的应用。统计法可用于研究教育问题的各个方面。如对教育行政效率的检验，对教育经费的合理分配，对课程量规定的测定，对学生成绩科学的比较等等。教育统计分为描述统计和推断统计两大类。统计法一般分为两大步骤：①统计分类：整理数据，列成系统，分类统计，制定统计表或统计图。②数量分析：通过数据进行计算，找出集中趋势、离散趋势或相关系数等，以便从中找出规律性的东西。掌握统计法，必须学统计学，以掌握科学推理方法和统计计算技术。

（六）调查法

调查法是护理教育研究常用的一种研究方法。调查法的分类方法很多，从不同的角度可分为不同的类型。按调查的人数可分为为了某一目的对某一范围内所有研究对象进行的全面普查和从调查总体中抽选一部分有代表性的对象进行调查，依据所得的结果推断调查总体的特征的非全面调查；按研究对象发生的时间可分为通过调查历史的护理教育资料或由研究对象回顾历史护理教育事实，从中寻找某一护理教育现象的特点及其相关因素的回顾性调查和调查某一护理教育现象或研究对象在未来一段时期内发展变化的特征及其相关因素的前瞻性调查；按方向性可分为对同一研究对象在不同时期内的发展、变化和特征进行调查研究的纵向调查和同一时间或空间对属于同一性质范畴内的不同对象的发展、变化和特征进行调查研究的横向调查。

护理教育调查法研究的步骤可分为三个阶段：①准备阶段：包括提出问题、查阅文献、形成假说；制定调查计划；拟定调查提纲和设计调查表。②调查阶段：包括直接观察、收集书面材料、谈话、开调查会、问卷等调查。③资料分析阶段：包括资料整理，资料分析，形成调查研究的结论和论文。

第三节 护理教育的现状及发展趋势

一、国外护理教育的形成及发展

（一）护士学校的产生和发展

护理教育的形成与发展同护理学和护理专业的形成与发展息息相关。被誉为现代护理学创始人的南丁格尔（Florence Nightingale，1820～1910），同时也是现代护理教育的奠基人。1860年6月，南丁格尔在伦敦圣多马医院开办了第一所近代护理学院，学制为4年。其办学宗旨是将护理作为一门科学，脱离宗教的色彩，用新的教育体制和方法来培养护士。南丁格尔对学校管理、入学标准、安排课程、实习、评审成绩等都有明确的规定，以使护理能由学徒式的教导进而成为一种正式学校教育，也使护理走上职业化和专业化的道路。对于学生的训练，除了安排护理技术科学原理的讲授与实习之外，更注重"精神纪律"的培养，希望能培育出除了具备足够的护理专业知识和技术外，并能兼备正直与诚实等良好品德的护理人员，一改过去护理人员的仆役角色。

随后，随着护理学科和护理事业的发展，护理教育不断发展。以医院为基础的证书教育项目（医院办护校 diploma program）是护理教育最早的一种形式。1920年至1930年是其发展的鼎盛时期，它为妇女提供了获得正式教育和就业的机会，培养了许多优秀的护士。

（二）高等护理教育的产生和发展

20世纪40年代，美国等发达国家的护理教育开始逐步由医院办学转向由专科学院或综合性大学建立护理系。美国的第一个学士学位项目开始于1919年，在明尼苏达大学创办。准学士学位项目（相当于我国的大专教育 associate degree program）开始于50年代。1932年美国的天主教大学首先开始进行护理硕士研究生教育。1933年，美国哥伦比亚大学师范学院开设了第一个培养护理教师的博士项目。1964年加州大学旧金山分校开设第一个护理博士学位项目。目前，开设护理博士项目的国家有：美国、加拿大、澳大利亚、新西兰、韩国、泰国以及我国的香港等。

随着护理教育的发展，具有科研能力的护理工作者不断增加。各种护理专业团体和专业护理组织及专科护理组织纷纷成立，并不断发展，护理学术刊物相继创刊，新的护理理论和独特的护理模式不断被提出，这样，作为一门独立学科的护理学获得长足发展。护理学科的发展反过来又为护理教育的发展提供了基础和新的要求。

（三）美国护理教育体系

当前美国护理教育主要分为六个等级，即：注册职业护理教育、注册护理教育、大专护理教育、本科护理教育、硕士学位护理教育和博士学位护理教育。

1. 注册职业护理教育（Licensing Vocational Nursing Program）　注册职业护理教育项目是美国最基本的护理教育，它的主要培养目标是培养护士助理。这个项目一般是由一些职业学校开设，学制为12～18个月，招收的对象为高中毕业生。课程设置的主要内容是护理学的基本知识，有关急、慢性疾病护理、预防和康复的基本知识，学习结束后，参加全美国职业护士执照考试，考试合格者将以注册职业护士（Vocational Nurse）从事最基本的护理服务。

2. 证书护理教育项目（Diploma Nursing Program）　证书护理教育是早期培养证书护士的主要渠道，传统的证书护理教育以医院开设为主，后来发展到许多大学均设有证书护理教育，招收对象为高中毕业生，学制为 2～3 年。毕业后，参加全美护士证书考试，通过者以证书护士的身份在各种健康保健系统从事护理工作。随着护理技术和护理水平的不断提高，单纯的证书护理教育已不能满足社会的需求。因此，近 30 年来，证书护理教育在锐减，特别是那些只开设证书护理教育的院办护士学校已基本消失，取而代之的是大专护理教育和本科护理教育。

3. 大专护理教育项目（Associate Degree Program） 大专护理教育一般在社区的学院开设，学制为 2～3 年，招收对象为高中毕业生或证书职业护士，类似证书护理教育。大专护理教育的课程分为普通课程及专业课程两种。但根据其招收对象的不同，其课程的侧重有所不同。对于高中毕业生，普通课程及专业课程的比例是 1:1，学制为 3 年；对于那些证书职业护士，由于他们的护理工作经历及以前所学过的护理课程，可以免修部分专业课程。普通课程及专业课程的比例为 2:1，学制为两年。毕业后，可参加全美国注册护士考试，通过者以注册护士的身份可以在各种卫生医疗保健机构从事护理工作。他们具有向各个年龄的个人、家庭及人群提供护理服务的能力，但是主要工作场所在临床。大专护理教育在过去的 30 年里，特别是 60～70 年代发展迅速，进入 80 年代之后，大专护理教育仍在增加，但是增长的速度明显减慢。

4. 本科护理教育项目（Baccalaureate Nursing Program） 本科护理教育是为培养护理专业人才而开设的。本科护理教育一般是由 4 年公立或私立大学而开设，其招收对象为高中毕业生或具有大专学历的注册护士。对于高中毕业生，学制为 4 年，一般采用渐进式的课程设置，基础课程和护理专业课程交叉进行，前两年是偏重基础课程，但是学生仍然接触一些护理专业课程，例如护理学导论课程。后两年护理专业课程的比重增加，但是学生仍然可以选修一些人文和社会学的课程。学生毕业后参加注册护士考试。对于身为注册护士的学生，学制为两年，课程在原有的大专课程的基础上，开设本科程度的基础课程和护理专业课程。

本科护理专业毕业的注册护士主要在临床和社区工作，工作的主要职能是向个人、家庭及社区提供健康促进、健康维持和健康恢复的服务。在医院，他们为病人提供整体护理。目前，美国护理人员大多数为本科护士。

5. 硕士学位护理教育项目（Master's Degree Program） 硕士学位护理教育的培养目标是培养护理管理、教学、科研及临床护理的高级人才。美国硕士护理教育一般开设在大学的护理学院，招收的对象为具有本科学历的护理人员。硕士护理教育项目的课程设置分为几个专科，例如，护理管理硕士、护理教育硕士、个案研究护理硕士、临床护理专家等等。护理硕士课程偏重于护理理论及护理发展趋势的研究，培养学生的科研技能，学生毕业后从事护理教学、护理管理、护理科研和临床护理工作。具有护理硕士学位的护理人员的工作职能是发展护理实践的领域，提高护理工作的水平，参与护理研究，并具有将护理理论和护理实践相结合的能力。

6. 博士学位护理教育项目（Doctoral Program） 博士学位护理教育的培养宗旨是培养护理学科的高级人才，作为从事护理教育的师资、护理科研的带头人、护理管理的决策人、独立开业的专科护理专家及健康咨询顾问等。学生来源是具有护理硕士学位，或与护理相关的硕士学位并且在护理领域做出突出贡献的护理人员。护理科学博士主要培养学生具有高级专科护理知识及综合护理知识于护理临床实践的能力，其主要研究方向是如何将新的护理理论运用于护理实践并加以推广；护理哲学博士主要培养学生的理论研究能力，教授学生发展和测试新的护理理论。博士护理教育项目一般开设在综合性大学的护理学院，学生前两年主要学习基础课程，例如，护理研究课程、统计学课程及相关专业的专科课程。学生参加博士学生的资格考试，通过者进入博士课题的研究阶段，课题研究阶段一般需要2~3年的时间才能完成。

二、我国护理教育的状况

我国护理教育的发展同样和护理专业的成熟与发展密切相连。早期的医药和护理没有明确分工。护理理论和实践是与医药活动联系在一起的。而早期的医护教育则是通过老一代人将其积累的知识和经验通过口授方式传递给下一代，后来又通过医书传播医护知识。我国近代护理学的形成和发展，在很大程度上受到西方护理的影响，以教学形式出现的护理教育也带有浓重的西方文化色彩。鸦片战争前后，美、英、德、法和加拿大等国的传教士、医生接踵而来，除建教堂外，还开办医院和学校。1835年，美国传教士在广州开设了中国第一所西医院（即现在广州市孙逸仙医院），两年后开始举办护士短训班，以培训护理人员。1887年，美国护士麦克尼奇在上海妇孺医院开办了护士训练班，此可被视为中国护理教育的初始。1888年，美国人约翰逊在福州成立了我国第一所护士学校。之后，在北京和其他一些城市如广州、南京、长沙、成都等地先后成立了一些护训班和护士职业学校，对中国护理教育的形成和发展起到了一定推动作用。1909年，在美国信宝珠护士的倡导下，中华护士会在江西牯岭正式成立。成立初期，会长均由美国或英国护士担任，后逐步改由中国护士任会长。中华护士会所做的主要工作如：制定、编译及修订护士学校课程和教学方法；组织全国护士统一毕业会考；护理学校注册以及颁发毕业证书；编辑出版书籍等，都对护理教育的发展起了促进作用。

1921年，美国人开办了私立的北京协和医学院，内设高等护士学校，学制4~5年，学员毕业时授予护理学士学位，这是我国高等护理教育的开端。此后，曾与燕京大学、金陵女子文理学院、东吴大学、岭南大学和齐鲁大学5所大学合办，创建了全国第一所高等护理教育机构，实施5年制高等护理教育。1934年，当时民国政府的教育部成立护士教育专门委员会，将护士教育改为高级护士职业教育，招收高中毕业生，学制定为3~4年，于是护理教育被纳入国家正式教育系统。

1949年，中华人民共和国成立后，随着经济建设对中级护理人员的大量需要，国家用大量的经费发展中等护理教育。1950年，在第一届全国卫生工作会议上，护理教育被列为中等专业教育之一，统一制定教学计划和教材，并不断扩大招生和增加临床教学基地，之后停办了高等护理教育，将护士教育列为中等专业教育，纳入正规的中等教育系统。中等护理教育成为我国护理教育的主体，为我国培养了大批临床护理实用型人才。

1983年，天津医学院建立护理系，并开始正式招收护理专业本科生。1984年1月，国家教委与卫生部在天津召开了"全国护理专业教育座谈会"，并决定在国家高等医学院校内设置学士学位的护理专业，在停办30多年后恢复高等护理教育，开创了护理教育的又一新时期。目前我国已有近百所院校设立了学士学位的护理教育，为我国培养了一批高等护理人才。

1990年12月，经国务院学位委员会审定，批准北京医科大学护理系首先开设护理硕士教育项目。1992年开始招生，学制3年。目前我国已有近十所大学开始了护理硕士教育，促使护理专业向更高层次水平迈进。

在学校护理教育不断发展的同时，一些专业护理组织，如中华护理学会也为护理教育的研究和发展做了大量的工作。

随着科学技术的不断进步，护理的知识体系也在不断地丰富和完善。护理队伍不断扩大，护理服务范围日益拓宽，护理人员的素质和护理服务质量不断提高。同时，护理教育状况也在不断发展变化。目前，我国的护理教育呈现多层次、多规格的教育体系，高等职业护理教育、大专教育、学士学位护理教育、硕士学位护理教育、继续教育、成人教育等等不同学制并存共发展的状况。

三、影响护理教育发展的因素

护理教育的发展趋势是同护理学科的发展和社会经济、科学、文化等的进步与发展密切相关联的，其发展方向受到下列相关因素的影响。

（一）护理学科的发展

护理被认为是最古老的艺术和最年轻的专业。随着人们健康需求的不断增加和变化，护理学从一个简单的医学辅助学科迅速地向更加成熟和独立的现代学科发展，护理专业已从附属于医疗的技术性职业转变为较独立的为人类健康服务的专业。护理学的概念也已经从以疾病为中心阶段和以病人为中心阶段，进入到以健康为中心的阶段。20世纪70年代以来，随着精神病学、心理学、社会学、行为医学等学科迅速发展，人们逐步开始重视心理和社会因素对健康的影响。同时，疾病谱的改变和医学模式由生物医学模式向生物—心理—社会医学模式的转变，使得人们对健康的概念、人的概念、环境的概念和护理的概念的认识都发生了相应的变化。护理被定义为诊断和处理人类对现存的和潜在的健康问题的反应。这里的"反应"包括了人的身体、智力、精神和社会的方方面面。作为护理服务对象的人，也不再只是"生物的人"，而是由生理、心理和精神、社会等多个方面组成的整体人，人的独特的情感和情绪，家庭和社会文化背景，习惯、信仰、价值观在护理实践中被给予重视。护理的服务对象成为每个人乃至整个社会，从护理病人到帮助较为健康的人促进健康。护理工作的内容与范畴不断扩大，不仅包括了基础护理、临床专科护理、社区护理、职业护理，同时还包括提供心理和社会支持、健康指导、咨询和教育以及护理管理和护理研究。整体护理的概念被广泛实践，护理逐渐向纵深发展。护理的范围包括健康的全过程，即从维护最佳的健康状态到帮助濒临死亡的人平静、安宁、有尊严地死去。护理活动成为科学、艺术、人道主义的结合。护士开展护理实践，不仅需具备基础医护知识，还应具备成长与发展的知识、人的基本需要知识、应激与适应的知识、有关生活方式的知识、教与学的知识、沟通的能力、解决问题的能力、领导的能力和变革的思想。护士逐步由医院走向社会，更多地参与防病保健，与医生共同担负着保持生命、减轻痛苦、促进健康的任务。

（二）现代教育的发展

护理教育的发展方向同样也受到现代教育发展趋势的影响。进入新的时代，现代教育也正在发生着巨大的历史性变化。这些变化正在发展成一些重要的趋势，表现在以下几方面。

1. 面向21世纪的教育改革浪潮日益高涨　由于教育对科技和经济发展的重要作用，激烈的国际经济竞争和国际科技竞争同时也促进国际教育竞争日益激烈化。因此，国际经济竞争、国际科技竞争、国际教育竞争成为21世纪国际竞争的基本特征，并将成为未来各国不断进行教育改革的重要动因。教育改革将本着适应本国经济和社会发展，建立新的教育体系或教育体制。

2. 人的全面发展理论的丰富化和现实化　新的世纪比以往任何时期都需要更多的更全面发展的人，对人的素质提出更新更高的要求，这使得人的全面发展的内涵更加丰富。在教育中,人的一些素质越来越被强调,如更富创造性,更加成熟化,更有适应性,更具个性化。其中更有适应性包含了更强健的体质、主动适应变化的品质、更全面的知识和能力以及更健全的心理。

3．提高教育质量成为重点　20世纪80年代以来,随着新技术革命的迅猛发展和以综合国力为主的国际竞争日益激烈,教育质量越来越成为突出的问题,各国教育正在把提高教育质量放到十分突出的位置。随着教育质量问题的突出,新教育质量观也被提出。如从强调教育的统一性转变为强调创造性和革新精神;从重点培养竞争到重点培养合作;从把知识分割过细、缺乏联系转变为强调知识的整体性和综合运用解决实际问题的能力;从强调为个人利益而学转变为强调为公众利益而学,并强调个人发展,培养自知、自尊和自信。新教育质量观比较突出强调如下几个方面:第一,强调全面质量,认为好的教育质量不仅仅指好的考试成绩,或是牢固掌握所学的知识,而是注重知识、能力、品德、身体、技能、情感、审美、社交等等各方面质量的全面提高。第二,强调基础和提出新基础观,认为基础知识的教育和学习应该得到重视和强调。因为所谓知识加速增长和知识陈旧率加快,主要是指专业知识,而基础知识具有较大的稳定性,其更新率或陈旧率要慢得多,而且基础知识有利于人们今后的继续学习和专业上的转向。全面基础观不能仅仅强调知识和技能的基础,还要强调品德和身体的基础,而后两者在复杂多变和竞争激烈的未来不仅是重要的,而且可能是比前者更重要的基础。第三,强调能力和提出新能力观。随社会变化的加快和知识陈旧率的加快,能力越来越受到重视,传统的教育目标是按以下顺序排列的:知识,实用技能,态度和能力;新的教育目标则将上述顺序完全颠倒过来:态度和能力,实用技能,知识。也就是说,知识、技能和能力之间,能力正在被放到第一位加以强调。当代日益受到重视的能力有许多种,如自学能力、创造能力、预测能力、职业能力、交往能力等等。这种新教育质量观必将引起一系列教育改革。

4．终身教育理想正在逐步实现　终身教育思想是在70年代提出的,之后在世界各国引起极大反响,各国纷纷高度评价终身教育的重大意义,并正在将终身教育的理论付诸实践。现在,世界各国几乎所有大学都承担了继续教育和成人教育的任务,一些国家还明文规定,大学的任务不是只承担普通教育这一项培养任务,而是普通教育和继续教育、成人教育的双重培养任务。一些国家试图打破现行教育体系的局限,建立一套包括人生各个阶段、学校与校外教育机构互相联系的完整的终身教育体系,并着手对本国现行教育体制进行改革,向终身教育体系过渡。从发展趋势看,建立一套完整的终身教育体系,可能是对世纪教育改革的一个重要方面,在21世纪,将有更多的国家着手向完整的终身教育体系转变。

5．教育国际化势头日益强劲　目前,全球范围的竞争和合作,推动了社会发展各领域的国际化步伐日益加快。教育国际化成为教育未来发展的一个重要特征。表现为国际教育交流和合作日益频繁,成果越来越显著。学生和教师的国际流动越来越频繁,国际间学校之间的合作和交流更加频繁。同时,国际教育竞争正在激烈化,培养国际人成为各国教育的重要目标。

（三）科学技术的发展

一方面,现代科技的进步推动着医学和护理学的发展。在临床,抗生素的发现和使用,各种化学药物和治疗手段的广泛应用,预防接种等防病措施的普及,免疫学和生物技术的进展,对挽救病人和维护健康起了积极作用。同时,大量先进科技和仪器的应用,提高了诊断、治疗和护理技术的水平,如呼吸机、心电监护仪、CT和磁共振等仪器的发明和使用,使护士能更有效地抢救和监护危重病人。计算机的应用帮助护士管理病案、监测病人的各种化验检查、获得文献资料、进行统计分析和文字处理等。计算机网络的开发使护理信息的沟通更便捷和迅速。科技现代化大大提高了时间和人力的有效利用,减少了护士非专业性工作,有利于护理专业的发展。

另一方面,科学技术对教育的促进同样是显而易见的。被称为信息革命的信息科技的迅速发展,正在引起教育手段的革命性变化,使教育技术越来越现代化。目前,广播、电视、电影、录像、电脑等现代教育技术正得到广泛应用,并逐渐向普及化、成熟化发展。现代教育技术正在广泛应用,并引发了一些新型的教育方法,即从传统的单纯由教师直接控制教学过程转变为由师生双方共同控制乃至由学生自我控制教学过程。现代教育技术可以综合调动各种手段,使教学更生动活泼、直观,达到较好的教学效果。语言实验室教学,学生既可以在教师控制下同时以不同进度和不同内容学习,也可以离开具体的教师,利用语言实验室自学,使水平各异的学生都能做到有效的学习。电视教学可综合多种艺术,利用音乐、文学、戏剧、美术等构成形象、生动、直观的画面和声音,把讲授、演示、图表、教具、表演、参观、实习等结合起来,组成可供选择的最佳教学方式。卫星电视教育覆盖面广,不受地理距离的限制,传输容量大,通过卫星传输多种学科的教育节目,尤其为边远地区的教育带来极大的方便。它还可以极大突破时空限制,为实现大面积普及教育和终身教育开辟了广阔前景。此外,录音、录像、电脑、电视等可以将教育内容长期贮存,随时随地放映,便于因时因地学习。另外,利用现代化的科技手段,还可以提高教师劳动效率,使教师从批改作业、记录成绩,反复训练学生基本技能等大量事务性、重复性工作中解脱出来,以便有更多时间用于备课、科研和其他创造性劳动。

四、护理教育的发展趋势

在上述护理学科、现代教育和科学技术发展的影响下,护理教育在今后的发展变化将表现在以下几个方面。

(一)完善护理教育体制

世界许多国家逐步完善了护理教育体制,形成了从中等水平护理教育到博士教育的多层次、多渠道教育局面,并增设家庭护理、社区护理、职业护理(occupational nursing)和培养开业护士(nurse practitioner)等教育项目。从国外护理教育的现状看出,从事护理实践的护士以学士学位为主,从事护理教育、护理管理、护理研究等的护理人员则需要有硕士、博士学位。而且拥有高学位的护理人员呈越来越多的趋势。在我国,改变以中等教育为主,迅速扩大高等护理教育规模,提高护理教育层次的护理教育改革正在进行。大专教育和高等职业护理教育将逐渐取代中等教育,临床第一线护士的学历将以大专和本科层次为主。硕士教育立足于培养高层次、高水平的护理师资、护理管理人才和临床护理专家。为了促进护理理论和护理研究的发展,完善护理知识体系,巩固护理专业地位,并使护理专业能适应现代科技的发展,适当扩大护理硕士教育和开设博士教育,是护理教育的发展趋势。在开展普通高等教育的同时,发展面向在职护士的成人大专和本科学位教育,包括自学高考、函授、夜大等多种形式的学位教育。此外,还开展非学位教育如护理继续教育,以提高在职护士的业务水平。

(二)课程设置和教学内容的改革

护理专业课程设置和教学内容要不仅注重医学基础知识,还要注重社会科学、人文科学、信息科学和行为科学等知识。目前各高校不断进行课程改革，在专业课程中增加了人文科学、预防医学、健康教育等课程，并加强了人际沟通技巧的学习和训练，更好地突出了护理专业的特点。护理专业课程设置则努力体现医学模式的转变，例如，美国等国家的护理学院根据人的基本需要和生命发展不同阶段需要的概念，按照从胎儿到老年的生理、心理社会等不同特点，开设了人类生长发育学、母婴护理、儿科护理、成人护理、老年护理和临终关怀护理等课程，以体现对生命全过程进行护理的思想。课程中还设置了大量的宗教、哲学、文学、音乐、社会学、心理学、伦理学、教育学、卫生法律及管理学等学科。同时，在教学中注重培养学生的评判性思维能力，掌握有效沟通的技巧，让学生明确专业角色，使毕业生能够担负预防保健的职能，以及应对社会伦理及跨文化护理方面的问题。

(三) 开设社区护理课程

随着护理专业的不断发展及社区卫生服务对护理人才的需求，护理教育中开设社区护理课程的必要性如下。

1. 护理工作内容与范畴不断扩大　护理学是健康学科的重要组成部分，促进健康、预防疾病、恢复健康和减轻痛苦是护理学的任务。社会对护理的需求不仅仅局限于在医院为个人提供护理服务，还要在不同场所例如社区，面对不同的人群发挥作用。随着社会的发展，人民生活水平的提高，人们对健康的认识和要求日趋提高，这为护理专业的发展提供了相应的机遇与挑战，护士所承担的专业角色也正发生着变化。护理将逐步由医院走向社区，更多地参与预防保健。因此未来高等专业护理人才更需具备社区护理的理论与实践知识。

2. 社区护理服务需求增加　目前我国多数地区人口的平均寿命已经达到70岁，由于出生率和死亡率的减少和人口寿命的延长，人口的老龄化速度不断加快。据统计，目前我国老年人口已达1.3亿，老年慢性病患者人数增多。由于我国传统的养老观念，大多数老年人生活在社区，老年社区卫生服务的需求增加。

随着人们文化生活水平的提高，人们不再只满足于温饱和身体没有疾病，而进一步追求生活质量的提高，以更好地面对现代化的社会压力，希望获得身体、心理、社会各方面的健康和长寿。因此，人们对相关的预防保健知识的需求大大增加。随着人们生活节奏的加快及激烈的工作竞争，对人的心理造成巨大的压力，带来更多的心理社会问题，生活方式引起的疾病增多。据目前统计，威胁人类健康的主要疾病中，50%与不良生活方式有关，30%源于环境因素。不健康的生活方式，包括饮食结构不合理、吸烟、缺乏锻炼、滥用毒品等是引起多种慢性疾病的最主要原因。因此，在社区开展健康促进宣教是预防和控制疾病的有效措施。

同时，科学技术和医疗水平不断提高，大量先进科技和仪器的应用，提高了诊断、治疗和护理技术的水平，把许多人从那些原来足以致命的疾病中挽救回来，病人的死亡率下降，使他们成为慢性病患者。这些人大多数需要在社区接受治疗和护理，因此，为社区护理的开展提供了机遇和挑战。

随着医药卫生改革的开展，为控制病人的医疗护理费用，许多医院采用了缩短平均住院时间，将康复期病人及早转向社区的措施，也为社区健康服务机构的发展及社区护理提出了要求。21世纪我国的卫生工作目标强调社区卫生服务、预防疾病、保持健康和康复护理与社区保健相结合。社区护理作为社区卫生的重要组成部分，也就成为护理专业发展的一个重要领域。

(四) 护理教学方法的改革

在护理教学方法和手段上，将进一步向多样化和现代化发展。随着科学技术的进步，高科技成果在教学中的应用将给学生提供更多的主动学习机会，培养具有自学能力、勇于创新的新型护理人才。减少课堂讲授的时数，增加小组讨论、专题讲座和实际训练，激发学生的学习热情，使学生能在教师的帮助下积极主动地探索，注重护理理论与护理实践相结合。在教学手段上充分利用现代的电教设备，如幻灯、电视、电子计算机、Internet 网等。网上远程教学也将是未来的发展趋势，学校可通过电视网提供非临床课程的教育。网上还可开展座谈讨论、小组辩论、客座讲课、书面或口头测试。这将为更多的护理人员提供学习和深造的机会。

（郭记敏　孙宏玉）

第二章 教育基本原理与护理教育

本章所介绍的教育基本原理与教育心理学有密切的联系。一般认为教育基本原理产生于20世纪初期,其主要目的是研究受教育者在一定的学校教育条件下,掌握文化知识和操作技能、形成个性品质和道德行为的规律。随着社会文化和科学技术的发展,教育基本原理也在不断发展,并且先后出现了许多新的理论,为教育实践提供了科学和理论依据。学习和掌握教育原理可以帮助护理教育工作者更好地观察、分析教和学的过程,有效地解决教学工作中的问题,最终达到教育目标。同时,应用教育基本原理还可帮助临床护理工作者更好地为服务对象实施健康教育。

第一节 行为主义理论

一、行为主义理论的产生及主要代表人物

行为主义理论是20世纪初产生于美国的一个学习心理学派别。美国心理学家华生(J. B. Watson,1875~1985)是行为主义心理学的创始人,他第一个把行为奉为一种"主义",从而形成了一个独立的心理学派别。华生毕业于芝加哥大学心理学院,在那里他接受了动物实验方面的训练,并发现对动物行为的观察比有意地关心动物的智力状况更能产生和发现客观的资料。1919年,他的代表作《行为主义观点的心理学》(*Psychology from the Standpoint of a Behaviorist*)出版问世。在这部书里,他应用了经典条件反射学说创始人巴甫洛夫的条件反射概念,系统地表述了他的行为主义理论体系。华生认为行为主义理论的目标就在于预测和控制行为。他的观点引起了人们对行为的关注,对心理学领域产生了持久的影响。行为主义理论特别在儿童学习和心理发展方面得到广泛应用。华生对后来的行为主义理论家也有很大的影响。

行为主义理论的主要代表人物包括:华生、巴甫洛夫(Pavlov)、桑代克(Thorndike)和斯金纳(Skinner)等。巴甫洛夫的经典条件反射实验和学习理论已为大家所熟知,并被广泛应用。

二、行为主义理论的主要观点

以华生为代表的行为主义理论家的主要观点可以概括为以下几个方面。

1. 在教育心理学研究中应该摒弃内省的方法,即放弃对学习的内在认知过程的研究。

2. 观察和研究学习过程应只限于动物或人的学习行为,而且重点是客观实验,而不是主观推测。

3. 动物的大多数学习行为是通过刺激和反应的联结学会的。动物实验的结果可以推知到人类,因为动物与人的行为区别仅在于复杂程度的不同。

4. 人类的学习是为了形成适应社会生活的行为,人的任何行为都是外在环境与教育的产物。华生曾提出:"如果给我一群健康而没有缺陷的婴儿,并在我所设定的特殊环境中对

他们进行教育,那么我敢担保:挑选其中任意一名,我都能将他培养成预定类型的专家:医师、艺术家、企业家,甚至乞丐和盗贼,而此结果与他的嗜好、潜力、天资及种族无关"。

5. 人的各种复杂情绪也都是通过条件反应而逐渐形成的。华生根据使一个11个多月的男孩对小白鼠形成条件性恐惧反应的实验证实了这一观点。

三、桑代克的学习理论

桑代克(E.L.Thorndike,1874~1949)是对刺激-反应思想进行实验性研究的首批学者之一,他的学习理论曾享有很高的声誉,并在教育心理学界产生了很大的影响。桑代克是在哈佛大学开始其动物研究的,他用迷箱的方法研究动物的学习,先后用鱼、小鸡、猫、狗及猴子等作为实验对象。根据动物的实验研究,桑代克发现它们的学习过程都是遵循"尝试与错误"的方式进行的。

(一)桑代克的动物实验

桑代克最著名的研究是关于猫的实验。他把一只出生8个月,饥饿的猫放在一个特制的迷箱中(图2-1),箱内有一根特制的绳子,一拉绳子,箱门就可以打开。猫可以很清楚地看见箱子外面放置的一条鱼。桑代克对猫的行为进行观察,尤其是猫需要多长时间才可以逃出箱子。结果发现,第一次把猫放入箱子时,猫在最初做出各种各样盲目的动作,如乱跳、乱抓、乱撞门,甚至乱咬箱壁等,直到它偶然抓到绳子,打开箱门,脱门而出得到了食物。第二次再将猫放入迷箱内,猫仍表现出与上次相同的动作,不过其活动限于绳子附近,而且逃出箱子所用的时间比第一次少了一点。如此反复进行若干次后,桑代克观察到猫的不适宜反应逐渐减少,而有效的反应逐渐增多,即那些有助于获得食物的动作被保留下来了,而无助于获得食物的动作被逐渐淘汰。通过反复练习,猫用越来越短的时间成功地打开箱门并获得食物,到最后,猫一被放入箱内就可以打开箱门,最终获得了学习的成功。图2-2描绘了猫的学习过程。从这个实验可以看出,猫的"尝试与错误"即试误过程可归结为以下四个步骤:

1. 以各种不同的反应进行试探(如乱跳、乱抓、乱撞门,或乱咬箱壁等)。
2. 发现了正确的反应(抓到绳子)。
3. 选择了正确的反应或减少了错误的反应。
4. 经过多次的练习将正确的反应保留、固定下来。

图2-1 桑代克迷箱示意图

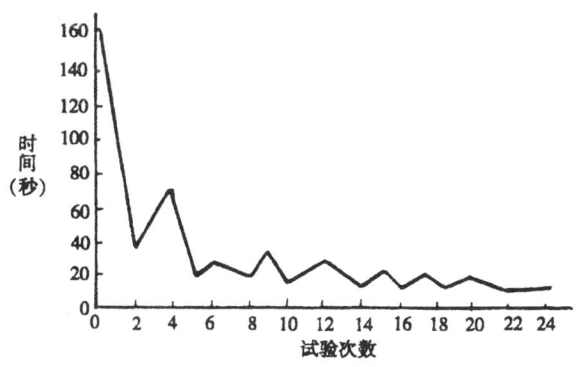

图 2-2　猫的学习曲线

（二）桑代克的主要理论观点

根据上述实验，桑代克认为学习是一种渐进的、反复尝试的过程。随着错误的反应逐渐减少，正确的反应逐渐增加，终于形成了固定的刺激（食物）与反应（抓绳子）之间的联结。因此，他的理论也被称为"试误说"和"学习的联结学说"。桑代克根据对动物的研究，提出了著名的三条基本学习规律。

1. 准备律（the law of readiness）　当准备对某个刺激做出反应时，任其产生反应就会使之感到满足；当不准备对某个刺激做出反应时，强迫其做出反应则会产生苦恼。若正准备对某项刺激做出反应时，由于外界因素阻挠而不能反应时，也会感到苦恼。例如，当学生愿意做游戏时，如果随其所愿，则会使他们感到愉快；如果禁止他们游戏，则会使之产生烦恼；相反，如果学生不愿意做游戏，强迫他们做游戏时也会增加他们的烦恼。又如，有些家长希望孩子能学弹钢琴、学游泳或学下棋等，使孩子有一技之长，但如果小孩不喜欢或不准备学习时，在家长逼迫下学习就会产生苦恼，学习效果也不佳。

2. 练习律（the law of modification by exercise）　包括"应用律"（the law of use）和"失用律"（the law of disuse）。

（1）应用律：任何刺激与反应之间的联结，通过应用或练习可使之加强，练习越多，则联结力越强。例如，甲乙两名学生在其他条件相等的情况下同时开始背诵一篇文章，结果，背诵次数多的那个学生就会记得比较熟练。

（2）失用律：如果某一刺激与反应之间的联结在若干时间内不加以练习，联结的力量就会减弱。俗语说："三日不练，手也生"，就是这个道理。失用律还有一条附律指出，两次练习的间隔越接近，则某一刺激与反应之间的联结力越强。一个平时不努力的学生，在临考前几天开夜车来应付考试，在短时间内突击练习记忆可能会加强，考试可能及格。但是，如果考试结束后终止学习，几天后知识会很快被忘记，这就无形中应用了这条定律。这种学习方法在教育心理学上是不能被接受的，因为这种急进式记忆的神经联结多不稳定，因此记忆不会持久，即所谓："记得快，忘得也快"。

3. 效果律（the law of effect）　刺激与反应之间所建立的联结受反应效果的影响。当反应结果是满意的时候，联结力量就增强；相反，当反应结果是烦恼的时候，联结力量就削弱。效果律说明，一个导致成功或奖励的行为比没得到奖励的行为更可能被重复。在桑代克的迷箱实验中，猫之所以在最初进入迷箱时盲目乱动，但随后会使这种盲动越来越减少而保留了抓绳子开门的动作，是因为它所做的开门逃跑动作可以获得食物，达到自身满足，而其他动作则毫无效果，徒增烦恼。在教学中，当学生在课堂上积极发言后，老师及时给予口头表扬，并在综合成绩中加分时，学生会更积极地参加课堂活动。在学习护理技术操作时，如果学生能及时得到教师的正性鼓励，他们的学习热情会更高，所学到的操作技能也会记忆更深刻。

桑代克在教育心理学的发展中占有重要的地位，他的学习理论是第一个系统的教育心理学理论，他提出的学习规律涉及范围极广，其中的主要学习规律一直是学习心理学中重要争论点和主要研究课题。他的理论激起了后来许多心理学家的大量实验性研究。

四、斯金纳的操作性条件反射理论

斯金纳（B.F.Skinner，1904~）是美国著名教育心理学家，他继承并发展了桑代克和华生的理论，进行了大量而持久的动物实验研究，提出了操作性条件反射理论。此理论是从华生行为主义派生出来的一种新行为主义理论。

（一）斯金纳的动物实验

斯金纳所用的实验装置被称为"斯金纳迷箱"（图2-3），其内部装有一些动物可以通过某些操作获得奖励的食物。他设计的一种实验装置是在迷箱内装一个小杠杆，小杠杆与传递食物丸的机械装置相连接，杠杆一旦被压动，一粒食物丸就会滚进食盘。实验时，斯金纳把小白鼠放入迷箱，与桑代克实验中的猫相似，白鼠起初只是盲目地活动，当它踏上杠杆时，即有食物丸放出，从而获得了食物。它一旦再按压杠杆时，第二粒食物丸又滚进食盘。反复几次之后，这种条件反射很快就形成了。小白鼠会在箱内持续按压杠杆，反复取得食物，直到吃饱为止。

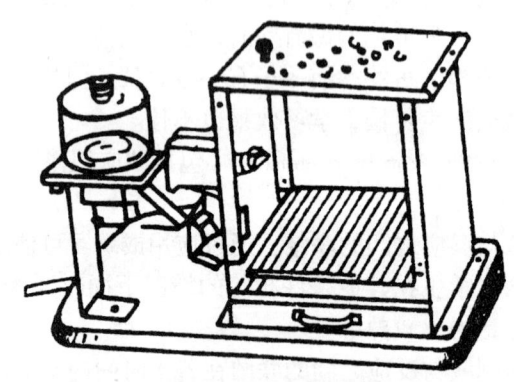

图2-3 斯金纳迷箱示意图

另一种装置是在箱壁上装有一个可以被照亮的小圆窗，当窗子亮了并且被啄的时候，一个食物球就被送到食物盘内。在一个典型的实验里，斯金纳把一只饥饿的鸽子放入箱内，鸽子起初在里面乱撞、乱啄，直到偶然啄到了亮的窗子，自动装置就送来一个食物球，于是鸽子吃到了食物。若干次重复后，随意的行为停止了，结果只要鸽子一被放入箱子里，它便会去啄窗户以获得食物。斯金纳认为，食物在这里的角色是行为的强化剂，也就是说，重复发生的啄窗子的行为是由于有食物作为奖励伴随其后。

（二）斯金纳的主要理论观点

1.学习行为　斯金纳认为有机体的学习行为可分为两类：一类是应答性行为；另一类是操作性行为。

(1) 应答性行为：应答性行为是由已知的刺激所引起的反应，可写成公式 S（刺激）→ R（反应行为）。例如，在巴甫洛夫的经典条件反射实验中，如在给食物之前给予铃声刺激，重复多次后，单独给予铃声刺激就可引起狗的唾液分泌，其中强化物（食物）要与条件刺激物（铃声）同时或稍后出现，使动物学会对信号做出反应（唾液分泌）。婴儿学会对语言和信号刺激做出反应也是应答性行为。

(2) 操作性行为：操作性行为与应答性行为不同，它是由有机体自身发出的行为，而没有已知的刺激。因而操作性行为亦称为自发性行为，可写成公式 R（反应行为）→S（刺激）。例如，在迷箱中，当小白鼠踏上杠杆（反应行为）时，即有食物丸放出，获得食物（刺激和强化物），其中反应行为发生在给予刺激之前。

以上两种学习行为对生物体的生存和发展是同等重要的，但斯金纳更强调操作性行为，他认为经典条件反射与教育学所关心的学习行为联系较少，因为这种条件反射的发生不会影响或改变动物所处的环境，也就是说动物自身不能控制事件的发生。例如，在巴甫洛夫的实验里，狗产生了分泌唾液的条件反应，但是这个反应对于食物的送给速度等毫无影响。相反，操作性行为可以作用于环境，所学习到的行为可以控制事件的发生，以满足自己的需要。例如，鸽子啄窗户的行为可以获得食物，也就是说，这一行为通过影响其环境而控制了食物到来这一事件的发生。斯金纳认为操作性行为更能代表实际生活中人类的学习情况，例如，在儿童语言的发展过程中，婴儿在 7 个月左右开始无意识地发出"爸爸"、"妈妈"等音节，这种自发的发音行为立刻会得到成人的鼓励和奖励，从而使儿童继续学习和应用语言。

2. 强化原则　斯金纳通过实验，总结出操作性条件反射具有以下四个强化原则。

(1) 正性强化（positive reinforcement）：即指某种具体行为的后果，或者说效果是积极的，就能增进该行为重现的几率。在斯金纳箱内，小白鼠按压操作杆可以得到一个食物球，从而增加了它产生这种反应的几率。教师如果对表现良好的学生报以赞许的微笑，或者在记分册上给予肯定的评价，则可以促进学生良好表现的出现。正性强化还可通过给予金钱、荣誉、物品、情感、关注、赞同等方式实施。

(2) 负性强化（negative reinforcement）：即指某种具体行为可以避开某种不愉快的后果，就会增加该行为重现的几率。在斯金纳箱里，当小白鼠被放置于某种不良刺激中，如电休克，它可以通过某一特殊的反应，如按压操作杆以关掉电源来逃脱这种不良的刺激。这种负性强化也增加了产生按压操作杆这种反应的几率。有些学生之所以努力学习，很可能是为了避免考试不及格被家长和老师批评等不愉快的结局。又例如，当护士学生到医院实习时，如果其技术操作不熟练，病人就会提出责难，使其处于难堪的境地。大多数学生为了避免这种难堪的结果会努力反复练习操作过程，直到熟练为止。

(3) 惩罚（punishment）：即指某种行为可以导致某种不愉快的后果，个体为了避免这种后果会减少做出这种行为的几率。惩罚不同于负性强化，它的不良刺激是发生在动物反应之后。如果在斯金纳箱里，按压操作杆的行为会导致小白鼠的电休克，那么它按压操作杆这一行为的几率就会减少。同样，一个学生做了某种不良的行为而受到批评后，他会减少再次表现这种行为的几率。又例如，学校规定如果学生上课迟到超过一定次数时就要给予一定处罚，如减低期末成绩或增加课后作业等，学生们会主动减少迟到的几率。

(4) 强化消退（omission of reinforcement）：即指在反应之后，如果不继续给以强化，反应行为就会逐渐消失。在斯金纳箱里，如果小白鼠按压操作杆的结果不能得到食物这一强化剂（奖励），反应的几率就会逐渐减少。强化的消失最终导致反应的消失。在学校，如果一个学生的不良表现，例如上课说话或扮鬼脸等没有引起教师的注意，以及同学的关注或赞同，他的这种行为就可能逐渐停止。又例如，如果教师或家长只看到学生或孩子的缺点，而对他们所表现出的良好行为和所取得的成绩从不给予表扬，其结果可能是他们不再去努力反复做出良好的表现。

"塑造"（shaping）是斯金纳创立的另一个概念，即指塑造新的行为。他通过选择性强化那些有效的行为来训练鸽子打乒乓球的实验，进一步解释塑造的概念。具体做法是：最初只对鸽子接近球时的动作给予强化，然后对那些成功地接近于打乒乓球的行为，例如啄球的行为、把球碰过了网以及最终打在对手球台上的行为进行强化。

斯金纳认为，行为的塑造可以通过上述四种方式，即正性强化、负性强化、惩罚以及强化消退来完成。其中正性强化效果最佳，惩罚收效最少，负性强化居中。由于人总是处在复杂的环境之中，所以计划对人的行为进行塑造时，不能简单地局限于依赖某一种强化，而需要对上述四种方式进行综合运用。

斯金纳对强化剂也进行了分类，并指出人类的大部分行为并不是通过初级强化剂，如食物、饮料等维持生命所必需的物质来进行强化的，而是通过二级强化剂，如金钱、名誉和情感等进行强化的。

3. 强化程序　斯金纳理论的中心原则是强化，他进一步做了大量有关强化类型以及它对动物反应影响的研究，这就引出了"强化程序"（schedules of reinforcement）这一概念。斯金纳把强化程序分为两种类型：一种是持续性的，另一种是间断性的。在持续性强化中，动物每一次反应均被强化，如小白鼠每一次按压操作杆都可获得一粒食物丸；在间断性强化中，强化不是持续性给予的，如小白鼠并不是每一次按压操作杆都可获得一粒食物丸。间断性强化还可以进一步分为比率强化和时间强化两种，前者强化取决于动物反应的速度，后者强化取决于时间。此外，上述每一种又可以按固定的或变化的特点进一步进行分类，因此间断性强化可以分为以下四种类型。

(1) 固定间隔强化：在这种情况下，反应在固定的时间间隔里被强化。例如，以两分钟为间隔时间给予强化，即不管小老鼠按压多少次操作杆，都是两分钟获得一个食物球。研究结果指出，强化之间的时间间隔越短，动物反应就越快；相反，时间间隔越长，反应的速度就减慢。

(2) 变化间隔强化：在这种情况下，强化发生在变化的时间间隔里，有时长，有时短。例如，有时两分钟给予强化，有时三分钟给予强化。

(3) 固定比率强化：在这种情况下，强化发生在预定的若干次反应之后，例如小老鼠每次按压操作杆反应之后给予强化（一个食物球），或每按压3次操作杆反应之后给予一次强化。

(4) 变化比率强化：在这种情况下，强化不是按预定的反应次数进行，而是发生在变化的反应次数之后，例如，有时在小老鼠按压了8次操作杆反应后给予强化，有时却在按压了2次操作杆反应后就给予强化，即强化的比率是变化的。从以上的内容可以看出，强化程序的重要性在于不同的强化类型能够导致不同的行为反应速度：

1) 在固定间隔的强化中，强化之间间隔越短，动物的反应速度就越快。

2) 比率强化比时间间隔强化反应的速度快，这可以通过强化对动物的影响来解释，因为比率强化可以使动物通过加快其反应速度来使强化发生得更为经常，相反，在时间间隔强化里，反应的速度对于强化的给予没有影响，因为强化的发生仅仅依赖于时间。

3）变化的强化程序比固定的强化程序造成的反应速度快，因为动物不知何时可以得到强化，因而只能通过不断的反应来获得强化。其中变化比率强化可以带来持续的高反应速度，动物通过极快的反应以便在若干次不定的反应之后获得强化，这种强化程序甚至可以使动物疲劳致死。因此，在变化比率强化时，由于强化是在变化的数量之后给予的，动物不知哪次行为反应可获得强化，因而会不断地反应，从而使这种强化程序对行为消失具有最强的抵抗力。

操作性条件反射比经典条件反射更接近于日常生活所进行的学习。斯金纳把他的理论和具体研究广泛地应用于教学仪器和程序教学中，在教学中具有较大的影响。他的理论对于了解人类的学习，提高人们的学习效率等，具有一定的价值和意义。

五、对行为主义理论的评论

随着教育学科学化进程的加速，科学的学习理论对于充实教育理论、指导教学实践起着非常重要的作用。而行为主义教育思潮在推动学习理论的科学化、促进学习理论与教育的有机结合方面做出了一定的贡献。

由于行为主义理论强调刺激、反应和强化在人们行为塑造中的作用，因而在很大程度上反映了人类学习的一些规律。但是，由于行为主义者坚持只能以外显的行为作为研究对象才能形成像自然科学那样客观化的学说，他们否认了主观意识的意义，从而使他们学习理论的研究只局限于外部行为的控制和塑造，忽略了学习的内部过程及内部条件的研究，如人们学习的认知过程。正由于他们坚持这种观点，使得他们把从实验室中对动物外显行为研究结果中所得到的学习原理用以代替人类学习的本质，事实上这些理论仅适用于动物学习，而不一定适用于人类复杂的学习过程，因而行为主义者的观点不可能完全科学地反映人类学习的基本规律。同样，人并不是简单被动地接受外界力量，而行为主义者仅仅把人看做一个玩偶而已。况且对行为的操作还涉及伦理学的问题，特别是谁应该控制和操作行为的问题。

行为主义者过分强调学习是外在环境和教育的产物，忽略了影响学习的许多其他因素，如学习者自身的素质等。此外，应用强化理论会导致学生只关心是否获得奖励，只考虑"对我有什么好处"的倾向。由于进一步的研究发现，在没有强化的情况下学习的行为也可以发生，从而促使人们对这种理论提出质疑。

六、行为主义理论在护理教育中的应用

（一）经典条件反射理论的应用

经典条件反射是一种非常基本的学习形式，它与教育所关心的学习联系不密切。经典条件反射被看做是一种初级的学习，因而它不能完全代表护理学校里一般的课堂教学。

护理教师应用经典条件反射理论进行教学时有两种方法。一种是教师可能会遇到学生对教育的某个方面已形成的条件反应，如学生害怕参加或组织小组讨论。在这种情况下适合采用"系统性脱敏"的技术，这是治疗恐惧症的常用技术。目的是让受治疗者面对引起焦虑的状况放松，随后逐渐给予导致恐惧或焦虑的特殊刺激，使之逐渐增强适应能力。在前面的例子里，应该通过一系列小步骤让学生接触问题，开始时只让他与一两个同学进行讨论，然后逐渐增加接触面，最后扩大到与全体小组成员进行讨论。第二种方法是通过应用经典条件反射理论帮助学生预防消极性条件反应的产生。因此，当学生第一次被介绍到临床场所时，应该努力把其经历与积极事件相联系，例如，热情的欢迎和乐于帮助的气氛等。相反，如果学

生遇到粗暴的接待和冷漠的态度，感到其不受欢迎，那么就会形成对临床学习场所的消极条件反应。

（二）操作性条件反射理论的应用

操作性条件反射理论可应用于护理教育的许多方面。

1. 应用强化原则　强化是操作性条件反射的一个基本原则，正性强化的理论已被西方教育界广泛应用，学者们认为通过正性强化可使学生获得更多的快乐、更强的自尊和自信，从而促进成功的学习。还有人认为一个优秀的学生是在老师和家长的表扬中诞生的。护理教师也应更多地应用正性强化的原则，不论在课堂上还是临床护理教学中，及时的积极反馈都是必须的。教师应该多运用表扬、点头、微笑等作为对学生的奖励以起强化作用。特别在临床教学中，教师的正性反馈对学生的学习更为重要。因为，临床环境对学生来说是相当陌生的，他们自然会产生较大的焦虑情绪，这时，若教师对学生的行为总是给予不满意、批评或惩罚的反馈，学生将更加无所适从，最终丧失信心和学习兴趣，其注意力可能只在如何避免老师的批评，而不是怎样应用自己的知识和发挥自己的潜力。

改变病人行为的做法是一种在临床心理学里已经被很好尝试的技术，其通过对智力障碍病人进行选择性强化方式塑造他们可接受的行为。教师在课堂上也可以应用这种方法来鼓励期望的行为，阻止相反的行为。例如，一个护理教师想塑造护士学生在课堂上回答问题的行为，在最初，教师不论学生所回答问题的答案正确与否，只要她回答问题就给予表扬，以后再逐渐改为只有当学生回答正确时才表扬她。

强化消退可以用于减少不期望的行为，如上课迟到或随便与他人谈话。如果教师较多地注意他们这些行为，则会使其得到强化；相反，如果教师忽略这些行为，则会使之逐渐消退乃至消失。

当然，教师也应该善于运用各种不同类型的强化方式。例如，当护士学生在临床实践中出现严重差错，可能导致极其严重的后果时，应采用惩罚的强化方式。如给病人输血时，没有严格执行查对制度，可能危及病人的生命，教师应严肃处理这样的事件，这样，不仅对学生本人也对其他学生敲响警钟。

2. 应用强化程序　从前面的讨论中我们已经看出，不同的强化程序可导致不同的反应速度。在固定间隔强化中，强化之间间隔越短则对学习行为的保持越有效。因此学校每周进行周测验、病房每天进行病例报告的方式，要比只集中在期终进行一次考试的强化方式效果更好。同时，由于变化间隔的强化比固定间隔的强化方式更有效，因而不定期进行小测验、病例报告等可以促进学生不断地学习。由于护理学是应用性学科，护理操作技术的学习是护理教育中重要的内容之一，操作技能的学习更需要不断的强化练习，以期达到教学目标。而且，学生在完成基础护理课程的学习后，还应当定期练习这些操作技术，如每周到临床实习半天或一天，以保持所掌握的技能。否则，当学生隔了几个学期再到临床实习时，以前所学会技术就已经非常生疏了。

在比率强化中，变化比率这种类型可以提高反应的速度。当学习一个新的护理技能时，如学习静脉穿刺，应该在最初阶段频繁地给予强化，随着表现的提高，强化可减少频繁性，最终只对其中真正有效的表现才给予强化。

3. 应用行为塑造理论　斯金纳试图把行为塑造理论应用到教学程序中，他设计了直线型教学项目，该项目的材料是按照一定的顺序和逻辑一步步讲授的。其中要求学习者对每一步都做出反应，如果反应的结果是正确的，学习者便会因做出这一反应而获得正性强化。直线项目可以通过书或机器的形式进行，在后一种形式中，学习者只要按动机器的某一键表明其反应，项目便可自动按顺序向前进行。

斯金纳的程序教学强调小步骤原则，即每一步教学的难度不要太高，以使学生答对的几率增高，也就使其获得正性强化的几率增多。因此，他主张教学应因人而异、学生应自定步调，以免某些学生因学习速度慢、对难度大的知识出现较高的错误率而产生消极情绪。斯金纳认为，程序教学可通过及时强化的方法调动学生积极反应和参与学习活动，因为当学生对学习内容做出反应后，立即就会获得积极的反馈，从而使学生获得学习的乐趣和信心。程序教学方法在西方护理教育中比较广泛应用。实际上，目前应用计算机教学软件进行教学和课后练习的方式，就可以说是斯金纳理论的具体应用。

第二节 认知理论

一、认知理论的产生及主要代表人物

20世纪初,在华生等学者发展行为主义理论的同时,一些德国心理学家,包括韦特海默(M.Wertheimer,1880~1943)、苛勒(W.Köhler,1887~1967)、考夫卡(K.Koffka)提出了另一种理论,即格式塔(Gestalt)心理学,或称学习的顿悟说。该学派属于认知理论的范围,它排斥行为主义理论的观点,而强调整体是大于其各个部分总和的论点。它着重于研究内在的思维过程,而不是可观察到的、可被测量的行为。但是,格式塔理论在其发展初期却被人们忽视了,直到50年代后期,出现了数字式计算机,人们对思想过程研究的兴趣才又复活。

由于数字式计算机的出现以及人们对计算机流程图产生极大兴趣,同时由于反馈控制概念的兴起,认知心理学经历了重要的复兴阶段。计算机,或者更确切地说是计算机程序与人的思维过程相类似。心理学家们对人的"硬件"即人的生理较少感兴趣,而更着重于研究"软件"或"程序",因为它们是思考的基础。心理学的一个分支叫做人工智能,它的研究目标是设计出使计算机能够完成如读或翻译等智能行为的程序。由于人们对计算机信息处理过程产生极大兴趣,导致了现代认知心理学中一些主要概念和模式的发展。这一新的认知心理学的出现,代表了学习心理学由行为主义理论向研究系统思维的转变。

认知理论的主要代表人物包括:托尔曼(E. C. Tolman,1886~1959),他提出了认知目的说;奥苏泊尔(D. P. Ausubel)提出了学习的同化理论;布鲁纳(J.S.Brunner 1915~)提出了发现学习理论;加涅(R. M. Gagne)提出了指导学习理论等。

二、认知及认知心理学的概念

认知一词常被用于描述内在的思维过程,例如:思考、学习、记忆、领悟、感知及运用知识解决问题。认知心理学主要研究的就是思维的过程,包括知识的获得和应用。它可以被定义为"是为复杂的智力行为塑造其内在思维过程模型的一种心理学理论"。

三、认知心理学与行为主义心理学的主要区别

现代心理科学的发展来源于哲学。心理学家们在解释客观现象时会提出各种各样的观点,而当人们去检验他们的这些观点时,便会发现心理学与哲学的这种紧密联系十分显著。心理学家们之所以会提出不同的观点和解释,主要是因为受到他们所运用的独特哲学模式的影响。心理学家们运用这些不同的模式去观察人及其所生活的环境,从而逐步形成了不同的心理学理论和学派。

简化论是心理学家所运用的哲学模式之一,它假定所有的事物均可以被简化为最简单的、不可再分割的部分,从而形成了一种以分析的方法解释事物的观点。例如:把整体分解为各个组成部分或亚阶段。在生物学中,最小的组成部分是细胞;在物理中,则是原子;而在心理学中,行为的基本单位被称为刺激。

膨胀论是与简化论相对立的理论,它认为整体由相互联系的系统组成,而且各部分之间相互依赖,整体并不等于各部分简单的总和,而是先于部分存在并且制约着各部分的性质和

意义。例如，人是一个整体，人由神经系统、循环系统、消化系统、运动系统等各个系统组成，但是各系统简单相加并不等于一个整体的人，整体人的思维、行为及其他特性是各系统相互作用的结果，并且大于各系统作用之和。膨胀论运用综合的思想方式，反对将心理现象进行元素分析。它还认为，在某种意义上，部分可以被解释为是对整个系统所做出的贡献。

另一个影响心理学的哲学概念是因果关系，在这一概念中，事物被简单地以原因结果的相互关系来解释，这一理论被认为是宿命论的观点，因为它暗示了世界万物的变迁是按照自然法则进行的，结果完全被原因所决定，从而否定了人的主观能动性。

从上一节的内容可以看出，行为主义心理学就是以简化论为基础的理论。它把复杂的学习行为简化为环境刺激和反应行为，并且强调刺激与反应之间相互联系的重要性，认为思维的概念不能用于对学习行为的解释。因此，行为主义者主张把不可捉摸及不可接近的心理现象和思维摒弃于心理学的研究范围之外，而把人和动物那些可捉摸和可看到的行为作为心理学的研究对象，并着重于可观察到的刺激－反应间的联系。认识理论的观点则恰恰与行为主义理论相反，它以膨胀论、综合的思想、目的论和自由意志论的哲学思想来解释人类学习的特点，强调学习是内在思维的过程，重视思维和学习的整体性。

表2-1分析了认知心理学与行为主义心理学的关键不同点。

表 2-1 行为主义心理学与认知心理学的比较

行为主义心理学	认知心理学
简化论：例如任何事物均可被简化为不可分割的部分	膨胀论：例如强调整体大于其各部分之和
分析的思想：例如把事物分解成各个组成部分	综合的思想：例如各部分的功能是与整体相联系的
原因与结果的解释方法：例如结果完全由原因所决定	目的论的解释方法：例如用目标和意图去解释事物
宿命论：例如每个事物的发生遵循自然法则	自由意志论：例如人可以自己自由地决定选择

四、人类的记忆系统

认知理论的一个主要内容是研究人的信息处理系统和记忆方式，图2-4表示了一个信息处理的结构和流动方式，它包括三种不同的记忆形式——感觉记忆、短期记忆和长期记忆，实际上，它们是大脑记忆系统中不同的储存方式。这三个记忆系统之间既相互联系，又各具独特的特点。

（一）感觉记忆

感觉记忆对所得到的刺激只记录很短的一段时间。它是一个高效能的系统，能够记录所有感觉接受器输入的原始形态刺激。从这时起，视觉刺激以影像或肖像的方式被记录下来，声音刺激以声音回响方式记录下来。在感觉记忆中，视觉刺激大约持续1秒钟，声音刺激约4秒钟，而我们可能并没有感受到或知道这些刺激的存在。但是，当某一刺激被感觉记忆所记录时，就会与长期记忆发生联系来查找这个刺激以前是否存在过。感觉记忆的作用就是通过把刺激的存留时间充分延长，以使重要的刺激得到有选择的注意。感觉记忆解释了在黑暗

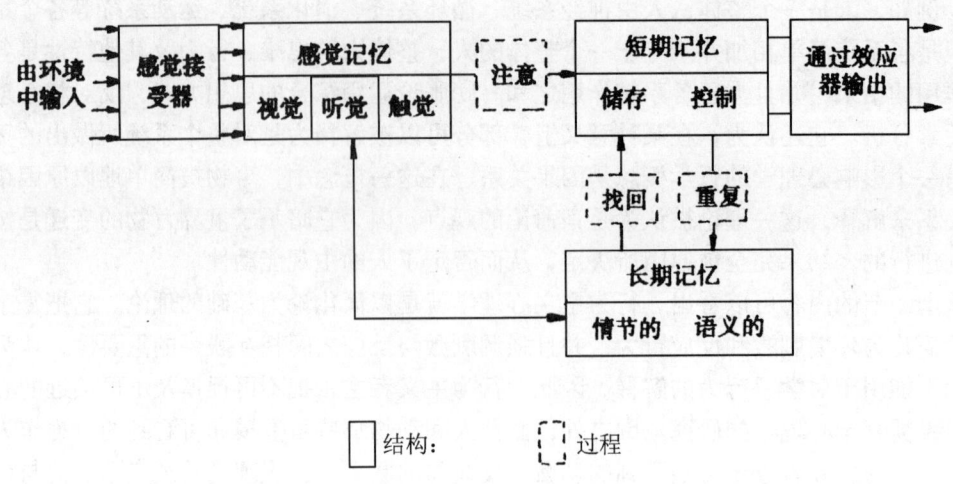

图 2-4 信息处理系统的基本结构和信息流动过程

中对光点的视觉存留现象。例如，在篝火晚会上，孩子们会拿着点燃的小火把在黑暗的夜空中快速移动，创造出圆圈、曲线以及各种各样的图形，这就是由于视觉影像在感觉记忆中的短暂存留。看电影时所感觉到的运动现象也是如此。

（二）短期记忆

短期记忆也被称为工作记忆、初级记忆或短期储存。它的特点是储存能力十分有限，大约仅有 7 个信息块，一个信息块可以是一个单词也可以是一个字母，"块"的大小取决于人们对某一信息的熟悉程度，如果对信息十分熟悉，就可以把更多的信息结合进信息块中，以增加一次短期记忆所储存的资料。工作记忆除了这种储存功能外，还有一些控制程序，例如：重复，它可以分为简单重复和详尽重复。简单重复包括复习短期记忆中的内容以便记住它们，简单重复过程并不影响长期记忆对内容的回忆。详尽重复则通过与长期记忆中已存在的内容相联系，能够更深一步地处理这些内容。

短期记忆同时还包括思考和语言的过程，它为思考和语言提供工作区域。信息在工作记忆中如同被编成了听觉和发声的密码，听觉密码表达的是信息，例如一个词的声音，发声密码表达的则是如何发出这个声音。

（三）长期记忆

有事实表明长期记忆的能力是无限的。心理学家们认为在这一阶段对信息的处理将对信息的储存起重要作用。学者们于 1972 年已经提出了一个处理水平的学说。此学说认为，对信息的处理可以有深、浅不同的水平，浅水平的处理包括刺激的物理特性等简单特征，而较深水平的处理则是分析刺激所含的意义等。由于这些信息已经被详尽地分析和处理过，所以较深水平的处理信息能够帮助人们更好地记忆信息，例如：在深水平处理时，外界新输入的刺激会与长期记忆中已存有的信息发生更多的联系，以比较它们的相同与不同点。这就意味着信息经过了十分重要的与大脑中故有知识的对比处理过程，因此，系统更容易避免对信息进行歪曲和带偏见性的处理。

五、记忆与遗忘

（一）记忆与遗忘的规律

最早研究记忆与遗忘规律的是德国心理学家艾宾浩斯（H.Ebbinghaus）。他把自己作为实验对象，首先以无意义音节为材料进行有关记忆保持过程的研究，用无意义音节做实验可以避免原有的词汇知识对实验的干扰，通过实验，他绘制了第一个遗忘曲线或称保持曲线（图2-5）。由图中曲线可以看出，遗忘的进程是不平衡的，总的趋势是遗忘开始进展得相当快，但随着时间的推移逐渐缓慢下来，到了一定的程度和时期，就几乎不再发生遗忘了。例如，学习结束20分钟后大约忘记了41.8%，保持住58.2%；1天1夜后，忘记66.3%，保持33.7%；第6天，忘记74.6%，保持住25.4%；而到第31天，遗忘的量却与第6天相差不大。因此，遗忘的规律是：先快后慢。

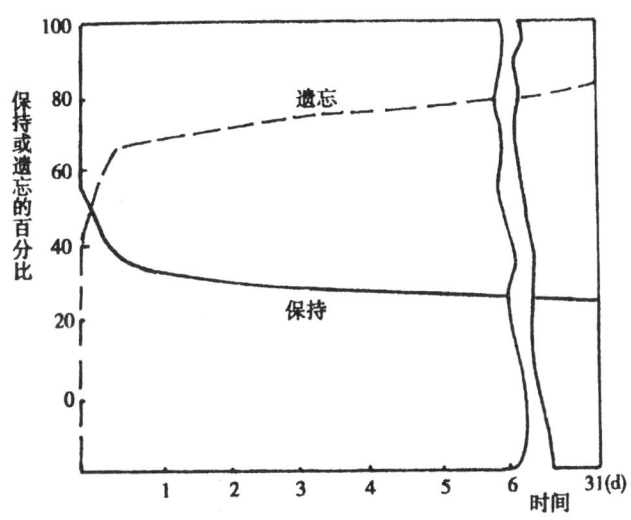

图2-5 无意义音节的保持与遗忘曲线

（二）影响记忆与遗忘的因素

影响保持或导致遗忘的原因很多，为了巩固学习的知识，可以从各方面创造有利于保持的条件。

1. 学习材料要适量　如果一次记忆的材料太多，记忆效果就不会好。例如，一个学生在平时不努力学习，到期末时才开始背书，他不可能在短时间内记住整个学期所教授的知识。

2. 有意义、有组织的材料比无意义的材料更易记住并保持长久　例如，让学生背诵一个个相互没有联系的概念，不如让他们先将这些概念相互联系起来再进行记忆。

3. 学习材料的熟记程度和有效方式也影响记忆　心理学家通过研究，创造了一些十分有效的记忆技巧被称为记忆术，这些技巧可用一些巧妙的组合方案，把所要记忆的内容编组成条款以便记住它们。以下列举一些有助于学生记忆的技巧供参考。

（1）轨迹法：运用这个方法时，学生首先在脑海中想像一个熟悉的地方，例如：家里或工作场所，然后挑选一系列的房间作为记忆地点。接着学生就在每个房间描绘下他所要记忆的项目，直到所有的项目均与房间相对应。每当学生要回忆这些内容时，他只需做一次思想漫游，穿过每一个房间，在适当位置找到那些所记忆的项目。例如：学生想要记住护理程序的各个步骤，他可以用四个有特别顺序的房间进行记忆。当他回忆这些内容时，就相当于做一次思想旅行：在家里客厅的桌面上找到评估的内容，在卧室找到护理计划，在厨房找到实施内容，并在长沙发上找到评价的表格。

（2）转变语言的方法：这种记忆法在学习不熟悉的词语时十分有效，即把护理中遇到的不常用的新词语转化成学生了解的词。例如，学生在学链霉素—streptomycin 这个英文药名时，他可想到与其发音类似的一句英文"strapped the mice in"（夹住老鼠），而且这句话有控制害虫传播的意思，更容易记忆这个抗生素的英文名字。

（3）记住关键词的方法：这种方法在学习外语词汇时十分有用。同时在学习大段文章时也有效。

（4）首字母缩略词法：它是把每个单词垂直排列，其中每个词的首字母组成一个词。例如：在学习对新生儿进行评估时，学生可能记不住所要评估的内容，但如果记住首字母缩略词及每个字母代表的意思，就能很容易地记住评估的内容了，如 Apgar 评分的内容是：

  A（appearance）   皮肤颜色
  P（pulse）   脉率或心率
  G（grimace）   扮鬼脸，指弹足底或插鼻导管的反应
  A（activity）   活动，肌张力
  R（respiration）   呼吸

4. 要合理组织复习，以使记忆痕迹不断得到强化和巩固 应注意：①及时与经常复习相结合，因为遗忘有先快后慢的趋势，因此复习必须及时，同时经常的复习也是十分必要的，以防止继续不断的遗忘；②分散复习与集中复习相结合，对学习内容进行分散多次的复习比集中一次复习效果好，学生若只在考试前进行集中复习会造成身心疲劳，而且记忆效果差；③反复阅读与尝试回忆相结合，复习时要避免单纯阅读、重复，应尝试合上书本，进行回忆，使大脑处于活跃状态会增强记忆。

（三）有关遗忘的理论

目前有许多对遗忘的解释，但是所有的解释都包括了最初的记忆痕迹无效或有效两类，而最终的结果都是未能进入记忆系统，使以往的经验不能再认或回忆，或者产生错误的再认或回忆。下面介绍几个有关遗忘的主要理论。

1. 干扰理论 干扰理论认为遗忘是由于其他记忆的干扰所引起。干扰有两种情况。

（1）逆反干预：当新记忆的东西与以前学习的内容相作用时会发生干扰作用，这种新知识的学习影响了对旧内容的记忆就称为逆反干预。例如，护士学生可能在一个下午参加两个或三个讲座，第一个讲座的内容可能由于后面两个讲座的逆反干预而被遗忘。

（2）前作用干预：与逆反干预相反，先前学习的知识对后来的学习产生干扰时称为前作用干预。如前面所说的例子，学生也可能只记住第一个讲座的内容，而将第二个或第三个讲座的内容忘得一干二净。

目前，大多数学者认为干扰是导致遗忘最重要的原因，尤其是对学习两种不同的、但彼此十分相近的材料时最容易发生。因此，教师应帮助学生对类似的学习内容进行分析和比较，找出其不同点，以便加强记忆。

2. 编码特性理论 这一理论的观点是：遗忘的发生是由于在当初记忆时，已被编码的信息在搜寻过程中不能被表达出来。有事实表明，回忆某件事的最好线索是当时记忆被编码时所携带的线索。例如，每个人都会承认，当一个人去参观他儿时住过的地方时，环境、人和各种旧物，即线索，会使他回忆起已经忘记的童年往事。相反，若记忆当时的线索被遗忘或混淆时，就不能恢复记忆。例如，我们在设银行账户密码时可能用的是自己生日的日期，但当再次使用这个账户时，却想不起用的是丈夫的生日、儿子的生日、家里的电话号码、还是门牌号码等线索。

3. 增强理论　这个理论的观点是：每一次经历都会在大脑中产生痕迹，如果需要记住某一信息就必须去强化这一痕迹。因此，遗忘是由于记忆痕迹得不到强化而逐渐衰减，以致最后消退的结果。

六、布鲁纳（Bruner）的发现学习理论

认知发现学习理论起源于完形心理学理论，美国心理学家布鲁纳（J.S. Bruner，1915~）是其主要代表人物。他的研究工作对教育学思想产生了深远影响。布鲁纳和其他认知学理论家一样，认为学习是对环境的主动适应过程。他极力反对把人当作被动的接受者以及把学习当作只是一连串刺激－反应的联结。他认为人的认知过程是通过主动地把进入感官的事物进行选择、转换、储存和应用，以达到学习、适应和改造环境的目的。

（一）学习的过程

布鲁纳认为，认知是以个人已有的知识结构为基础来接纳新知识，新知识被旧知识结构所吸收的过程；同时，旧知识结构又从学习中得到改造和发展。他认为学生在学习一个内容时包括以下三个过程。

1. 新信息的获得　新知识的学习通常基于对某事的了解之上，尽管这种了解可能是暂时的或是模糊的。例如在给学生讲授循环系统时，绝大多数学生可能已经知道了血循环的存在。新知识与原有知识的联系可能是各种各样的：可能是与学生原有的知识相符合、相违背或者仅仅是复习。

2. 信息的转化　是指新信息被分析和处理，以便能在新的情况下使用。例如，学生在学完成人肺炎病人的护理知识后，应能够在学儿科肺炎病人的护理时，将原来的知识转化，使其适用于儿科病人。

3. 评价　是对知识转化的一种"查阅"，检验信息处理过程中的每个环节是否均正确。

（二）主要的学习观点

1. 重视学科的结构　布鲁纳认为，知识总是有结构的，知识结构是人们对客观事物构造出的一种主观模式。学校的课程设置应注重将学科内容结构化。学科结构的概念包括：①该学科的基本知识结构，即基本概念、原则和原理，以及它们之间的关系和联系；②学习该学科的主要方法和态度。因此，教学的重要目的是教授学生如何进行事物间的联系，通晓某一学术领域的基本观点，以及了解本学科的科研动态，并且注意培养独立解决问题的能力。因此不论我们教授什么学科，务必使学生理解或掌握该学科的基本结构。

布鲁纳认为，学习的目的在于为学生将来的发展打下基础，这一目标是通过学习转化过程实现的。学习的转化主要通过两种途径实现：①特定技能的转化：如学习无菌原则和为成人进行注射的技术后，这些原理和技能可通过适当的转化，进一步应用于儿科病人；②一般原理的转化：如在中小学阶段学习的数学和语文知识，可用于今后的各种学习和工作中。后一种转化形式是教育过程的基础，它依赖于对整个学科结构的全面理解。

结构包含了所学内容的基本类型和思想，但不是各种细节和特定的事物。学生一旦理解了结构，就能靠自己的主动学习获得更多的知识。结构由概念和类别组成，布鲁纳把学习视为一个把事物分类的过程。事物按其共有的属性进行分类。把新事物与某一类别的独特属性比较后，便可以确定它是否属于此类型。如果确认某事物属于某一特定类型，我们就可推断它一定具有这一类别的特性。在区分一个事物时，一般按四个阶段进行。

（1）初步分类阶段：即把事物与其背景分离开。

(2) 寻找线索阶段：这种过程可能是有意识的，也可能是无意识的，人们用得到的线索尝试着把事物分类，即暂时性的分类，这样可以缩小寻找范围。

(3) 确认阶段：即检验暂时性分类是否正确。

(4) 确认完成阶段：此阶段停止了对线索的搜寻，额外的线索被或多或少地忽略了。

通过上述过程，事物就能被鉴别和分类。例如，学生在课堂上学习了细菌性肺炎和病毒性肺炎病人的护理知识，而在临床实习时遇到了一个支原体肺炎的病人，支原体肺炎护理的知识对学生来说是一个新知识。但是，如果学生掌握了肺炎病人护理的一般原则，他可以通过初步分类（判断病人属于呼吸系统疾病患者）、寻找线索（通过病史和体检资料判断病人属于肺炎患者）、确认（进一步寻找资料判断病人属于支原体肺炎患者），以及完成确认等步骤，运用已有知识对新病人提供护理。

2. 运用信息的编码系统　布鲁纳将复杂信息的学习称为编码系统。一个编码系统是由一系列类别组成。人们可以用它们把有关世界的信息进行区分并分组。编码系统是按等级排列的，最特定的信息位于最低一级。在等级排列中，上一级的每个类别要比下一级的类别更具普遍性。这样可以由上而下引出所有编码系统中的概念。在这种等级排列的系统中，最上面几级的类别包含了所学内容的普遍原理。学生在学习中，可以运用已掌握的普遍原理，不断加入新的内容，也就是不断地在下一级中加入新的特定类别，同时，也便于记忆编码系统中的事物。

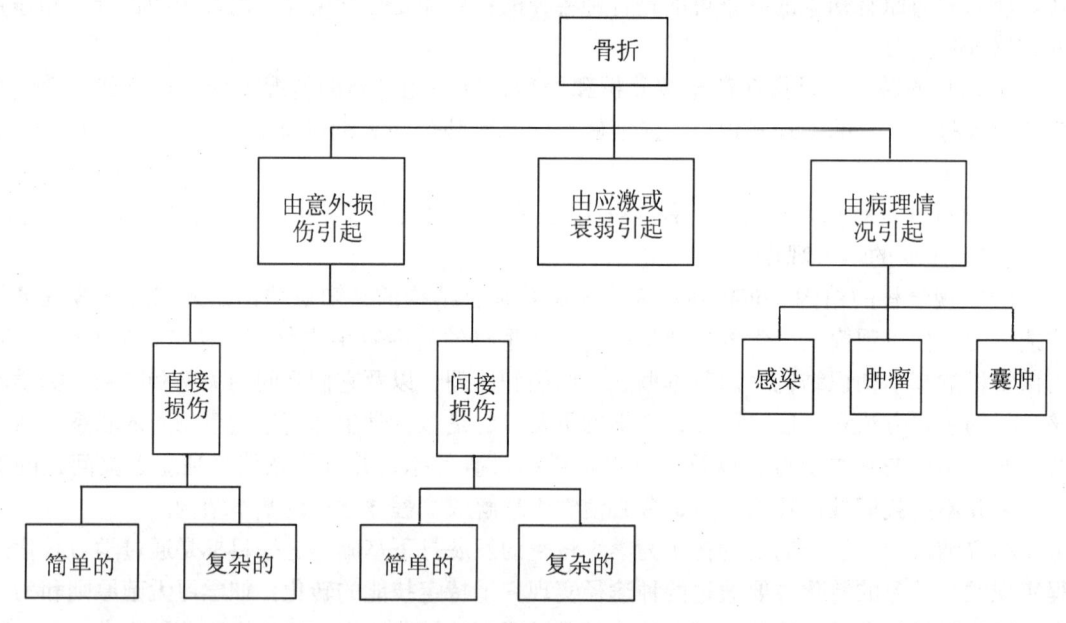

图 2-6　骨折的信息编码系统

图 2-6 表示一个骨折的编码系统，最特定的概念在底部，即骨折和较具体的一些分类。掌握编码系统的效果将受许多因素的影响，如一个学生在完成学习任务时的学习场所以及学习者的动机等。此外，要想掌握好编码系统，必须在那些特定概念归入具有普遍性的编码系统之前就掌握好它们。我们还可以通过各种学习情境增加对编码系统的理解，特别是发现的学习。

3. 提供发现的学习　发现的学习是指让学生独立思考，使学生通过积极参与的过程发现所学内容的结构、掌握知识原理。发现的学习可以分为单纯性的发现和指导性的发现两种。事实上，前者不会收到预期效果，因为它没有方向性，也不可能被组织和控制。因此，后者才是值得提倡的方法。老师的角色是提出问题以激励学生通过积极的探索去寻找答案。在护理教育中，这种学习方法可能会使学生感到压力很大，因为他们始终被要求能以正确的答案来回答问题。这种要求往往与人的直觉思维概念相违背，直觉是指在得到确切的全部资料之前对事物或现象所做出的有依据猜测。但是，这样更可以去激励学生努力寻找资料，以检验他的猜测是否正确。

布鲁纳认为发现学习方式有以下几种作用。

（1）提高智慧的潜力：学生运用发现学习理论，可以对新遇到的事物进行重新组织或转化，从而获得新的领悟。这样，不仅能发现规律性和相关性，还能使信息条理化，并能保证信息随时发挥其可能发挥的作用。

（2）使外来动机向内在动机转移：学生最好的学习动机莫过于对所学材料具有内在兴趣，而且有新发现的自信感。

（3）学会发现试探法：发现法就是让学生独立思考、改组材料、自行发现知识的一种学习方法。布鲁纳认为，人只有通过解决问题的练习和致力于发现，才能学会发现的技巧。学生越是在这方面获得较多的经验，越容易形成探究的态度，从而逐渐坚信自己有发现的能力。因此，教师应尽可能使学生成为自主和自动的思想家，学生离校之后就能独立地开拓某些领域。

（4）有助于知识的记忆：布鲁纳认为记忆的首要问题不是储存而是检索，而检索的关键在于组织，也就是知道去何处寻找信息和如何获取信息，即发现。他曾用三组12岁儿童记忆一套30对的配对词做实验，甲组只要求记住，乙组、丙组则要求利用中介词使配对词联系起来再进行记忆，所不同的是，乙组由教师讲解，丙组则由学生自行设法联系记忆。结果表明，在出现第一个词后能记起第二个词的百分比，甲组最低，丙组则最高。因此，按照一个人自己的兴趣和认知结构组织起来的材料，才是最有希望在记忆中"自由出入"的信息。

发现的学习方法对教师提出了较高的要求，它要求教师真正通晓有关学科的基本结构，并具有耐心和灵活应变的素质，因为，发现法没有现成的方案可遵循，教师必须根据不同年龄学生的特点、学科性质和学习阶段来安排教学活动。教师还应为发现学习提供一种有利于独立思考的气氛，为学生创造发现的机会，帮助学生寻找有关资料并得出结论。

（三）布鲁纳理论在护理教育中的应用

布鲁纳有关学科结构的理论意义十分深远。护理教师必须在讲授新内容之前，解释最基本的结构和原理。在介绍一门新科目时，于最初阶段就介绍许多细节的内容是无益的，更合理的方法是先描述学科的基本概念、原理和总的发展概况。例如：微生物学是护理科学的一门基础课，通过学习可以使学生了解关于无菌和抗生素等概念。最好的教学方法是首先概括性地回顾微生物学的主要原理和基本概念，而不是向学生讲授有关细菌的非常专业性的知识，因为这样会使他们产生迷惑。

指导性的发现会在学习中产生良好作用。护理教师首先让学生去发现在学习有关科目内容时所遇到的一系列问题，然后激励他们利用资料去寻求答案，这种方式可以使学生从主动学习中得到能力的训练。发现学习法也可以用于实验室的讨论活动，学生会努力去解释为什么会产生某些反应和某些现象，这样，教学过程就会成为探索知识的过程。在护理临床教学中，教师应更广泛地应用发现学习的原则，以激励学生去探索广大的未知领域。学生利用教师所提供的材料，自己去发现，回答自己的疑问，解决自己形成的问题，从而减少对教师和教材的依赖性，也培养了学生的学习兴趣，同时，发展了学生推理和观察的能力。

第三节 社会学习理论

一、社会学习理论的产生及主要代表人物

社会学习理论兴起于20世纪60年代，主要代表人物是美国的心理学家班杜拉（A.Bandura，1925～）。该理论试图阐明人如何在社会环境中进行学习，从而形成和发展个人的个性特点和才能。

二、社会学习理论的主要观点

（一）社会学习的概念

社会学习又称观察学习，即通过榜样进行学习，它出现在个体通过观察他人的行为而进行学习时。按照社会学习理论，行为被看做是个体与环境的相互作用，也就是说，人和环境都是学习的决定性因素。

（二）社会学习理论的主要观点和学习过程

班杜拉认为行为主义理论对学习的认识，限制了个体的潜力及其自身主观能动性对其行为的影响。按照社会学习理论的观点，个体在出生时除了反射以外没有继承任何行为模式，所以任何事情都必须学习。这种学习产生于观察他人的行为，这比反复地进行"尝试与错误"的过程更能有效地学习到复杂的行为。按照班杜拉的观点，有些行为，例如语言，也只能通过观察人类的榜样进行学习，因为绝不可能只通过强化随意的发音就能掌握个体每天所使用的复杂语言。因此，社会学习理论强调学习是学习者把榜样作为一种行为的象征形象，通过对榜样的观察来指导自身学会某种行为。

班杜拉还强调人和环境相互作用形成人的个性行为。他重视环境在行为形成中的作用，认为人的社会行为是通过观察学习获得的，是对他人的行为、态度和各种反应的模仿和认同。班杜拉将观察学习分为四个过程。

1. **注意期** 在这一期，学习者开始集中注意榜样，观察榜样的行为模式。此期的学习可受到榜样的特征、观察者的特点以及他们之间的关系的影响。

（1）榜样行为的特殊性、复杂性、可用性都会影响学习。实验表明，那些具有地位、威望和权力的人是更有效的榜样，更容易引起观察者的注意和学习。例如，护士学生在实习时会更多地观察护士长或临床护理教师的行为。

（2）观察者（或学习者）本身的特点，如个性特点、觉醒程度、态度、运用信息能力、感知觉能力以及过去的经验等也会影响学习。例如，当学生做好学习的心理准备，迫切希望学习某项技能时，他会注意观察教师的行为。同时，实验表明，那些缺乏自尊和自信，以及依赖性强的个体容易被榜样明显的成功行为所影响。当然，我们对这一结果也要谨慎地加以解释，因为许多自信的人也会很快地学会那些看来有价值的行为。

（3）榜样与观察者之间关系的好坏，接触的频率，以及人际间吸引力等同样影响学习。例如，在临床护理带教过程中，教师和学生之间保持相互信任，同时学生对老师的行为十分赞赏时，会取得较好的学习效果。

2. **保持期** 在这一期，学习者记住了榜样的行为并在大脑中回忆行为的执行过程，也就是说，在其执行这一行为之前，在大脑中反复默默地、象征性地进行演练。同时，也可有

外显的练习活动,将观察到的榜样行为在自己身上初步表现出来。例如,护士学生观察了教师与病人的沟通过程和行为后,他会在脑海里演练自己如何与这样的病人进行沟通,或者与其他同学一起相互练习。

3. 动作形成期　在这一期,学习者真正能够执行所观察到的行为,并且能够通过自我观察,评价自己行为的精确度,并进行矫正和反馈。如上面所提到例子,学生会将学到的沟通技巧真正用于与病人的沟通过程中,可能在一开始运用得并不十分恰当,但通过不断评价和反馈,沟通技能会越来越好。

4. 动力期　在这一期,学习者通过强化的作用来增强学习效果。如果观察者看到榜样的行为是有价值的,他就更可能去学习这种行为。例如,学生主动与病人沟通的行为得到教师的赞赏时,他会做得更好。但是在社会学习理论中,强化并非是必不可少的,它对学习只起促进作用。

班杜拉提出强化可包括以下三种形式。

(1) 外部强化:强化可以是外来的,而且直接对行为结果产生作用,如得到奖金、物质奖励、精神鼓励等。

(2) 自我强化:强化可以是内在的自我调节性强化。人在行动之前已制定好行为目标和评价标准,当学习者完成了预定的目标时,就对自己进行积极的评价并进行奖励。例如,一个学生可能对所学的某一门课给自己定了一系列目标,当他完成目标时,可能以外出看一场电影的方式来奖励自己。但是,当不能按标准完成目标时,就对自己产生消极的评价并进行惩罚。

(3) 替代性强化(又称代受的强化):当观察者看到榜样通过进行某种行为而获得正性强化时,学会榜样行为的可能性就增高,这叫做替代性强化。即人的行为不经过直接的外部强化,只要体验到榜样所受到的强化,就能了解哪些行为是被肯定的,哪些行为是被否定的,从而形成与榜样相一致的行为。例如,当一个学生看到别的同学因为做某事而受表扬时,他去模仿这一行为的可能性就增高。

通过榜样传递信息的形式有许多种,如表演、图画、词语以及电视、录像等等。在应用抽象的榜样过程中,观察者首先在各种榜样的刺激下形成原则,然后在与他们观察到的情景相似的情况下应用这些原则。例如,观察者观察了各种各样外科换药榜样的操作之后,便学会了这一操作的原则,并在相似的情景中应用这些原则。

社会学习理论很好地解释了许多社会性行为的学习过程。但是,既然社会学习理论认为个体是通过已知的榜样来学习的,那么,它如何解释新的、创造性行为的发展和形成呢?班杜拉认为,新的反应行为是通过综合利用许多榜样的特征而产生的、新的创造性行为。

三、社会学习理论在护理教育中的应用

(一) 学习护士的专业角色

社会学习理论可以作为护理教师广泛应用的一个强有力的工具。我们知道,护理学是一门实践性很强的学科,一个新的护士学生应该学习的一个重要内容是护士的专业角色。如果学生只坐在课堂上学习,再优秀的教师也不可能教会学生如何成为一个合格的护士。只有通过让学生与一个受尊敬的护士每天一起工作,相互接触,彼此间进行观察的方式才可能促进其专业角色的发展。在学生与护士共同工作的过程中,学生不仅能够观察和学习临床护理知识和技能,而且能够观察到护士与病人、病人家属以及其他工作人员之间的相互作用,这

样，他们在学习护理专业技术的同时，也学习到了人际间沟通交流技巧和护理专业态度，形成护理伦理观念和高尚的职业道德。因此，护理临床实践是护理教育中必不可少的环节。

（二）护理教师的角色榜样作用

当护理教师与学生在一起时，教师本身就是一个角色榜样。作为一个专业角色榜样，护理教师应该具有广泛的专业知识和娴熟的工作技能，并表现出对护理工作的热情和良好的职业素质。为实现教育目标，使学生能够成为一个合格的护理工作者，就应该为其选择一个好的角色榜样、一个优秀的护理实践者。

（三）学生间相互学习

让学生以配对方式，形成小组进行学习也是一种极好的方法。因为学生间是相互影响的，配对小组学习可以使较差的学生有机会与能力较强的学生在一起，这样，较差的学生可以把好学生作为榜样，通过观察学习他们的行为来提高自己的技能。教师对表现良好的学生应及时给予表扬等强化，以促进其他学生对其行为的观察和模仿。当然，教师也应该给能力强的学生以责任，鼓励他们保持自己良好的行为，因为他们更有可能成为其他学生的榜样。

第四节 人本主义理论

一、人本主义理论的产生及主要代表人物

当代西方人本主义理论是 20 世纪 60 年代兴起的一个新学派,它的主要思想是强调学习应以人为本。主要代表人物包括:马斯洛(A.H.Maslow,1908~1970)、罗杰斯(C.R. Rogers,1902~)和考姆斯(A.W.Combs)。

二、人本主义理论的主要观点

(一) 强调情感、态度和价值观在学习中的重要作用

人本主义心理学强调学习行为中人的因素。虽然在这一领域的心理学家通常都保持他们自己在研究方面的个人兴趣,对人的行为不一定都持有相同的观点,因而不能由某一单一理论来代表人本主义的观点,但是,他们都涉及研究人类所具有的思想、情感和经历,公认情感、情绪、志向、态度、价值观等在学习中所起的重要作用。

人本主义理论学家认为学习是人自我实现的过程,应该相信任何正常的学习者都能自己教育自己,发展自己的潜能,因此,它正好与只研究人的外在行为而不考虑其内在情感和经历的行为主义理论相反。人本主义理论也不同于认知理论,后者关心的是有关人类行为的思维方面,对情感方面则强调得很少。人本主义理论的倡导者声称其他两种理论忽略了人类存在的一些最有意义的方面:即情感、态度和价值观。人本主义心理学的观点不是过多地强调人们的生理动力,而是强调他们的目标;不是过多地强调刺激对他们的影响,而是强调他们想要怎样或想做什么;不是过多地强调过去的经历,而是强调现在的状况;不是过多地强调生活条件本身,而是强调人类经历的主观认识,即个人对他自身经历的主观理解而并不是客观的、可观察的反应。

(二) 重视人的价值和人格的发展

人本主义理论认为必须关心和尊重人的尊严、人的各层次需要,必须充分重视人的主观能动性、自身价值和创造性,学习过程应能促进人类的成长、个体的满足以及自我实现等等。但是,它并不认为行为主义的观点是错误的,只是人本主义更强调人类的情感方面与认知和心理动力方面具有同等重要的地位,而不像有些理论脱离了其他方面,而只片面地考虑其中的某一个方面。

(三) 强调教育要以学习者为中心

人本主义者认为必须把学习者作为学习活动的主体,在学习上,应给学生以自己选择学习方式的机会。教学的任务是创造一种有利于学生发挥潜能的情境,使其学习潜能得以充分发展。同时,学校的课程应该为学生探测情感、考察态度与情绪、明确价值观、学习有效地进行交往及处理人际间关系提供指导和机会。应用人本主义理论进行教学还应注意两个方面:即教师与学生的关系以及课堂气氛。前者强调了教师与学生之间人际关系是影响学习的一个主要因素,反过来它也影响课堂气氛。在课堂上是否出现冲突与紧张气氛,很大程度上取决于师生关系的质量。

三、罗杰斯理论的主要观点

罗杰斯是作为一名心理咨询者开始他的生涯的。他在给人们进行心理治疗，帮助他们解决日常生活问题的过程中，发展了他的以病人为中心的心理治疗原则。这一原则把病人视为主人，认为病人具有解决自己问题的能力。如果治疗师富于同情，便可以为患者提供足够的支持，以克服暂时的情绪障碍，并集中力量解决所面对的问题。因此，以病人为中心的治疗师并不指导或劝告病人做什么，而只起一个促进者的作用。他通过提供一个非评论性的气氛，即不对病人的行为提出正确或错误的评判，以便不从心理上威胁和打扰病人，从而帮助、促进其发展自我意识，加深对自己的了解，最终自己找到解决问题的答案。

罗杰斯认为治疗师与病人之间的这种关系也同样可以用于教师和学生之间。这种以病人为中心的治疗概念导致罗杰斯形成了以学生为中心的学习理论，在研究工作中，他提出了一系列学习的原则。

1. 人类具有学习的自然潜力。
2. 当学生认为学习内容与自己的目的有关时，学习会变得有意义。
3. 当学习的内容涉及改变自我时，会使学生体验到有威胁感，因而容易受到抵制。例如，学生在其他学校学习了某一操作技术，但当他转入新的学校时，教师要求他按照新的操作规程完成这一操作，此时，学生会产生焦虑，觉得受到威胁，并且不愿意放弃原来已掌握的技术规程。
4. 当外在的威胁最小时，学习中那些对自我有威胁的部分容易被理解和吸收。如上面所提到的例子，若教师能够对这样的学生采取关心、爱护的态度，以及提供宽松、愉快的练习场景，会使学生更快地放弃原来的操作程序而学会新的规程，否则，会阻碍学习过程。
5. 通过实践可以获得更显著的学习效果。
6. 当学生有责任地参与学习过程时，可以促进其学习。即当学习者感到自己，而不是教师应该对自己的学习负责时，其学习的主动性和学习效果会大大提高。
7. 自发的学习可以涉及学习者整体的人——感觉和智力。这种学习是最持久的。
8. 当把自我批评和自我评价作为基础，而把他人评价放在第二位时，可以促进独立、创造和自信的发展。
9. 在当今世界，社会上最有用的学习是掌握学习的过程，持续开放自我并把自我融于变化的过程中去。

以上九个原则体现了罗杰斯对学习的认识，他强调学生的参与，自我评价以及课堂上不存在任何威胁因素。罗杰斯把教师看做是学习的促进者，学习资源的提供者，是可以与学生分享感觉和知识的人。作为这样一个有效的学习促进者的先决条件是自知，在课堂上以自我出现，并接受、信任和理解学生。

罗杰斯在他的《八十年代自由学习》一书中进一步阐明了他的教育学观点。他认为学习是个一边是无意义的材料，而另一边是有意义的经验学习的连续过程。前者能够描述许多课程内容，但与学生所想的或许没有任何联系。相反，经验学习有许多好的特征，如个人参与、自我创造和自我评价等等。与只关心认知功能的学习形成鲜明的对照，罗杰斯关心的是整体的人，他认为教育的作用被估计得过高了，通过灌注知识进行教学的方式已经不能满足当今变化的社会需要，教育的重要作用是促进学习。这就要求促进者具有一定的特征，其中最重要的因素是促进者与学习者之间的关系，罗杰斯对这一特征提出了以下一些建议。

1. 真诚　促进者是一个真实的人而不是某种理想的榜样。因此，很重要的一点是：他应对学生表现出正常的反应，毫不装腔作势，以便学生把他当作一个真实的人来接受。例如，当学生在课堂上提出某些问题，而教师暂时尚不知道如何回答时，教师应当坦白承认自己不知道，但是会在下课后帮助学生寻找答案。

2. 接受和信任　促进者应该接受这样的事实，即学生是一个有自主权的人，是一个值得尊敬和关心的人。而且，每个学生有其独特的特点，教师应善于发现学生的优点，同时接受他们的缺点。正如俗话所说：十个手指不一样齐，学生更是各有所长，各有所短。优秀的教师应当是能接受和信任学生，并激励起所有学生的潜能。

3. 移情理解　促进者能够把自己放到学生的位置上，从学生的角度来看待和理解问题。罗杰斯认为，对学生有移情作用的教师不仅将自己理解学生的情感传递给学生，而且将他准备分担学生可能承担的任何重任的情感也传递给学生，也就是说，使学生感到教师随时都会为其提供情感、知识和技术方面的支持，这样能够有效地增强学生的自信心。

罗杰斯建议教师可以按照学生的需要来建立自由学习项目。学生可以结合自己的问题和经验进行学习，教师为其提供资料和人力帮助。他也建议应用学习合同方式帮助学生主动地学习。

四、人本主义理论在护理教育中的应用

（一）重视师生关系

前面我们已经讨论了人本主义理论在教育学上重点强调教师和学生之间的关系。教师应该真诚地面对学生，信任并接受学生，同时能够从学生的角度来理解事物。如果教师能信任和支持学生，他的学生将越加确信自己的能力，更容易实现自己的学习目标。在临床护理教学中，由于教师和学生的接触非常频繁和密切，因此，师生关系更是学习的重要影响因素。

（二）让学生参与教学活动

护理教师应该让学生参与决策，以便促进学生个人价值感的发展。当然，让每一个学生都参与计划决策似乎是不可能的，但可以由学生代表提出建议。例如，为了让学生参与教学过程，可以邀请每个小组选派代表来参加学习计划会。此外关于哪一天考试、何时交作业等这类问题，可以由学生做出决定后征求老师的同意。这样灵活的安排可以使他们感到了参与。

（三）接受学生具有个体差异

大多数教师会意识到学生在学习课程或接受培训之前存在个体差异，但许多人并没有意识到在课程结束时学生之间还会存在差别的事实。重要的是，教师应该持续地意识到尽管学生经过了相同的训练，他们仍然是不同的个体，应该鼓励他们保持独特的态度和价值观，而不是成为一个遵奉者，成为规格统一的产品。在高等护理教育中更应注意学生有自主的需要，当发现学生的错误时，有时不必当众直接指出，以免使学生感到受挫折，教师应该促进学生的自我反省。例如，在护理技术考试时，某个学生的表现明显落后于其他学生，在排除其他原因后，教师可问学生平时的练习情况，借此引导学生反省自己的学习情况，并对自己的学习产生责任感和发展其自主性。

（四）教师是帮助者和促进者

人本主义者认为教师的角色是帮助者和促进者，而并非是信息的传递者。换而言之，教师应成为学生的另一个学习资源。因此，当学生提出问题时，教师不应简单地提供信息或忠

告，而应以同情、认可、鼓励等方式来满足学生的需要。例如，当学生在实习时遇到了濒死的病人，而他不知道如何护理这样的病人及其家属时，教师应采取关心的态度，鼓励和指导学生去查找有关的资料，使其自己获得答案，同时还可写下护理体会。这样，比简单地告诉学生如何护理会取得更好的效果。

（五）重视课堂气氛

人本主义理论在教学中十分强调课堂气氛，课堂的气氛应该使学生感到平静并且是一个具有心理安全感的环境。教师与学生之间关系的某些障碍，可以通过重新安排座位、应用小组讨论等方法使其改善。这样也能促进对情感和价值观的讨论，这是人本主义所强调的极为重要的一个方面，也是护理教育常常忽略的一个方面。

（六）使用学习合同

人本主义心理学的一个特殊应用是使用学习合同，这可以为学生提供对自己学习负责的机会。例如，在学期开始时，学生和教师应共同讨论本学期的学习目标，以使学生明确要完成的学习任务，以及应遵守哪些规章制度。特别是对实验室练习和临床实习部分，教师和学生应制定出具体的原则，如出勤制度、考核制度和行为规范等。最后，如果教师和学生都对合同表示同意，大家应在合同上签字。

第五节 成人教育理论

一、成人教育理论的产生及主要代表人物

随着社会的进步,人们逐渐认识到教育是一个终身的过程。联合国教科文组织在推动终身教育的过程中,把成人教育看成是先导,这就进一步促进了成人教育的发展。成人的学习方法显然与儿童不同,诺斯(M.S.Knowles)在研究成人教育的过程中创造了成人教育模式。

二、成人教育理论的主要观点

(一)成人教育模式与儿童教育模式的主要不同点

成人教育模式相对于传统的儿童教育模式是一种新的学习方法。这两种学习形式是平行的而不是对立的,诺斯认为教育者应该根据学习者的不同情况,从两者中选择适当的模式。成人教育模式与儿童教育模式在对学习者的假说上有五个方面的区别:学习者的概念;学习者的经历;学习者对的学习意愿;学习者的学习倾向以及学习者学习的动力。这两种模式在假说上的具体区别见表2-2。

表2-2 成人教育模式与儿童教育模式的不同假说

假 说	儿童教育模式	成人教育模式
1.学习者的概念	依赖型:教师控制了学习中所有主要的决策	自我定向型:学生对自己的学习全面负责
2.学习者的经历	大多数学生的经历对学习几乎没有作用,儿童教育模式依赖于教育的传递	学生的经历对学习有很大的作用,取决于成人不同的角色
3.学习的意愿	与年龄相关:取决于生物年龄阶段以及年级水平	与需要相关:学生知道做某事的需要
4.学习的倾向性	以内容为中心:课程设置以内容为中心	以任务为中心:课程设置以任务为中心,以问题为中心
5.学习的动机	外在的:来源于外部的压力,如父母和教师	内在的:出于自尊和自信的需要

儿童教育模式和成人教育模式可能对儿童和成人的学习都适用,当学习者第一次遇到新的不平常的情况时,儿童教育模式可能比较适用,例如原来对计算机知识一无所知的成人开始学习计算机时,就可应用儿童教育模式。诺斯确信成人教育模式也可能适用于儿童的某些情况,例如,当一个已学习钢琴多年的儿童要继续深造时,教师应考虑应用成人教育模式,满足他的需要。

(二)成人教育模式的过程设计

儿童教育模式主要应用"内容设计",即将知识传播给学生,学生的学习完成依赖于教师所教授的内容。而成人教育模式的应用主要涉及"过程设计",即注重教育过程的设计,其目的是调动学生积极主动地参与教学活动,以达到最佳学习效果。"过程设计"主要包括以下七个方面。

1. 创建学习气氛 这种学习气氛既涉及生理气氛,也涉及心理气氛。教室的布置、座位的安排、学生的生理状况等均属于生理气氛的内容,成人教育需要更为舒适、宽松的生理气氛。心理

气氛考虑的内容涉及相互尊敬、相互合作、相互信任、支持以及真诚、愉快和慈爱的气氛等等。

2. 由学习者参与共同计划　通过邀请一些学员共同讨论计划，体现他们本身的愿望。

3. 由学习者参加确定学习的需要　通常学习者的需要与教育机构的需要之间存在着一定的距离，因而两者之间需要仔细协商　诺斯偏爱于采用以能力为基础的学习模式。

4. 由学习者参与形成学习目标　学习者进行协商，应用学习合同，最后形成学习目标。只有当学生将学习目标视为自己的目标时，才能激发其学习的热情。

5. 由学习者参与设计学习计划　这也是学习合同的一个组成部分。例如，包括设计学习的进度、采取何种学习方法、选择什么样的学习材料，以及如何进行评价等内容。

6. 帮助学习者完成学习计划　这也属于学习合同的一个组成部分。

7. 由学习者参与对其学习进行评价　这种评价应该既包括定性评价也包括定量评价。通过自我评价可使学生正确认识自己的能力，并对自己的学习负责任。

传统的教育可以被看做是一个计划模式，完全由教师来计划学习的目标，决定适合的教学方法，按计划好的顺序实施，并最终对效果进行评价。成人教育模式（有人又称之为现代教育模式）是一个过程模式，是教师促进学习者获取知识的过程，例如教师帮助创建适宜的学习环境，鼓励学习者参与计划，判断学习者的需要，并提供满足这些需要的学习经历等等。

三、成人教育理论在护理教育中的应用

前面我们已经指出，成人教育模式是过程模式而儿童教育模式是内容模式的概念，实际上两种模式都包含有内容，但内容模式强调的是知识和技能的传授，而过程模式所强调的则是提供获得知识和技能的资源。换句话说，成人教育的指导方法不是将学习者所需要的全部知识灌输给他，而是为他提供学习资源，为其自学提供帮助。因此，应用成人教育理论时，护理学校里护理教师和学习者之间应该是一种合作关系，教师应促进建立有效的学习环境，帮助学生掌握获取知识的过程，以便她在临床工作实践中进一步学习。

护理教育的课程设置应该建立在我们前面所提到的成人教育模式五个假说的基础上。

1. 促进自我定向　在教学中可根据学生的年龄和不同层次，应用学习合同或协商的方法，使护理专业学生对自己的学习负责任。

2. 应用经验　可以广泛地应用经验学习法，特别是临床经验。因此，合理设置课堂讲授和临床实践的比例十分重要。教师在教学过程中特别应注意学生的背景经历，了解学生是否已经有临床经验，以针对不同经历的学生因人施教，这会很好地增进教学效果。

3. 满足学习的意愿　在成人教育中，受教育者对自己的学习需要比较明确，因此，教师应鼓励学生参与目标、计划的制定过程，并激励其按照目标标准进行自我评价，以提高自我评价的能力和激发不断进取的精神。

4. 关注学习的倾向性　在教学中应以学生的经验和问题作为学习基础，从而保证护理教育与实际生活紧密联系。

5. 激发内在动机　在教学过程中应注重培养学生的自尊和自信，确保学习是以过程为基础，保护学生主动参与的热情，从而发展和鼓励学习者内在的动力。

随着护理教育的发展，目前西方许多学校和医院的护理教育项目都是建立在成人教育模式的基础之上，成人教育理论有着相当广泛的应用价值。

（丛笑梅）

第六节 合作学习理论

一、合作学习理论的产生及主要代表人物

从上一节我们可以看出,对于成年的护士学生,应用传统的儿童教育模式进行教学时存在着许多弱点,由于它过度强化了学习者的被动角色和依赖性,可能会导致成年学生的不满和反对,从而减少内在动力。另一方面,成人教育模式确实在很大程度上依赖于学生既往的知识以及教师的促进作用。默顿(J.Mouton)和布莱克(R.B.Blake)总结了这两种模式的优点,发展了合作学习理论,合作学习理论强调在应用专家知识的同时,鼓励学生参与到学习活动中。

二、合作学习理论的主要观点

(一)合作学习的概念
合作学习是一种小组成员按照一定的互动结构进行互相学习的系统学习方法。
(二)合作学习的特点
合作学习与其他学习方法相比有四个基本的不同点。
1. 合作学习是由一名学习管理者而不是一个象征权力的教师来安排学习内容。
2. 学生通过与其他学员一起主动地参与学习来对自己的学习负责。
3. 合作学习的前提是坚信小组工作比个体单独学习效果好。
4. 学习的动力来源于有计划的、与同伴的相互作用。
(三)合作学习的原则
下列三条合作学习的原则可以促进教育的成功。
1. 所应用的学习材料是在不抑制学生自我发展的前提下,为学生提供指导方向。
2. 小组工作极为重要。学习小组应该有明确的目标、学习任务、结果,以便进一步增加小组工作的效果。
3. 协同作用原则,即整体大于各个部分之和。与一般性的小组讨论不同,合作学习必须确保能系统地分享知识,以促进学生成长和发展。

合作学习通过小组学习的形式,强调教师在学生的学习过程中承担学习管理者的角色,而学生在学习中起主导作用。教师的职责是根据学生的能力和经验组织小组活动,并确保小组成员间能有效地进行互助,解决小组工作过程中存在的问题,而且为小组活动中有困难的学生提供支持。合作学习方式可有效促进学生对自己的学习和进步负责。

三、合作学习理论在护理教学中的应用

合作学习是一种小组成员进行互动的学习方法,可用于知识、技能和态度的学习。这种学习方法有利于促进和发展学生之间团结协作、自我管理的能力,达到共同进步,因此在护理教学中的应用比较广泛。护理教学中应用合作学习可有四种学习设置类型。

(一)小组效率模式
这种模式适用于知识范畴的学习,尤其是低年级或刚入学的护理专业学生,她们进入一种全新的学习环境,常常不能适应护理教学的节奏和方法,而这种小组学习的方式可以促进

小组学生的相互学习。如护理学生在准备期终考试时可选用这一模式以帮助学生进行复习。首先将学生分成由5~6人组成的学习小组，并安排学习任务，然后通过个人准备、小组活动、解释小组得分、评议小组工作及评价个人进步五个阶段进行。小组效率模式的设置方法使学生可以通过与小组其他成员进行讨论的方式来检验自己对书面材料的理解程度。

（二）小组教学模式

这种设置类型关心的是知识的获得，要求每个小组成员自学某一学习材料中的一部分内容，然后在小组中进行讲解。在讲述的过程中，由于每个学生分工负责整个内容中的一部分，因此其他同学可以从中看到自己所负责的部分与整体如何协调。小组教学模式分成学生个人准备、小组成员讲授、评价讲授和评议小组工作四个阶段进行。

（三）表现判断模式

这种设置特别强调操作技能（精神运动技能）的获得，因此在护理教育中尤其适用。表现判断模式要求每个小组成员负责其他成员的操作技能的学习和掌握，并且设计操作技能的评价标准。这种表现判断模式可以提高学生练习护理技能的兴趣和积极性，通过个人动手操作、小组评价、再练习和再评价过程循环往复，以提高小组成员进行各种护理技能操作的能力。

（四）明确态度模式

顾名思义，这种模式强调的是态度范畴的学习。在护理教育中，态度是极为重要的因素，特别是在有争议的领域如安乐死的问题。通过这种设置模式，可以帮助个体认清自己对某一问题所持的态度，同时也可以了解对这个问题存在的其他态度。

第七节 学习动机理论

动机（motivation）是指引起和维持个体的活动，并使活动朝向某一目标的内在心理倾向或内部动力。动机是由人的生理和心理社会需要所引起的一种认知观念，是引发人的行动以达到一定目的的内在原因。动机一旦引起，个体就会对某种事物表现出一定程度的兴趣、主动积极的情感态度、良好的关注力和克服困难的意志，从而引发并维持行动的进行。动机理论试图解释人们为什么以某一种方式而不是以另一种方式来表现其行为的原因，因此较多地考虑"为了什么"会出现某种行为，而不是"怎样"行为。学习动机是直接推动学生学习的内部动力，是一种对学习的需要，因此学习动机是教育心理学研究的又一重要变量。以下对有关学习动机的研究进行详细论述。

一、内驱力和需要理论

动机是以内驱力和诱因为必要条件而存在的。有机体的内驱力可以分为生理和社会两种。生理内驱力也称为第一级水平的内驱力，包括饥渴、休息、睡眠、性欲等；社会内驱力亦称第二级水平的内驱力，包括认可、从属、爱情、独立等。无论哪一种内驱力都与需要有着密切的联系，都会使有机体处于活动的激活状态。但需要和内驱力并非同一概念，内驱力是当需要缺失时有机体内部所产生的一种能量或冲动，以激励和组织行为去获得需要的满足。

除内驱力的作用以外，人的行为还受到外部刺激的激发，这种外部刺激称为诱因。诱因按其性质可分为正诱因和负诱因两种。凡是驱使个体趋向或接近目标者，称为正诱因，而那些驱使个体逃离目标者称为负诱因。从方法的角度，诱因又可分为理智的诱因、情绪的诱因和社会的诱因。理智的诱因是指通过调动理智而引起学习的动机，如目标与反馈。情绪的诱因是指通过激发情绪而引起学习动机，如表扬与批评。社会的诱因是指通过唤起社会刺激而引发的学习动机，如竞赛、期望、评价等。由此可见，人的动机是内部力量和外部力量共同作用的产物，一般来说，既没有无内驱力的诱因存在，也没有无诱因的内驱力存在。个体在现实生活中，可以先有内驱力而后选择行动目标，也可以先有诱因诱发出需要，然后唤起内驱力。

在现实生活中，支配个体活动的内驱力往往不止一个，也就是说个体的行为同时受到多个不同动机的驱使。在激发同一行为的各种动机中，如果它们的作用是协调一致的，这时，便产生强大的促动作用。反之，如果它们的作用是相互冲突的，其中某些动机产生积极的正向作用，而另一些动机则产生消极的负向作用，此时两个方向的动机作用就会相互抵消，削弱其行为的激发和维持作用。

二、人类动机理论

（一）人类动机理论的形成及代表人物

人类动机理论即著名的需要层次理论，是由美国著名的人本主义心理学家马斯洛（A. Maslow）于1970年提出的。马斯洛最初学习法律，后来改学心理学，并成为一名著名的心理治疗师。在他出版的《人类动机理论》一书中，他将人类的需要按等级从最基本到最高级划分成五个层次。他认为，在人类的需要层次中，低层次的需要都比高层次的需要更为强烈，因此当二者不能同时满足时，较低层次的需要具有更为强大的激发作用。在该理论中，需要的满足是一个关键性概念，当某一层次的需要得到满足后，会出现更高层次的需要。

（二）人类动机理论的主要观点

马斯洛的人类动机理论起源于他对人类本质的两种假设：①人是一种"有欲求的动物"，人会不停地追求各种动机，只有在某些动机获得满足之后，它才会自动消失，然后再去寻求另一种动机的满足；②人的需要是有先后顺序的，这种顺序性正是需要层次理论最基本的前提。

马斯洛的人类动机理论把人的需要分成五个层次（图 2-7）。

1. 生存的需要　生存的需要是最基本的需要，包括对氧气、营养、水分、睡眠和母爱等的需要。当个体的生存需要不能满足时，其行为几乎完全受这些需要支配，因而其他需要就会放在次要地位，甚至于在这些需要尚未获得满足时，个体不会看到其他任何事情。

2. 安全的需要　包括安全、稳定、保护和井井有条的需要等。

3. 爱与所属的需要　包括爱情、友谊和性的需要。当然，性的需要也可归纳入生存的需要。

4. 尊敬的需要　尊敬的需要与力量、成就、权力和能力有关，也包括对名誉、威望和尊严的需求。

5. 自我实现的需要　自我实现是最高层次的需要，与充分发挥人的潜能有关。潜能的发挥将根据个体对潜能的不同理解而变化甚大。

最初，在马斯洛的需要层次论中还有两个更高层次的需要，即知晓与理解的需要以及美的需要，现在认为这些需要与基本需要有关，而不是独立的层次。人类需要的这种层次顺序对于大多数人来说是固定的，但也有例外，如有的人强调自尊比爱更为重要。

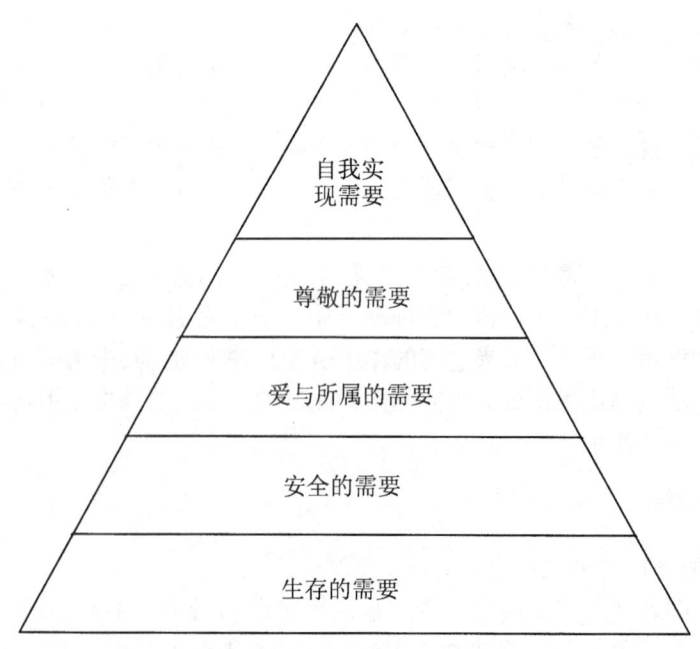

图 2-7　马斯洛的人类需要层次

(三)人类动机理论在护理教学中的应用

马斯洛的人类动机理论在护理教学中极具意义。根据这一理论,在制订教学策略时应注意以下两点。

1. 在护理教学过程中,教师应注意满足学生各个层次的需要。由于动机来源于需要,而学习动机更多的是受到高层次需要的激发,根据马斯洛的需要层次论,当低层次的需要得不到满足时,高层次的需要就会受到抑制,从而影响学生的学习动机。如上午第四节的后半节课,学生常处于饥饿状态,此时,授课教师如果忽视学生的这种生存的需求,不能按时下课,非但不能提高学习效果,相反,反复拖堂还会造成学生的反感情绪,影响学习动机。从安全需要的角度,教师不仅要注意营造一个安全的教学物理环境,还要帮助学生克服学习中产生的恐惧、过度焦虑和急躁不安的心理。如示教室环境和临床环境都是训练护理操作技能的有效场所,但是对于初学的护理学生来说,在临床环境中承受的心理压力远大于示教室环境。不同于临床环境,在示教室进行操作训练时,允许学生在练习过程中发生各种各样的错误,使学生可以在这种轻松而安全的环境中大胆地进行反复练习,提高训练的效果。在自尊需要方面,教师应注意使学生获得尊重,体会到自己在班级里的重要性,在临床教学实习时,应鼓励学生根据自己的能力为病人提供一定的护理服务,如健康教育等,并给予充分的肯定,帮助学生体会到自己在护理病人时的作用。

2. 针对护理学生的心理需要,激发高层次的学习动机。一般说来,学习动机源于需要,需要层次越高,个体学习活动的自觉性和积极性也就越高。因此在护理教学过程中,应注意考试方式的改革,改变以应试为目的的考核方法,因为应试教学往往引导学生追求分数,这只是为了满足较低层次的需要,而要使学生产生强烈的学习动机,就必须激发学生较高层次的需要,如取得成就和自我实现的需要。

三、成就动机理论

成就动机是指推动个体去追求、完成自己认为最重要、最有价值的工作,并且设法将其达到某种理想地步的一种力量。成就动机是一种努力克服障碍、施展才能、力求尽可能又快又好地完成某事的愿望或趋势。通俗地说,就是指对成就的欲望和追求。

(一)成就动机理论的形成及主要代表人物

早在20世纪30年代末,默里(H.A.Murry,1938)就提出了"成就动机"这一概念。以后,麦克利兰(D.C.McClelland)和阿特金森(J.W.Atkinson)在50年代中期应用主题理解测验(TAT)对成就动机进行了开拓性的研究,逐渐发展为动机理论。麦克利兰和阿特金森认为成就动机是在人的成就需要的基础上产生的,它激发着个体在自己认为重要的或有价值的工作中乐意去力求获得成功的一种内在驱动力。成就动机是人类所独有的,其形成与生理需要无关,它是一种后天获得的具有社会意义的动机。在学习活动中,成就动机是一种主要的学习动机。

(二)成就动机理论的主要观点

成就动机包含两个因素,一种是力求成功的动机,即人们对成功需求和由成功带来的积极情感的一种倾向性;另一种是避免失败的动机,即人们对失败的恐惧和由失败带来的消极情感的倾向性。每个人都同时存在着这两种因素,最终作用的方向取决于这两方面力量的合力的方向,如果对成功的需求在动机中居主要地位,则学生就可能对初次尝试失败的任务进行坚持不懈的努力,直至成功。反之,如果恐惧失败起主导促动作用,个体将因开始的失败而放弃努力,但是一旦获得成功,就能进一步激发从事类似活动的动机。因此,渴求成功和恐惧失败两种力量间的抗衡将影响学生对任务的选择。成就动机高（即以渴求成功为主导）的学生对成功的需求比较强烈，喜欢选择难度较大的问题，因为对于这些学生来说，难度越大，越具有挑战性，如果能够圆满获得成功，便会感到高兴，产生满足感。成就动机低（即以避免失败为主导）的学生，很可能更多地关心避免不愉快的失败感受，而不是获得成功所带来的乐趣，因此他会选择一个难度小的任务。

（三）在护理教育中的应用

根据成就动机理论，护理教育工作者可以对学生的成就动机进行评估，了解学生的主导动机，以便能更好地激发学生的学习动机，如对于具有强烈成就动机的学生，可分配较难的具有挑战性的任务，并给予严格的评价和反馈；但对于成就动机较低的学生，则可给予容易的挑战性较小的任务，避免使学生当众失败，同时应避免公开指责和批评学生，评价时也应比较灵活。

四、动机归因理论

（一）动机归因理论的形成和主要代表人物

人们在完成一项工作之后，往往喜欢寻找自己或他人之所以取得成功或遭受失败的原因。这就是心理学家探索归因问题的客观依据。美国心理学家维纳（B.Weiner）是动机归因理论的重要代表人物之一，他于1979年从三个维度和八种因素对"归因理论"进行了系统阐述。

（二）动机归因理论的主要观点

动机归因理论强调个体寻求对行为的理解是产生动机的主要因素，在社会环境中，人们一直希望通过将行为归因来理解自己以及他人的行为。维纳从稳定性、内在性和可控性三个维度把归因分为：稳定性归因和不稳定性归因，内部归因和外部归因，可控归因和不可控归因，他又把人们活动的成败原因即行为责任主要归纳为八个因素：即自控水平、能力高低、努力程度、身心状况、方法优劣、任务难易、帮助多少和运气好坏（表2-3）。

表2-3 归因的三维度模式

三维度	内部的				外部的			
	稳定的		不稳定的		稳定的		不稳定的	
	可控的	不可控的	可控的	不可控的	可控的	不可控的	可控的	不可控的
八因素	自控水平	能力高低	努力程度	身心状况	方法优劣	任务难易	帮助多少	运气好坏

1. 稳定性维度　稳定性维度与个体对未来的期望有关，包括稳定因素和不稳定因素。

（1）稳定因素：如果学生把学习成功或失败归因于稳定因素，如自控水平、能力高低、方法优劣和任务难易，则学习的结果会影响学习者对今后学习的期望，成功会增加自豪感和自信心，促使学习者从事其他学习任务；失败则产生羞耻感，从而会避免从事类似的学习任务。

（2）不稳定因素：若学生将学习成功或失败归因于不稳定因素，如努力程度、身心状况、帮助多少和运气好坏，则学习结果不会影响学习者对未来学习结果的期望，其成败体验也不会影响到将来的学习行为。

2. 内在性维度　内在性维度与学生的情感有关，包括内在因素和外在因素。

(1) 内在因素：如果学习者把学习的成败看做是内在因素的作用，如自控水平、能力高低、努力程度和身心状况，则学习的失败将会使学习者产生消极的自我意象如罪恶感和无能感，从而避免参加成就性任务；一旦成功，便会产生愉快和满足的积极的自我价值感，进而投入到未来的学习活动中去。

(2) 外在因素：如果学习者把学习的成败看做是外在原因的作用，那么一旦获得成功便会产生感激甚至惊讶的情绪反应，而失败的结局则会导致愤怒和震惊。因此不会影响到以后的学习动机。

3. 可控性维度　可控性维度与执行任务的动机有着密切联系，包括可控因素和不可控因素。

(1) 可控因素：如果学生把学习的成败归因于可控制因素，如自控水平、方法优劣、努力程度和帮助多少，这种学生认为任务的完成完全受自身行动的控制，成功会增强自信心，失败则会带来犯罪感，因此在执行任务时就会倍加努力，改进方法，虚心地向他人请教，搞好人际关系，争取他人帮助，设法去获取成功。

(2) 不可控因素：如果学生把学习任务完成的好坏归因于不可控因素，如能力高低、身心状况、任务难易和运气好坏，就会产生感激心情或仇视报复情绪，因此当学习者感到通过自己的努力无法对某一任务进行控制时，他们就不可能着手去完成这一任务。

(三) 动机归因理论在护理教育中的应用

根据维纳的动机归因理论，在护理教学过程中，教师应对学生的成败归因特点进行全面评估。如果学生把他们的失败归因于内在的、稳定的和不可控制的因素，也就是说把失败理解为是他们自己的能力无法改变的事实，这时就会产生严重的动机问题，在这种情况下，教师应帮助学生客观地分析其失败的原因，使其看到真正的原因所在，重新唤起学习动机，增加信心。

（吴　瑛）

第八节　操作技能的教学原理

一、概述

（一）操作技能的概念

操作技能是指以程序性知识为基础，借助于骨骼肌运动，经过学习和训练实现将一系列外部动作以完善合理的方式进行组合，并趋于高度自动化时形成的一种技能（认知活动），用于解决客观世界中存在的具体问题。护理学是一门实践性很强的应用性学科，护理实践中的各种护理操作技能均属于操作技能的范畴。本节将重点讨论有关操作技能的教与学的原理。

（二）操作熟练的特征

操作技能与一个人的智力发展水平和运动能力有关，因此加涅（R.M.Gagne）认为操作技能由智力技能和动作技能两方面组成，智力技能包括对程序性知识，即操作规程的学习、理解和掌握，而动作技能是将程序性知识所描述的操作过程通过动作展现出来，是指纯粹的操作。由于护理是一门实践性和应用性学科，护理的对象是人（有病的或有健康需要的人），因此作为一名合格的护士，其护理技能的操作水平应达到一定的熟练程度，根据加涅的观点，这种护理操作的熟练程度应同时从智力技能和动作技能两个方面去评价。表2-4从八个方面归纳了熟练掌握护理技能应具备的特征。

表2-4　操作熟练的特征

项　目	特　征
精确性	能精确地执行操作技能
速　度	动作敏捷，充满自信
效　率	动作经济（即无虚动作，遵循省时省力的原则）
时间性	精确计时，顺序正确
一致性	保证每次操作都能获得一致的结果
预感性	能敏锐地预感到操作过程中可能发生的事件，并能做出恰当的反应，对操作的动作进行适当的调整
适应性	能使技能适应当时的情况
洞察力	能够从较少的线索中获得最多的信息

（三）人类动作技能的主要组成部分

在1984年，Oxendine将人类的动作技能分成了三个主要部分。

1. **成熟依赖性技能**　即在遗传因素的影响下，随着年龄增长逐步发展和掌握的技能，这些动作能力与特定的年龄阶段相适应。如婴儿8个月开始爬行，1岁左右学习走路和说话。

2. **教育相关性技能**　即通过受教育获得的技能，如写字、阅读和观察。

3. **固有价值技能**　即工作、生活、娱乐等方面所需要的技能，这些技能能够体现个人所拥有的价值。如娱乐活动和职业等方面的技能。

二、操作技能的教学

（一）操作技能的学习过程

学会一项操作技能并不是一件容易的事情。根据费斯（Fitts）和泊斯纳（Posner）1962年的研究结果，一项技能的形成需要经过以下三个连续的阶段。

1. 认知阶段　这一阶段是学习和掌握操作程序的过程，包括动作执行的顺序和要求。在这一阶段，学生要完成两项任务：①熟悉并背诵操作的程序和步骤，使操作程序中的动作结构在学生头脑中得到清晰的反映；②按照操作程序学习每一步操作。越是复杂的技能，这一阶段所需的时间就越长。例如，学习导尿术所花的时间远多于学习肌内注射法所需的时间。

2. 强化阶段　这一阶段是学生将认知阶段学到的操作方式形成一个连贯的操作并付诸实施的过程。经过强化阶段，学生已经熟练掌握了操作技能中的分项技能，开始具备操作熟练的某些特征（表2-4），并消除了对干扰因素的影响。例如，学生在实验室学会肌内注射后，就要将学到的肌内注射技能迁移到临床环境中。由于临床环境是一个复杂多变的环境，干扰因素较多，因此，常会影响初学者的操作情况，当学生经过反复强化后，就能够在临床环境中按照操作程序较好地完成肌内注射。

3. 自如阶段　这一阶段是学生对智力技能和动作技能稳固掌握的过程，即操作技能的实践模式向头脑内部转化，由物质的、外显的、展开的形式变成观念的、内潜的和精要的形式的过程。与认知阶段和强化阶段不同，在这一阶段，技能的掌握已经达到了自然而然的程度，操作时无需一边背诵操作程序，一边进行操作，且动作自如，精确无误。例如，很多年资较高的护士在紧急情况下，能够不加思索地迅速完成护理操作，配合抢救工作。

（二）操作技能的练习

与其他形式的学习不同，学生在学习操作技能时必须学会从自己的身体获得动作的反馈，才能学会某项操作技能，因此，操作技能必须经过练习才能学会。练习是指在某些条件下重复一个操作程序，这些条件包括：①学习者已经具备学习某个技能的意愿；②必须获得有关本人操作情况的反馈。

操作技能的练习有身体练习和精神练习两种，前者是指操作程序的真正重复，而后者则包括在练习期间想像、回顾或思考这一技能。精神练习不能替代身体练习，但是有证据表明，在身体练习的同时应用精神练习有助于促进操作技能的学习。

练习的频率和时间安排可以影响操作技能的学习。练习的安排可以有集中练习和分段练习两种形式。集中练习是指从开始练习到结束整个过程中只有短暂的休息时间或完全没有休息时间，如学生在进入临床实习前安排的强化训练，学生在短时间内（一般为一周）每天进行操作练习，中间无其他活动隔开；而分段练习则是指在练习期间有较长的休息时间或有较长的时间间隔将练习分开，如在上课过程中安排的随堂练习，每次练习只是安排有限的时间供学生练习。一般情况下，分段练习可以避免厌烦、疲劳，并能分散注意力，是学习操作技能较为有效的方式。但是，有些简单的操作如测量体温，集中练习的效果更好。另外，学生个人的学习习惯和学习操作技能的动机水平也会影响学生对练习次数和练习时间的接受能力，因此应针对不同情况进行适当的安排。

练习的另一重要条件是必须对学生的操作情况做出反馈，以帮助学生提高操作能力。桑代克（Thorndike）于1931年在一个经典的实验中，让实验对象在蒙上眼睛的情况下画4英寸（1英寸=2.54厘米）长的直线，每次画完后都不告诉受试者所画的直线是否已接近4英寸，结果经过多次尝试都没有改善的倾向。由此可见，及时反馈对操作能力的提高起着十分重要的作用。反馈可分为内反馈和外反馈两种。

1. 内反馈　是指来自于操作者本身的反馈，包括来自于操作者自身肌肉和关节的动觉反馈（又称操作性反馈）和由操作者本人可以观察到的行为效果获得的反应性反馈。

2. 外反馈　是指操作者以外的反馈，可由教师、同学或其他临床教师等做出的反馈，这种反馈可在操作时进行，也可在操作完成后进行，这种反馈又称为增强性反馈。

（三）操作技能的迁移

学习的迁移是指一种学习中学得的经验对另一种学习的影响，即将学习所获得的知识、技术、概念、方法、原理以及情感和态度等有变化地应用。而技能的迁移则指一项技能对另一项技能产生积极的促进作用（称为正迁移）或消极的抑制作用（称为负迁移）。当学生学习一项新的操作技术时，有些技能单位可从以前学过的技能中迁移而来。通常情况下，已有的技能会影响新技能的学习，这种现象称为前摄迁移。但是新技能也会影响已有的技能，这种现象称为倒摄迁移。技能的迁移可以是具体的，例如，掌握了无菌技术，对其他操作如各种注射法等的学习有很大促进作用，这种迁移十分具体。但迁移也可以是非具体的，如具备了评判性思维和解决问题的能力，学生会在护理操作中及时发现和解决问题，这种迁移可能不容易被察觉。

研究表明，两种技能具有共同特点或共同因素是发生迁移的基本条件。共同因素越多，迁移越明显。当新、旧刺激物（两项操作技能）相同或相似，并且要求学生做出相同的反应时，迁移的效果往往是积极的、相互促进的，即正迁移。而当新、旧刺激物十分相似，却要求做出不同反应时，迁移的效果则往往是消极的、相互抑制的，即负迁移。因此，促进正迁移，避免负迁移是进行操作技能教学另一个重要环节。

三、操作技能的教学目标

在制订操作技能的教学计划时，教师应该考虑学生对每项技能的学习必须达到的程度。很显然，从表2-4所列的操作熟练的特征来看，学生不可能将所学的每一项技能都达到这样熟练的水平。事实上，即使是一名具有丰富实践经验的临床护士，其每项护理操作的熟练程度也会因平时实践机会的多少而有所不同。因此，对于学生来说，有些技能必须达到最高的熟练水平，而另一些技能达到中等水平也是可以接受的。教师在确定每项技能应达到的熟练程度时可根据自己的教学目标，并参考以下标准决定，这些标准从低到高分成七个层次。

1. 感知能力　对学习的内容有良好的感知能力，如视觉、听觉、触觉及知觉等。
2. 准备状况　学生已做好学习操作技术的准备。
3. 模仿　在指导老师的指导下进行操作。
4. 自然化　表演灵活自如、习惯化。
5. 演示　能进行典型的熟练表演。
6. 适应性　能够将技能适应于各种情境。
7. 创造性　创造新的操作技术，以适应环境或条件的变化。

一般情况下，学生对大多数护理技能的学习只能达到第三或第四层次的水平，最高层次的目标将在学生成为一名合格的护士，并需要通过临床实践后方能达到。在护理教学中，只要求达到第三层次的技能，即常是一些需要在特殊科室进行教学的技能，如腹膜透析技术，可以把学生带到肾脏科实习，要求学生在老师示教的基础上进行操作。在这种情况下，没有理由也不可能要求学生在这么短的时间内达到较高层次的操作目标。

四、操作技能的教学原理在护理教育中的应用

操作技能的教学原则与其他形式的教学原则完全一致,轻松愉快、没有风险和应激的学习气氛有助于学习的进行。在学生练习操作技能时,应给予及时反馈,分析学生操作情况,如果条件允许,可以用摄像机拍摄下学生操作的全过程,然后在学生观看自己操作的情况下进行分析和讲评,则能收到更好的效果。

在护理教育中,为了使学生熟练地掌握各项护理技能,学校练习室内的练习是护理技能教学过程中不可缺少的一种重要教学形式,其原因是:①利用正迁移效应可将在练习室内学习的操作技能迁移到临床实践中。前面已经提到,当两项技能相似并要求学生做出相同的反应时将促进正迁移的发生。以搬运病人的护理技术为例,搬运一个同学所需要的技能同样适用于搬运一个病人,因此,首先在练习室练习搬运同学的技能,然后在临床上就可以把这一技能迁移到搬运病人的技能上。②练习室为学生提供了一个没有风险和应激的学习环境,在这样的学习环境中,可以允许学生犯错误而不损伤病人,而且,学生可以随时进行反复练习。另外,轻松的气氛还能为学习提供乐趣,提高学习兴趣,促使学生进行操作技能的学习。而临床环境却正好与此相反,在临床上病人也许正忍受着很大的疼痛,且时间比较紧迫,学生也知道避免错误的重要性,一旦发生错误,学生就会产生极大的焦虑甚至有犯罪感,因此,在没有经过练习室充分练习的基础上进行临床实践,往往不能收到应有的效果。

由此可见,学生必须首先在练习室学习如何操作某一技能,等完全掌握后,方可在带教老师的指导下把她所学到的技能迁移到一个真正的病人身上,这样可使病人和学生双方所受的伤害都降到最低限度,而且学生可以很快地学会这一技能。另外,教师还必须充分意识到学习一项操作技能需要花费时间,而且每个学生在学习同一项操作技能时所需要的时间是不同的,对于学习较慢的学生,护理教师最好能尽量使用强化训练的方法,以确保学生去临床实践前能熟练掌握这一技能。

此外,我们还应注意,护理技能并非是单纯的动作技能,正如前面所说的,操作技能包括智力技能和动作技能两个部分,因此,学生在学习动作技能时,必须同时学习操作规程。例如,肌内注射这一技能,尽管真正的操作是在临床上进行的,并要求学生最终能达到内化的程度,但首先应让学生学习、理解并能背诵操作程序,并让学生先在学校练习室一边背诵,一边练习操作,使学生有足够的时间和机会按要求从头到尾地学习操作程序和操作方法。许多分项技能都可以在练习室学习,如抽吸药液、核对医嘱和给药卡、准备和合理放置用物等,学生可以在没有任何压力的情况下用大量的时间来练习这些分项技能,而在病房里,治疗室始终是一个繁忙的地方,人员进出不断,学生很难有机会静静地练习这些分项技能,如抽吸药液等。

综上所述,操作技能的教学原理在护理教育中的应用应注意以下几个方面。

1. **提供良好的学习环境** 一个有助于学习的环境,使学生能在轻松愉快、没有风险和应激的气氛中学习各项操作技能。

2. **进行技能分析** 确定分项技能和技能单位,使复杂的技能得以简化。如导尿术对于学生来说是一项比较复杂的操作,我们可以先将导尿术分成认知部分、情感部分和动作部分,然后再把动作技能分解成分项技能或技能单位,从中可以看出,许多组合单位都是以前已经学会的行为,如打开无菌包、戴无菌手套等。

3. **明确操作程序** 对于学生来说,掌握动作技能虽然重要,但是熟记每项技能的操作

程序也具有同样重要的意义,这是护理教育中不可忽略的一点,这样可使学生了解操作的构成,即了解构成一项操作的各个动作要素及动作之间的执行顺序,并了解动作的执行方式。这样,学生对这一项操作才能有一个完整的印象,才能为以后的学习奠定基础。

4. 评估学生的起点行为　学生的背景经历不同,其操作技能的起点行为也不同。因此,教师应了解学生是否已学过这些操作,是否具有临床经验,以评估他们学习新技能的预备程度。

5. 按正常速度正确示教　可由教师亲自演示或以电影、录像代替,使学生获得有关操作的整体印象。示教时的讲解要确切,动作正确,指令要明确。

6. 采用整体学习或分项学习的方法进行操作技能的教学　所谓整体学习,就是教给学生一项技能,并让学生从头到尾进行练习;而分项学习是把一个技能分解成许多分项技能。先把分项技能分别教给学生,然后再合起来就是一项整体技能。但是到目前为止,有关整体学习和分项学习哪种方法更好的问题还有争议,表2-5比较了两种学习方法的优缺点,供参考。

7. 安排足够的练习时间　在这里,集中练习和分段练习是引起争议的又一个方面,集中练习就是持续练习一项技能,直到学会为止;而分段练习是指一项技能的练习要延续一段时间,中间有间隔时间。至今尚无证据可以证明哪种方法更好,但是集中练习存在着一些明显的隐患,如容易厌倦和疲劳等。

8. 为学生的操作提供增强性反馈　前面已经提到,反馈是学习操作技能的关键,没有反馈就没有进步。教师应鼓励学生通过观察自己的动作获得信息进行内反馈,同时,教师可以采用提问的方式来确定学生是否能够进行自我评价,教师的主要作用就是在学生操作过程中和操作完成后以语言性指导的方式提供增强性反馈。

9. 促进技能的迁移　通过指出相同点的方法促进类似技能的迁移,同时,为了使已有技能对新技能产生正迁移作用,教师必须确保学生已经熟练掌握原有技能。另外,护理教师可以应用各种教学技巧帮助学生理解操作技能中隐含的原理,以促进学习迁移的发生。

表2-5　整体教学和分项教学的比较

分　类	优　点	缺　点
整体学习	比较有意义,整体感强 可能比较有效,因为学生能够确定需要进一步练习的地方 对于有操作技能背景的学生更为有效 能更好地激发学生的学习动机 更适用于年龄大的学生	如果一起教,可能很难全部理解大量的操作程序
分项学习	由于每一分项技能都可以提供即时的成就,因此可能有助于激发学习动机 循序渐进对学习有增强作用 可能更适用于年龄小的学生 可能更适用于缺乏操作背景的学生 有助于提高一些特殊分项技能的操作水平	由于学生必须先学习分项技能,然后再学习整体技能,因此可能浪费时间 如果分项技能过于简单,学生将产生厌倦情绪

(吴　瑛)

第三章 课程与护理专业课程设置

第一节 课程的定义与发展

一、课程的概念

（一）课程的定义

课程一词的历史源远流长。在我国据有关考证，"课程"始见于唐宋年间。唐孔颖达为《诗经·小雅·小奕》中"奕奕寝庙，君子作之"句作疏，说："维护课程，必君子监之，乃得依法制。"南宋朱熹在《朱子全书·论学》中也多次提到"课程"一词，如"宽着期限，紧着课程"，"小立课程，大作工夫"，等等。旧中国曾区分过"学校课程标准"和"某科课程标准"。对于课程的含义，可解释为，课，指课业，或者说教育内容；程，是程度、程序、程限、进程之意。概言之，课程就是指课业及其进程。

在英、美国家，"课程"英文是"curriculum"，其含义是"跑道"、"过程"，在教育学中指学习过程。不同教育学家从广义和狭义不同的角度对课程进行了解释。英国教育学家 Kerr（1963）认为"课程是学校针对某些机构或个人进行的有计划地指导学习的活动"。英国教育学家 Bell（1973）给课程下的定义是："课程是学生在校期间，通过各种活动而获得的有社会价值的知识、技能和态度。"美国教育学家 Stenhouse（1975）将课程定义为"课程是通过各种有效的实践活动，努力把教育的基本原理、特点传授给学生。"美国教育学家 A.Oliver 将课程的定义按广义到狭义的顺序，列出以下七种解释。

1. 课程是学生在校期间具备的所有经验。
2. 课程是在学校机构指导下，学习者所经历的全部经验。
3. 课程是由学校所提供的全部学习过程。
4. 课程是为了达到一定的目的，对某种特定学习过程的系统安排。
5. 课程是在特定的学科领域内所提供的学习过程。
6. 课程是某个专科学校中的教学计划。
7. 课程是个体所研修的科目。

总之，对于"课程"一词，我国教育学家一致认为广义的定义是指为了实现各级学校培养目标而规定的所有教学科目及其目的、内容、范围、分量和进程的总和。狭义的定义是指根据教学目的而划分的教育内容的各门科目（对学生而言是为从学校毕业取得学位而学习的科目）。如对护理专业的学生来说，所学习的护理理论课程、基础护理课程等等。

（二）课程的研究范围

对课程概念的理解不同，则对课程进行研究时所涉及的对象也不同。有的研究者以单一学科为研究对象，有的则以全部学科领域为研究对象。在前苏联，"课程"是作为教学理论中一个部分进行研究的，它与教学计划在范围上比较接近。在美国，尽管存在着对课程定义的不同意见，但大多数教育工作者都比较倾向于按照"学习者"和"社会"来观察教育过程，认为教育是使学习者走向社会的过程（图3-1）。

图3-1 教育过程

图中所指的教育是广义的，包括学校教育、家庭教育和各种形式的社会教育在内。在这个教育过程中，学校是惟一的一种有组织、有计划、有系统的教育机构，它在整个教育过程中居于首要地位。因此，大多数美国教育学家认为，课程是指在学校机构指导下，学习者所经历的全部经验，并倾向于从广义角度研究课程。

（三）课程在学校教育中的意义

首先，课程作为学校育人的规划，是实现教育目的、培养合格人才的重要保证。课程依据一定社会的教育总目标和各级各类学校的培养目标而设置，它勾画了一定社会所需人才的培养"蓝图"。学习者通过学校教育所形成的思想观念、道德品质、个性特征以及知识和能力结构，都与他们所接受的教学内容的性质、范围及结构密切相关。

其次，课程是受教育者认识世界的"桥梁"或"中介"。课程是从人类文化财富中，从现代浩瀚的知识信息海洋中精心挑选出来，并加以科学的编排而形成的知识经验体系，供学生接受教育或进行自我教育之用，以帮助学生迅速而简明地认识客观世界。

第三，课程是教师和学生开展教学活动的基本依据。教育内容是根据社会需要和科学技术发展的内在逻辑以及学生掌握知识经验的心理规律和特点而选择编排出来并构成一定课程体系的知识，它体现了社会对未来成员及专门人才的基本需求，提供了个体发展的范围和方向。因此，学校各种教育教学活动均要围绕特定的课程、计划、大纲及教科书来展开。形象地说，课程又是学校育人的"施工图"。

同时也应强调，课程不是静止不变的，而是不断变化发展的，并且需要对其不断评估，在采纳新思想的基础上对课程不断修改，得以完善发展。

二、课程的类型及在护理教育中的应用

（一）课程类型分类

从不同的视角去认识课程，可将课程分为各种类型。按课程的侧重点放在认识的主体上还是客体上来构建课程，可将课程分为"学科课程"和"经验课程"。前者把重点放在认识客体方面，即放在文化遗产和系统的客观知识的传授上；而后者则注重认识主体方面，即学习者的经验和自发需要。

从分科型或综合型的观点来分类，可分为学科并列课程和核心课程。并列型注重系统知识的传授，以一门门学科为中心；而核心课程则以旨在解决社会生活为题的综合经验为中心内容，周围辅之以边缘学科。

从层次构成上看，可将课程分为公共基础课程、专业基础课程以及专业课程。

从形式上看，即以课程对某一专业的适应性和相关性而言，又可将课程分为必修课程、限选课程和选修课程。

根据课程规模大小可将课程分为大、中、小、微型课程。根据课程传授内容，又可将课程分为理论型课程和实践型课程；根据课程是否有明确的计划和目的，可将课程分为显露课程（显形课程）和隐蔽课程（潜在课程），后者利用有关学校组织、校园文化、社会过程和

师生相互作用等方面给学生以价值上、规范上的陶冶和潜移默化的影响。还有，诸如：学问中心课程与人本主义课程，先行课程与后继课程，收束型课程与统合型课程以及相关课程、融合课程和综合课程（又称广域课程）等等。

追溯课程的发展过程，有四种类型的课程普遍受到重视，即学科课程（分科课程）、活动课程、综合课程和核心课程。这四类课程的形成都受到一定教育思想的影响。十七八世纪，在欧洲产生的形式教育论者认为：教育的目的在于训练人的各种心理功能，如记忆力、想像力、思考力，而不在于传递具体的知识。因此，主张用难记、难学、难懂的课程来训练人的这些功能。19世纪初期，实质教育论者主张教育的目的是要充实人的感知内容，应该教给学生丰富的知识，这种知识需要适当地进行组织，以便于感知的联合。在这种学说的影响下，学校重视教授具有实用价值的知识。20世纪以来，欧洲"新教育"运动和美国"进步教育"运动的兴起，开始产生了不同类型的课程。无论是形式教育理论还是实质教育理论，都不反对学科课程和分科教学。但是，"新教育"运动特别是"进步教育"运动的倡导者们对学科课程提出了挑战，于是产生了活动课程。由于活动课程和分科课程又各有独特的优缺点，为此课程研究者提出了一些折中的方案，于是产生了核心课程和综合课程。以下部分将对这四类课程进行详细解释。

1. 学科课程　所谓学科，是为了教学的需要，把某一门科学的内容加以适当的选择和排列，使它适合于学生身心发展的阶段和某一学校教育应达到的水平。这种依据教学理论组织起来的科学知识的完整体系，称为学科。

学科课程，又称分科课程，有十分悠久的历史。一般认为，中国的孔子将奴隶制文化典籍加以整理编辑，分为礼、乐、射、御、书、数几方面，称为"六艺"，分别传授给他的弟子，这是最早的分科教学。在西方，古希腊哲学家亚里士多德的学派持分科课程的观点，认为一个真正自由普遍教育的内容，应由少数经仔细选择的学科构成，在古希腊教育实践中，具体表现为文法、修辞、辩证法、算术、几何、天文、音乐这"七艺"。17世纪著名捷克教育家夸美纽斯提出要把一切知识领域中的精粹和总和教给一切人，并在《大教学论》这部名著中开列出玄学、物理学、光学、天文学、地学、年代学、历史、算术、几何等20个科目。这一思想后来被发展为百科全书式的课程。19世纪德国教育家赫尔巴特开始以心理学作为课程的理论基础，主张教育要按照人的多方面兴趣（经验的、思辨的、审美的、同情的、社会的和宗教的共六种兴趣）来系统地设置相应的课程。随着生产力的发展，科学的进步，学科设置的不断增加，学科内容也不断地更新。但是分科教学这种课程结构，至今仍被各国广泛应用。

主张学科课程的理论家认为：各门学科的逻辑体系反映了客观事物和现象的本质，学校要使学生正确认识客观世界，就应根据各门学科知识固有的逻辑体系来加以组织，应当把各门课程包含的事实、法规、结论都配置在一定的程序和系统中。教育者应按照各级各类学校的教育目标，各门学科的现有水平和受教育者的接受能力预先编定学科课程，应用教学大纲和教科书限定学科课程的内容。因为要把各门学科中公认的科学概念、基本原理、规律性和事实教给学生，所以学科课程必须具有科学性、系统性和规律性。而且，编写学科课程是以把教育作为培养学生参加社会生活的手段，即教育是未来实践的准备。所以学科课程具有强大的生命力。

学科课程也存在着一些缺点：

(1) 分科过细，容易忽视学科间联系。科学的发展趋势既在继续分化，又在相互渗透，因此产生了交叉学科、边缘学科或跨学科的学科。而学科课程由于分科过细，既不容易随着科学的分化而同步分化，也不容易随着科学的综合而相互联系。但是，世界是一个整体，各种事物间彼此相互联系，分科教学则是人为地划分内容进行教学，所以容易忽视各学科之间的联系。

(2) 强调知识体系，忽略学习者因素。学科课程强调按知识体系为中心来编排课程，至于学生对这些课程的心理准备如学习者的兴趣、需求和接受能力，关注的不够。它只顾学科逻辑系统而忽略学习者的心理发展，只顾社会需求而不考虑学习者的需要和个性，只强调理论学习而忽略亲身实践，容易造成学习者被动地接受学习。

2. 活动课程　传统的学科课程以学科为教学活动的中心，不能完全照顾到学习者的需要和兴趣。于是在19世纪末和20世纪初，欧洲和美国都出现了教育改革运动，在欧洲称为"新教育"运动，在美国称为"进步教育"运动。活动课程就是由"进步教育"运动代表人物杜威倡导，并在美国实验学校试行。

活动课程的理论依据是实用主义教育哲学，认为教育不是为未来的生活做准备，而主张"教育就是生活"，"教育就是经验的不断总结"，"教育是一个社会过程"。学科课程以教材为中心，而活动课程则主张采用以学习者为中心的课程。它反映了以学习者为主体的教育思想。活动课程的基本出发点是学习者的兴趣和动机，它利用学习者的学习动机作为组织教学的基础，而不是以学科作为课程的基础。活动课程的范围和教材的选择，与学习者表现出来的兴趣和关心程度有直接关系，而且是围绕学习者的动机来进行的。

活动课程主要是帮助学习者解决他们当前认为重要的问题，并且扩展和加深他们已有的兴趣。活动课程当然不可能完全不用教科书，但是教科书和系统的教材仅是学习者为解决疑难问题或满足某种兴趣而利用的参考材料。与学科课程相比较，活动课程更适合于成人教育或继续教育。

活动课程的缺点在于缺乏系统性和连贯性，并有很大的偶然性和随机性。教育者往往很难预先规定学习者必须学的内容。

关于学科课程和活动课程的区别，见表3-1。

表 3-1　学科课程与活动课程的比较

比较项目	学科课程	活动课程
理论依据	教育是未来生活的准备	教育就是生活，是经验的不断总结，是一个社会的过程
课程的中心	学科	学习者
课程的基础	学科	学习者
课程的作用	把各门学科中的科学概念、基本原理、规律性和事实教给学生	帮助学习者解决他们当前认为重要的问题，并且扩展和加深他们已有的兴趣
课程的特点	可预先编定	不可能预先编定
课程的优点	科学性、系统性、规律性	注重学习者，与学习者实际生活联系紧密
课程的缺点	分科过细，忽视各学科间联系；忽略学习者因素	缺乏系统性和连贯性；有很大的偶然性和随机性

实际上，学科课程和活动课程各有特点，各有侧重，绝非水火不相容，完全可以在一定

程度上实现互补。例如，我国大中小学生以分科教学为主，却也一直有注重活动的课程或内容，如小学的自然课，中学的物理、化学、生物实验，大学的实习、毕业设计等等，都是操作性、综合性和自主性极强的活动内容。

3．综合课程　综合课程又称广域课程。它在实行分科教学的基础上，采用合并相邻领域学科的办法，把几门学科的教材组织在一门综合的学科中，产生了一种综合课程。综合课程除了具有减少分科的优点外，还比较容易结合实际生活。

虽然采用综合课程的结构，减少了课程设置中的分科数目，使教给学生的知识不致过于零碎。但是，同时也存在着以下困难：一是教科书的编写，如何将各学科的知识综合在一起，这是需要认真研究的；二是师资问题，过去培养的师资，由于专业划分过细，所以不能胜任综合课程的教学。因此，在实施综合课程之前需做好充分的准备。

4．核心课程　学科课程以学科为中心，活动课程以学习者为中心，综合课程虽然减少了分科的门数，但仍然是以学科为中心。核心课程既不是以学科为中心，也不以学习者为中心，而是以社会的需要为中心。

核心课程虽然不主张以学习者的兴趣和动机作为课程编订的基本出发点，但是比较倾向于打破学科间的界限，以学习者的活动作为教学的形式，不过活动的内容不是由学习者自己决定或者仅在表面上由学习者决定，实际上是由教育者按照社会的需要来决定课程的。在一定时期内，学习者的学习有一个中心，这样编订的课程就叫做核心课程。

核心课程同活动课程的共同之处是师生共同规划学习活动，研究学什么，不同之处是核心课程以预先规定的教材作为基本的教学资料。随着教学工作的进展，可以随时补充教学材料，使用各种教具。对学习成绩的考核可采用综合评定的办法，以评估各方面的进展情况。

（二）课程类型在护理教育中的应用

上述课程类型被广泛地应用于护理教育中，目前有关护理专业的课程基本分为三种类型，即以学科为基础的护理课程，综合性护理课程和以能力为基础的护理课程。

1．以学科为基础的护理课程　以学科为基础的护理课程是护理教育中传统的课程模式，全部课程按学科分设。尽管各护理院校的课程计划不甚相同，但从总体结构看，基本是由普通教育、基础医学、护理学三大领域的课程组成，通常从病理学、病原学、治疗学和护理学等方面进行讲述，按系统划分疾病，围绕病人的需要展开讨论。所设课程包括核心课程和选修课程两大类型，并不断引进护理科学的新知识和新技能。

2．综合性护理课程　国际上综合性护理课程是20世纪50年代后在医学教育改革中采用的一种新的课程结构。它把不同学科的内容按问题或人体系统进行组合，从而形成了一种与新的教育目标相一致的结构体系，实行跨学科的综合。可采用以下三种方法进行综合。

（1）论证型综合课程：通过论证人体发育和衰老的过程，把从出生到死亡的概念作为组织课程的基础。课程始终以人为中心，把各部分知识综合成较大的整体。按照这种课程结构，学生首先学习正常的生长发育，婴儿或成人的护理，预防医学和社区卫生，然后再学习常见病和偶发病，疾病从加重到危重以及死亡的发展。其特点在于强调把病人作为整体，进行身心两方面的护理（图3-2）。

（2）操作型综合课程：根据学生的需要组织教学，由学生根据自己的情况，选择适合于本人需求的活动。这种课程没有固定的结构，先让学生在医院观察，再决定他们需要的学习技能，然后再让他们进行以专题为中心的学习。这种方法有助于护理教育的实践。以学习基础护理技术为例，操作法实施的步骤见图3-3所示。

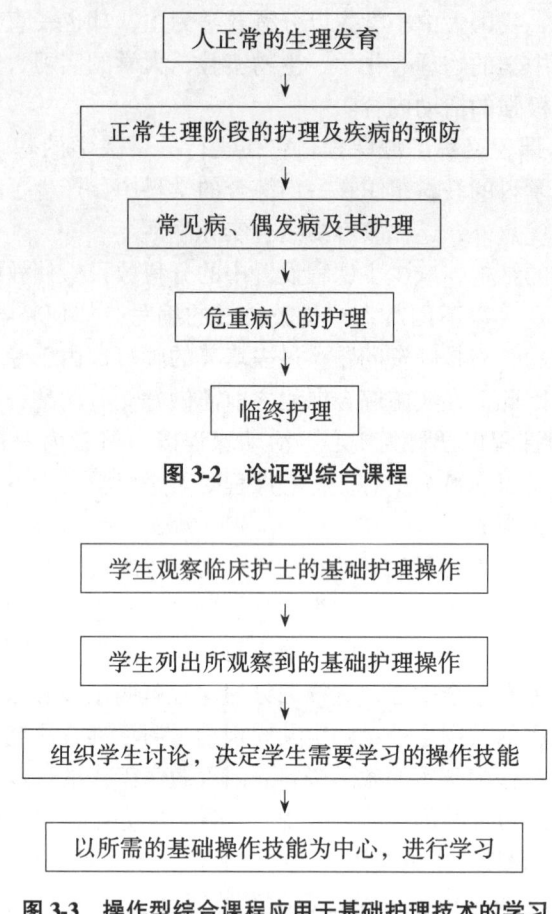

图 3-2 论证型综合课程

图 3-3 操作型综合课程应用于基础护理技术的学习

(3) 以问题为中心的综合性课程：这种课程结构是根据护理实践中的各种问题组织教学，这些问题经过护理专家的审定，通过系统地向学生提出问题和解决问题的过程，使学生学到解决各种护理问题所需的知识和技能，尤其适用于临床护理教学。如在临床护理中，经常遇到病人体温过高的现象，如何进行有效的护理呢？教师可以此问题为中心，深入浅出地引导学生进行学习。如向学生提问"人的体温是如何进行调节的？""为什么会出现体温过高的现象？""体温过高会出现哪些不良后果？""如何对体温过高的病人进行护理，以防止出现不良后果？""在护理过程中，应注意哪些问题？"等等，从而深入浅出地引导学生进行学习解决该问题所需的知识和技能。

综合性护理课程的特点在于课程结构是由学习者的需要和兴趣来决定，重点放在学习解决问题的过程。学生在追求兴趣的过程中会碰到某些必须加以克服的困难和障碍。这些困难则构成了学生学习过程中想要解决的问题，成为学生学习的动力。

同时，综合性护理课程也存在着一些缺点。如不能充分体现课程设置的组织原则，同时也缺乏内部连续性。课程设置的顺序由多种因素决定，除学生的兴趣外还有成熟性、经验背景、既往的学习经历、效果和难度等因素，但是综合性护理课程不能充分体现这些相关因素。

3. 以能力为基础的护理课程　以能力为基础的护理课程的特点是：根据国家卫生事业的目标和服务的需要，以及发展卫生服务的策略来确定护理人员的预期能力，并根据不同阶段应达到的预期水平，采用有利学生更快成长的方法来传授知识和经验。对每门课程所规定的知识、技能和态度，均应是解决国内问题所必需的。全部课程的目的在于发展高层次护士所必需的能力，以使之能处理与本国卫生保健相关的护理问题。

以能力为基础的护理课程设置倾向于竭力强调教育和课程内容在整个社会环境中的作用，社会需要胜过人的需要，全面教育的目的在于适应现代社会发展的需要。

第二节 课程模式的类型与内容

根据对课程定义的不同理解及所依据的不同教育思想，教育学家们发展了多种课程模式。本节将重点介绍四种常见课程模式，即系统模式、行为目标模式、过程模式和文化分析模式。

一、系统模式

课程的系统模式是将一般系统理论的观点应用于课程设置过程的产物。

（一）一般系统理论概述

一般系统理论（general system theory）是在 20 世纪 30 年代末期 Ludwig van Bertalanffy 提出来的，其理论框架在很多科学领域中都得到了广泛应用。一般系统理论是指一个系统是由许多相互关联又相互作用的部分组成的一个整体，每个部分都具有各自独特的功能，每个系统本身还有一个整体功能，并且几个系统还可以联合成为一个更大的系统。系统是按照其复杂程度的层次而组织的，每个层次的系统包含一些较简单的、较低层的系统，称之为次系统。

系统的活动总是朝着一定的目标进行的。为了达到一个共同的目标，系统需要通过各次系统之间的相互作用，以及与环境的相互作用，持续地调整与环境的关系，达到适应环境的目标。

系统有开放系统和闭合系统之分。闭合系统是指不与环境相互作用的系统。绝对的闭合系统是不存在的，只可能有相对的、暂时的闭合系统。开放系统是指通过与环境的持续相互作用，以及和次系统之间的相互作用来改变自己以达到其目标。它与环境的交往是通过输入、输出和反馈来完成的（图 3-4）。

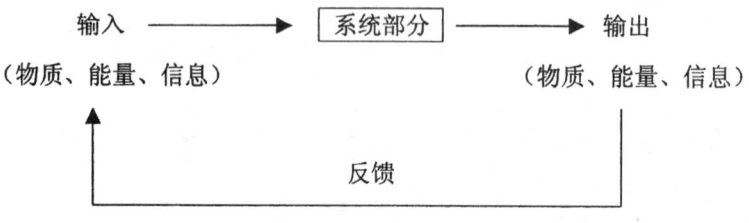

图 3-4 开放系统示意图

输入是进入系统的物质、信息或能量，这时的系统可因此而有所改变；输出也可以是物质、信息或能量，是改变后的产物；反馈是指输出的部分再返回来以进行调节，即将系统的现状（改变后的）与预期的状况进行比较，其结果还可再次输入系统以引起下一步的作用。如此循环反复，系统处在一个与外界不断进行相互作用的动态过程中。输入、输出和反馈的质量与数量影响开放系统的功能。例如，学生作为开放系统接收着来自老师给予的信息，这些信息通过学生大脑的记忆系统，丰富了知识库，老师可根据学生听课后对问题的解答情况（输出的信息）与预期的目标进行比较，看学生是否完全理解而再作必要的补充，即反馈和再输入。

（二）课程的系统模式

课程的系统模式是将课程设置过程视为一个开放的系统。该系统的输入部分是学校及教师所具有的教育思想、观念、理论等。过程部分指的是根据一定的知识技能,将这些思想和观念转化为具体的并准备实施的过程,这个转化过程就是"课程设置"过程。输出部分则是预期课程,包括教学计划、教学大纲、教学材料和教学活动的安排。同时,输出部分还对输入部分进行反馈,判断输出的预期课程是否与输入部分的教育思想和观念相一致,是否在转化过程中由于某种因素的影响而改变了原来的思想和观念。如果出现这种情况应进行调整(图3-5)。

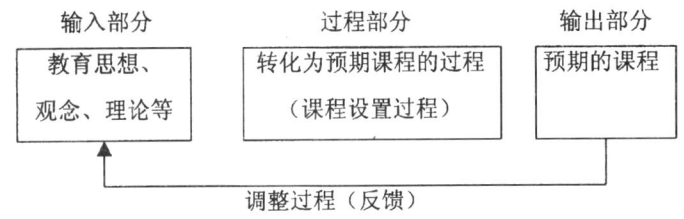

图 3-5 课程系统模式图

由于人们教育思想、观念和有关知识都在不断地变化,因此,课程设置系统处于一种循环往复的过程中。而且,课程系统是一个开放的系统,随着社会的发展、科技的进步,以及心理学及教育学本身的不断完善,课程系统也在不断发生变革。

二、行为目标模式

行为目标模式的创建人是美国当代最负盛名的课程理论家和评价专家 P.Tyler。Tyler 在 20 世纪 40 年代提出的行为目标模式被教育学家们普遍认同,并被广泛应用在学校和课堂教学,而且它对护理教育发展也有着极其深远的影响。

Tyler 认为课程设置过程包括四个主要方面:即目标、内容、方法和评价。他提出了在课程设置过程中必须考虑的四个基本问题。

1. 学校要达到的教育目标是什么?
2. 学校应该提供哪些课程方能达到这些目标?
3. 学校应该如何对这些课程进行有效的组织及安排?
4. 我们如何对这些课程进行评价?

Tyler 的行为目标模式强调用描述学生行为的词语来阐述目标,学习的目标是对学生行为发生变化的陈述,对学习结果的评价是看学生是否达到了预期的目标。

(一)目标(objective)

行为目标模式的四个主要成分是:目标、内容、方法和评价。其中最核心的部分是制定目标,而且在行为目标模式中,最困难的阶段也在于确定目标阶段。

1. 确定教育目标的意义　教育目标是指教师所预期的学生变化。因为教育是一系列有目的、有计划、有组织的活动,因此教育的结果是可以预料的。而且教育本身就是一个使学习者行为发生变化的过程,教育的结果强调的是学习者行为的改变,因此教育的结果也是可以观察到的。

教育目标的确定可以保证教学活动始终按计划向预期目的进行,也是组织教学内容,确定教学方法的前提和依据,又是评价教育结果的标准。例如,当教育目标确定为"学生能独立完成导尿操作",则教学活动应始终围绕此目标,教学内容应以导尿操作为主题,并且依据此目标,选择适当的教学方法,如讲授、示教、反示教等。当评价教育结果时,此目标可作为评价标准,即若学生能独立完成导尿操作,则达到了预期的教育结果。若学生不能独立完成导尿操作,则没有达到预期的教育结果。因此制定教育目标极为重要。

2. 教育目标的分类　按照目标的大小和层次,可将教育目标分为以下三类。

(1) 教育的总体目标(general goal):这是目标系统中层次最高的目标,它在目标系统中起决定性的作用,所有的具体目标都是根据教育总目标制定的。例如,我国高等教育总目标是指将青年学生培养成精神充实、道德完善、学识渊博、智能高超、身体健康、精力充沛的人。它是我国关于高等专门人才的规格标准的具体标志,反映了一定的教育观、人才观和质量观,体现了国家对教育的期望和对年轻一代的培养要求。因而,它是制定教育政策、教育规划的依据之一,是健全高教体制、完善高教结果的重要因素。同时,它也是不同层次、不同类型的高等教育制定具体目标的根本依据。无论是什么性质的高教机构,无论是哪一个专业的高等教育,都是在保证总体目标实施的前提下,根据各自不同的要求和特点,确定自己的具体要求,设计不同的教育方案。因而,高等教育总目标在整个高等教育中始终以其宏观调控的特有功能而显示出左右全局的重要意义。

教育的总体目标具有内容广泛、要求科学的特点。比如,我国高等教育总目标的内容结构全面、完整、涵盖广泛。它包含了对接受高等教育的学生在德、智、体、知、情、意等各个方面的要求,尤其对代表高等准人才素质的主要方面无遗漏或残缺。另外,我国高等教育总目标也体现了需求的科学性,即对高等专门人才的规格要求科学准确、标准合理。既没有降低标准,把接受高等教育的人降低到中等教育以下程度,也没有无限拔高,用一流学者的水平要求学生,而是规格适当,难易适中,充分估计到学生在接受高等教育期限内可以达到的潜能阈限。

(2) 第二层次的目标(secondary-level goal):是将总体目标再进行详细分类,对总体目标进行特定性具体的解释,从而形成了具体的目标框架。

例如,某医学院护理学专业(五年制)的培养目标是:培养适应我国医药卫生事业需要的、德、智、体全面发展的,具有较扎实的护理学理论知识和技能,从事临床护理、护理教育、护理科研工作的高级护理人才。

培养学生热爱祖国,有为国家富强、民族昌盛而奋斗的理想,热爱护理事业,有为发展护理事业及为人民健康服务的献身精神,有严谨的科学作风、良好的思想品质和职业道德。

(3) 特定的行为目标(instructional objective or terminal objective):指每门课程的特定目标,是对组成学习活动的行为进行准确的陈述,实际上是对第二层次目标的进一步分类。特定行为目标的组成应包括描述学习者为达到目标进行学习活动的行为动词。

例如,某学校护理专业,妇产科护理学的课程目标如下。

完成本课程的学习后,学生能够:①叙述妊娠、分娩及产褥期母体生理心理变化;②执行产前保健措施,并识别高危妊娠个案;③描述女性生殖系统的自然防御功能,识别妇科常见疾病的临床表现,并为护理对象提供有效的护理措施及自我护理指导等等。

从以上教育目标分类可以看出,确定教育目标的具体步骤是:①确定教育的总体目标;②确定第二层次的目标;③根据第二层次目标,确定特定的行为目标。

例如,要确定护理专业学生本科教育的课程目标,首先要确定本科生教育的总体目标,形成具体的目标框架,最后根据此目标,确定护理专业本科生每门课程的特定行为目标。

3. 确定学校教育目标的依据

(1) 学习者本身:Tyler认为,教育是改变人类行为方式的一种过程,这个行为是广泛的，包括外在行为，同时又包括内在的思想与情感。研究学习者本身，可以为我们提供教育的目标。首先我们需要调查了解目前学生的状况，第二是把这种状况同标准进行比较，它们之间的差距，就是学生的需要，也就是我们课程所追求的目标。

例如，当我们确定护理专业本科生的教育目标时，我们需考虑护理学生自身的状况，如对他们现有的知识水平、逻辑思维能力、分析判断能力等等诸多方面进行调查，然后与本科生的标准进行比较，两者的差距体现了改变学生行为的需要，也是教育所要达到的目标。

（2）社会的需求：教育是为社会服务的，教育培养出来的人才必须是社会所需要的。根据社会需要，学校才能明确所培养的学生将要达到什么目标，应该具备哪些知识和能力等。在 WHO 世界医学教育大会报告中曾提出：医学教育的最高标准在于最好地满足当地的卫生需求。由此可见，了解社会的需求对于制定教育目标、保证学校培养社会所需人才来说则是非常重要的。大致可以从以下几个方面进行了解：学校的地理位置和周围环境，所服务地区的医疗保健机构任务，数量和分工，所服务地区的经济状况，所服务人群的健康状况和需求，包括：平均寿命、疾病谱、人口构成等，人才需求情况和就业机会等等。

例如，一护理学校所在的城市是一个老龄化的城市，但老年护理在护理课程设置中仍是空白，学校的教育目标也未提到对学生要求具备老年护理的知识和技能。为满足这一社会需求，学校可以考虑是否需要培养老年护理人员，从而相应增设"学生初步具备老年护理的知识和技能"的教育目标。

（3）学校的哲理：学校的办学宗旨和教师对本专业任务的理解构成了学校的哲理。教育目的和培养目标反映了学校领导和全体教师对培养人才的具体意图，也体现了教育者的价值观，即学校的哲理。哲理是通过全体教学人员对某些概念的一致认可体现的。如对教育的认识，对医学模式的认识，对人、健康、环境、护理的认识等。这些基本概念构成了确定培养目标的框架，也称概念框架，随后进行的一系列课程内容的确定，教学方法的选择，考核评价的实施，都在此框架内进行的。

因此，在确定学校教育目标之前，应首先评估如下内容：①学生背景，包括：年龄、文化程度、地区、学习态度、动机等；②学校宗旨及教育思想；③学校教育层次，如中专、职高、大专、大学等；④学校硬件及软件条件，包括教学资源、教学设备、教师队伍等；⑤社会需求等。

4. 教育目标的特点

（1）相关（relevant）：即上层次的目标对下层次的目标有制约作用，下层次目标要保证达到上层次的目标。如上述例子所示，某医学院护理学专业（5年制）的培养目标是：培养适应我国医药卫生事业需要的，德、智、体全面发展的，具有较扎实的护理学理论知识和技能，从事临床护理、护理教育、护理科研工作的高级护理人才。若其下一层的各门课程的课程目标并未包含这些内容，那么就会出现上、下两层的目标不一致的矛盾，这样确定的教育目标是失败的。

（2）明确（logical）：即目标含义清晰，不模糊。教育目标是教学活动按计划向预期目的进行的保障，也是组织教学内容，确定教学方法的前提和依据。因此，含义不清、令人费解的教育目标难以发挥上述作用，也就失去了确定目标的意义。

（3）可测量（measurable）：即目标可观察，可衡量。教育目标是评价教育结果的标准，如果标准无法测量，教育结果也就无法评价了。

（4）可行（feasible）：即符合实际。具有可行性的教育目标在实际工作中才有意义。如将本科教育目标确定为"掌握本学科坚实、宽广的基础理论和系统深入的专业知识；具有独立从事科学研究工作的能力；并做出创造性成果"，显然这一目标对本科生的要求过高，不符合实际，在现实教育中不可行。因此这样的目标也没有意义。

5．教育目标的构成　教育目标由三部分构成，即有一个表明学习者行为的动词；学习者实现目标所需具备的条件；评价学习者行为的标准。

（1）表明学习者行为的动词：在目标组成中，必须有描述学习者行为的动词，而且学习者的这种行为不是抽象的，应是可观测的行为。例如：目标陈述是"学习者能理解骨骼的结构"，护理教师如何知道学习者是否达到了这一目标？要测量学生的理解力是不可能的，但我们可以从学习者的某些特定行为推出结论。例如：学习者如果能够用自己的语言来描述骨骼的结构，而不是机械地参照笔记和课本进行复述，护理教师就可以认为该学生已经掌握了目标所要求的内容。如果将上面的目标改为如下写法会更加准确："学习者在不参照书本和笔记的情况下，描述或书写骨骼的结构"。"描述"这个行为动词，表明了学习者可观测的行为。又如"学生能够在模型上独立演示灌肠操作。""演示"这个行为动词，也表明了目标的可观测性。

（2）实现目标所需具备的条件：这些条件通常指：时间的限制、资料的使用或特殊的场景等。

例如，目标为"学生能够在十分钟内完成麻醉床的准备工作"，在"十分钟内"这一时间限制就是实现该目标的条件。

又如，在上述例子"学习者在不参照书本和笔记的情况下，描述或书写骨骼的结构"中，实现目标的条件是"在不参照书本及笔记的情况下"，限制了资料的使用，这样才可实现目标，即"描述或书写骨骼的结构"。

再如，目标为"学生能够在模型上演示灌肠操作"，特殊的场景"在模型上"是实现该目标所具备的条件。

（3）评价行为的标准：例如，目标陈述是"用无菌技术清除病人伤口腐烂的组织，不会给病人造成危险及不适"，其中行为动词是"清除"，实现目标的条件是"用无菌技术"，评价行为的标准是"不会给病人造成危险及不适"。

陈述教育目标时应注意：①学生是预期行为目标的惟一主体；②教育目标是预期结果，而不是实施过程；③不要将两个或两个以上的预期行为结果列入同一目标。

6．教育目标的领域　Tyler的行为目标模式产生后，许多教育学家对教育目标进行了分类研究。他们把教育目标划分成三个主要领域，即：①认知领域；②情感领域；③精神运动领域。从而使教育工作者在考虑教育目标时能够更加清晰和明确，在描述目标时，能够用更精确的语言更有效地对目标进行评价。

（1）认知领域（cognitive domain）：该领域涉及的是一些心理及智力方面的能力和运算。按认知领域的复杂性，分为从知识到评价六个水平，如图3-6所示。

其中知识在认知领域中处在低级的水平，评价为高级水平。不同水平的目标反映了对学生不同的要求，在描述中所用的动词也不同。

1）知识水平的目标要求学生记住即可。如目标定为"学生能够复述女性生殖系统的组成。""复述"一词反映了学生只要记住便可达到目标，属于认知领域中知识水平的目标。知识水平的目标常用动词有：定义、描述、复述、陈述、列出、背诵等。

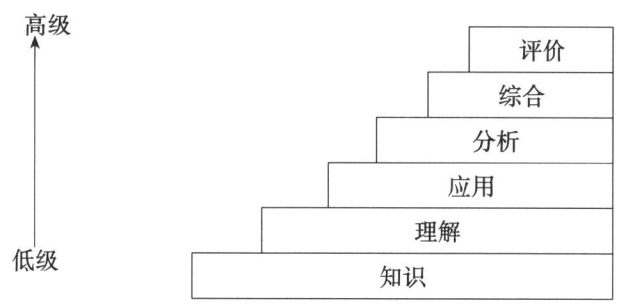

图 3-6 认知领域的六个水平

2)理解水平的目标要求学生有一定程度的理解,不仅仅只停留在记忆的水平。如目标为"学生能区分前置胎盘和胎盘早剥的临床表现","区分"一词反映了学生需在记忆前置胎盘和胎盘早剥的临床表现的基础上,进一步加深理解两者的异同。理解水平的目标常用的动词有:解释、区分、举例、总结、预示等。

3)应用水平的目标要求学生能将以前所学的知识应用在实践中,它测量了学生独立解决问题的能力。如:学生能够运用小儿营养计算法,正确地为特定年龄和体重的儿童计算入量。常用的动词有:计算、演示、操作、使用、修改、运用、执行、应用、联系等。

4)分析水平的目标要求学生能够对事实、观点、假设或判断进行分析,从而进行比较和对比。如:学生能够分析肺炎病人现存的主要护理问题。常用的动词有:分析、指出、区别、识别、选择、分类等。

5)综合水平的目标是针对于学生独立解决新问题的能力进行测量,它需要学生将几部分知识融会贯通。如:学生能够为乳腺癌病人制定一份行之有效的护理计划。常用的动词有:综合、设计、制定、创造、发展等。

6)评价水平的目标要求学生对方法、观点、人及物等等的价值进行科学地判断。如:学生能够独立评价某护理计划制定的科学性和合理性。常用的动词有:评价、断定、评判、判别等。

认知领域的目标分类详见表 3-2。

表 3-2 认知领域目标分类

水平	分类
(一)知识	1. 关于特定事物的知识 　①专用名词术语的知识;②体现行为的知识 2. 关于处理特定事物方式及手段的知识 　①惯例和习俗的知识;②趋势和结果的知识;③分类和范畴的知识;④标准的知识;⑤方法论的知识
(二)理解	1. 名词、概念的转换 2. 名词、概念的解释 3. 名词、概念的推断
(三)应用	应用原理、规则及概念于真实场景中

续表

水平	分　类
（四）分析	1. 对要素的分析 2. 对关系的分析 3. 对组织原理的分析
（五）综合	1. 提出某种独到的见解 2. 做出某种计划或提出一套操作方法 3. 从一套抽象关系中做出引申
（六）评价	1. 按照内部标准做出判断 2. 按照外部标准做出判断

(2) 情感领域（affective domain）：情感领域的目标设计的主要是各种态度、价值观和鉴别力。其水平划分从低到高，依次为接受、反应、赋予价值、价值观念组织化及价值体系的性格化。详见表3-3。

表 3-3　情感领域目标分类

水平	分　类
1. 接受	①意识 ②接受愿望 ③能控制或选择注意
2. 反应	①默许 ②愿意做出回答 ③在回答中得到满足
3. 赋予价值	①对某种价值的接受 ②对某种价值的偏爱 ③对某种价值的信仰
4. 价值观念组织化	①对某种价值的概念化 ②对某种价值体系的组织
5. 价值体系的性格化	①概括化的定势 ②性格化

(3) 精神运动领域（psychomotor domain）：精神运动领域的目标主要涉及的是各种精神运动技能，其水平从低到高依次为模仿、操作、精确、连接和自然化（表3-4）。

表 3-4　精神运动领域目标分类

水平	具体内容
1. 模仿	对演示动作模仿
2. 操作	按照命令或一定程度要求动作，可以使用工具
3. 精确	重复进行一个指定的动作，动作熟练程度可达到很高水平
4. 连接	不同的动作可以连接，按顺序协调起来
5. 自然化	各动作相互之间的衔接几乎不加思索就可以完成，动作技巧已达到完美水平及自然化的程度

（二）内容（content）

在行为目标模式事实过程中，目标一经确定，就应考虑下一个主题——内容，即如何选择与目标相一致的课程。Tyler 认为教师的作用在于安排一定的情境，以帮助学生达到预期目标。因此，选择课程的中心问题可归结为如何安排各种情境，以保证使学生获得自己所期望的学习经验。为此，Tyler 提出了以下几条原则。

1．必须使学生有机会去实践目标中所包含的行为。
2．必须使学生在实践上述行为时有满足感。
3．所选择的课程应在学生力所能及的范围内。
4．可采用多种形式的课程达到同一个目标。
5．同一课程也可以产生多种结果。

Tyler 还指出，课程必须具备如下特征：①这些课程能发展学生的智力；②有助于获得构成各种知识的原理、原则，以及这些原理和原则的各种实验、证据、观念、事实等；③有助于发展学生的社会态度和兴趣。

（三）方法（method）

如何对课程进行有效的组织和安排，是指制定了目标、内容之后的第三阶段工作。要使课程组织有成效，必须符合以下三条标准。

1．连续性　指的是在课程设置上，应使学生对于所学的能力或技能有不断重复练习和继续发展的机会。
2．程序性　指的是后面的课程必须在前面课程的基础上更加广泛和深化。
3．统合性　指的是横向联系，它考虑各种课程的关联性以及学生行为与所学内容的统一和连贯，即把学生某一学科的能力作为学生整体能力的一个重要部分并加以促进，而不是把它作为孤立的能力。

例如，在某护理学院的课程设置中，将医学基础课和护理学基础作为临床课程的前期课，体现了课程组织的连续性，即学生在护理学基础课程中，所学到的知识和技能仍可以在临床课程的学习中得到重复、练习和发展的机会；程序性，即学生对医学基础课的学习是进一步学习临床课程的前提和基础；统合性，即临床课程（内、外、妇、儿等）横向彼此相关联，学生能够为护理对象提供整体护理是这些科目的共同培养目标。

（四）评价（evaluation）

评价指的是如何评价课程的效果。只有通过评价，才能发现课程在哪一方面产生了效果，在哪一方面还有待于改进。评价至少需要两次，一次是在教育方案实施前期，另一次则在教育方案实施后期，这样才能测出变化的程度。评价不等于课程的考试，还要通过观察、谈话、收集学生作业等方式来进行。评价的结果还应该有合理的解释。

行为目标模式在课程设置过程中占主导地位，是一个循环往复的过程。随着社会政治经济和科学技术的发展变化以及新的教学研究成果的不断出现，课程将永远处于变化状态之中。事实上行为目标模式的过程是按 Tyler 课程设置的四个基本原则进行的，循环反复，不断发展（图3-7）。

图 3-7　Tyler 行为目标模式的四个阶段

行为目标模式有其独特的优越性，对课程设置有广泛的影响，但模式本身也存在不足之处。表3-5对行为目标模式的优点和局限性进行了概括。

表 3-5　行为目标模式的优点和局限性

优　点	局限性
1. 为学生学习提供了明确的方向	1. 使教育的领域变得狭隘
2. 促使教师更加详细地检验目标	2. 确定高水平的目标很难，因此学习只集中在低水平的目标上进行
3. 通过观察学生的行为，使学生较容易达到目标	3. 要在情感领域确定明确的目标几乎是不可能的
4. 目标可以帮助学生们进行自我指导性学习	4. 忽视了对不可预测的结果进行指导
5. 为课程设计提供了一个比较合理的系统	5. 不可能陈述每一个学习结果的目标
6. 学生更喜欢有明确的目标来指导其学习生活	6. 只能反映训练的领域，不能反映教育领域
7. 可以为不同机构相似课程的比较提供基础	7. 只促进同一性而忽略了差异性
8. 为教师提供了评价学生行为的系统	8. 对个别教师及个别学生应有不同的目标

三、过程模式

英国教育家 D.S.House（1975）认为，学校的教学活动至少包括四个过程：①传授知识；②发展社会准则和价值观；③训练；④教导。过程模式虽然并不包括所有课程设计的形式，但可以弥补目标模式中的不足，这种模式比较适合于那些以知识和理解为中心的课程领域。课程必须具备以下原则。

（一）课程设计方面的原则

1. 选择课程的内容原则——明确哪些是所需要学习及需教授的内容。
2. 发展教学方法的原则——如何进行教与学。
3. 决定课程顺序的原则。
4. 判断学生的优缺点及上述原则（1，2和3之间）的差异性，从而满足具体学生的个别需要。

（二）经验学习方面的原则

1. 研究及评价学生进步的原则。
2. 研究及评价教师进步的原则。
3. 在不同的学校场所，根据不同的学生背景、环境及同行人员的情况，实施课程的指导原则。
4. 在不同的场所，对不同理解力的学生提供不同的信息。

（三）相关性的调整原则

一个已确定的课程目标可以根据不同的场景随时进行调整，使目标更加可行。由于"过程模式"的最终结果不是按照预定目标出现的，因此在评价课程时，需借助于所选择的知识标准来进行。

从以上论述中可以看出行为目标模式与过程模式有着明显的差异性（表3-6）。

正像行为目标模式一样，课程的过程模式本身存在着许多缺点和不足。在实践过程中，这种缺点表现在两个方面：①难以对学生的学习情况进行评价；②这种模式对教师的要求太高，它要求教师极其熟练地把握各学科的各种概念、原理和标准。由于过程模式中存在这些欠缺，因此在课程设置模式中不起主导作用。

表 3-6 行为目标模式与过程模式主要概念的比较

行为目标模式	过程模式
1. 是输出模式，强调达到行为目标及教育的结果	1. 是输入模式，强调学习的经历及教育过程
2. 课程活动被看做为达到结果的方法	2. 课程活动本身被看做是有价值的活动
3. 学习被看做是可观察行为的一种变化形式	3. 承认有许多学习是不能观察的
4. 教的过程是产生可预测的结果	4. 教的过程是促使不可预测的结果产生
5. 教师按照学生要达到的目标将内容进行分类	5. 教师将内容进行分类，但不能预知学生会对此内容做些什么样的反映
6. 评价学生最终是否达到了行为目标	6. 评价是通过客观评估学生的工作，使用学科的内在标准，包括学生的自我评估

四、文化分析课程模式

D. Lawton（1983）提出文化分析的课程模式，旨在弥补行为目标模式存在的不足之处。文化分析模式以使用文化分析为基础来设置课程，文化被定义为社会生活中的一切，教育的目的在于使下一代获得我们所认为的文化精髓。

（一）文化分析的四个方面

文化分析是一种从文化中选择的过程，根据文化分析，Lawton 认为课程设置过程中应考虑以下四个方面。

1. 社会存在的形式是什么？
2. 社会是以何种方式发展的？
3. 社会成员希望社会如何发展？
4. 教育的方法与何种价值观和人生观相关联？

（二）文化分析模式的五个阶段

文化分析模式可分为五个阶段。

阶段 1　文化固有因素：考察人类社会共有的各方面，诸如经济、道德、信仰和其他系统。

阶段 2　文化可变因素：涉及分析每个系统文化间的差异性。

阶段 3　文化的选择：这个阶段由现有的学校课程与社会系统文化分析比较构成。

阶段 4　心理的问题和理论：这个阶段与上面阶段不是直接连续的，而是在每个阶段都需要着重考虑的内容。

阶段 5　课程组织：这是最后阶段，课程可以在前面阶段进行文化分析的基础上设置，但必须记住影响学习和行动的心理问题和理论。

（三）文化分析模式在护理课程设置中的应用

Lawton 的文化分析模式应用在护理课程设置中，文化作为决定课程的基本因素，应包括

①首先是国家作为一个整体拥有的信念、价值和思想；②地方文化，即该地区独特的文化特异性，健康及疾病情况，失业率，多文化差异等许多因素；③护理作为一门独立学科所固有的理论、信念及思想体系。以上三方面文化因素共同作用产生了课程设置的基本原则及哲理，同时要考虑不同年龄阶段心理的作用及影响。图3-8表示文化分析模式在护理课程设置中的应用。

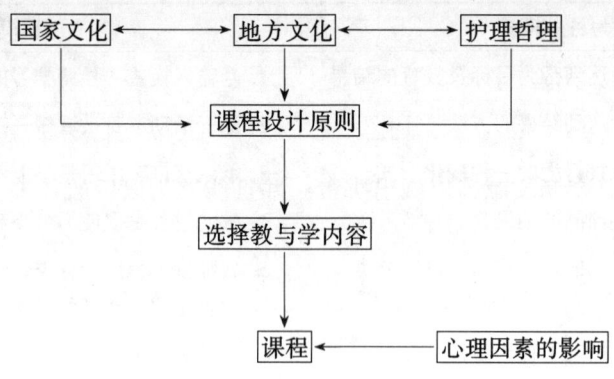

图 3-8　文化分析模式

第三节 课程设置的原则及在护理教育中的应用

一、课程设置的原则

课程设置包含四个阶段：指导阶段、形成阶段、功能阶段、评价阶段。四个阶段相互依赖，相互发展。每一阶段的设计会影响到下一阶段的设计。

（一）指导阶段（directive stage）

指导阶段为整个课程设置过程提供了明确的方向，是其他三个阶段的基础，也是课程形成的保障。这一阶段的核心工作是确定有关哲理、理论、概念及知识的具体内容，因此需要收集大量的信息资料、参考文献，以做出决策，并且能够为以后的各阶段提供指导。同时，要求全体教员有效参与和支持。

指导阶段有四个部分：护理哲理，统一术语，培养目标，概念框架。哲理的确认和术语的统一将对课程设置提供明确的规则，参与制定哲理的教师最终应在许多问题上达成一致，并且统一本课程所采用的术语，从而达成共识，然后确定培养目标，即培养何种类型的毕业生，这一系列内容完成后，课程的理论框架随之产生。因为概念、理论是抽象的，难以精确定义，刚开始会对真正的目的产生误解与怀疑。指导性阶段需做出决策的事情很多，需投入大量的时间及精力，因此在此阶段应制定一个时间表，以表明每一部分所需的时间。同时，时间表有助于教员的积极参与并且为课程设置的发展提供动力，使指导阶段进行有效的运转。

指导阶段主要特点是勾画出课程设置的方向，并不制定具体讲授内容。同时，一个护理学院或护理系可花费几年时间去发展并完善其护理哲理的框架，在指导阶段制定出明确的目标后，下面的阶段就可以通过小组或个人制定具体内容。

（二）形成阶段（formative stage）

形成阶段是根据指导阶段的课程设置方向，制定每一部分的具体内容。它包含三部分内容：①教学大纲的形成；②确定层次目标与科目目标；③课程内容一览表。首先设计教学大纲，教学大纲的形成导致了层次目标的制定，层次目标的制定又产生了科目目标及课程计划，层次目标与科目目标用于形成阶段的评价，而课程内容一览表则表示护理课程是如何达到层次目标与科目目标的。

大学和护理学院对必修课的要求一般是特定的。自然科学、社会科学和人文科学等课程，特定地反映出本学校的护理哲理与理论框架，选择课程内容的条件与前提亦是在指导阶段的理论基础上进行的。指导阶段决定了如何有效地选择课程，它是护理课程计划的基础。形成阶段中所确定的内容或设置内容的成败，与指导阶段各个步骤的完成情况直接相关。例如：应用术语、理论框架结构与培养目标的一致性，护理哲理指导各阶段各个步骤的成功等等。当形成阶段出现问题时，极可能提示指导阶段中哪一个部分需要进一步改进。

（三）功能阶段（functional stage）

功能阶段体现了课程设置中教育者的具体行为。一般来说，它是课程设计过程中的实践阶段，它把前两个阶段的内容付诸于实践。功能阶段包含三方面的内容：①课程内容说明；②教学方法及学习实践；③学习的有效性。当教授整个课程内容时，可能发现前两个阶段形成的教学大纲中的某些定义不完善，在实施过程中需要不断地进行修改。因此，在此阶段中，全体教师的通力合作是确保课程实施的基础。

功能阶段为教师创造性地应用指导阶段和形成阶段的结果提供了机会。无论课程是个人授课或小组教学，全体教师都有责任运用经验及职业判断力来确定什么样的课程是可行的。教师参与的目的是帮助学生达到形成阶段所确定的目标，但是这种方法又因教师本身指导能力的不同而有所区别。我们可以通过评价而确保学习行为的有效性及识别学生分数的有效性。在此阶段，可以修改前两个阶段的有关内容。教员应牢记指导阶段的思想，这种思想的不断强化会加强教员的参与和理解，从而保证在此阶段实施过程中，与指导阶段的哲理相一致。

（四）评价阶段（evaluative stage）

评价阶段作为课程设置过程中的最后阶段，对课程计划完成程度进行分析，评价的手段及方法是衡量学生是否最终达到了教育目标及哲理所规定的范围。包含三方面的内容：①输入评价；②过程评价；③输出评价。输入评价是指某课程计划实施前对学生特征的估计。过程评价是指那些影响学生行为的活动，例如教与学活动，学习成绩等。输出评价是指学生是否达到了培养目标的要求及能力。在接受某一教学大纲教育时，按一般系统理论，学生具有一定的知识、技能与方法，这是输入量；通过教学大纲中课程活动的影响，这是过程量；当完成教学大纲时学生具有显著性的变化，这是输出量。这一系统模式的评价始终贯穿着学习的过程是不断变化的过程（图3-9）。

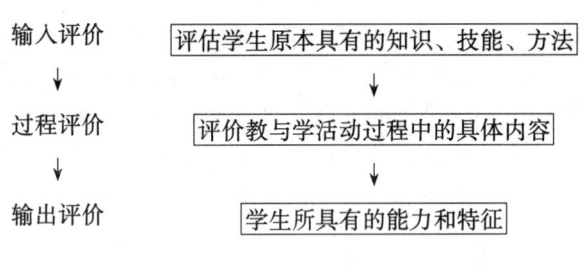

图3-9 评价阶段系统模式图

二、课程设置在护理教育中的应用

（一）计划课程设置应考虑的因素

课程设置进行具体计划时需注意以下几个因素。

1. 课程设置的总体结构应反映教育方针。
2. 护理哲理的主张，尤其是那些与护理及学习有关的哲理，应作为指导方向。
3. 所有课程应包括一般教育、支持学科和护理学。这三方面需要按比例组合。
4. 所有课程排列顺序应考虑到某一课程科目中必要的知识水平。指导阶段的理论框架对这种科目目标有很大影响。
5. 充分评估课程的参考资料。
6. 明确区分护理学与其他领域的知识，以确定适当的支持课程。

设置必修课有许多种方法，这些设计应该在每个层次（学年）水平上体现促进学习者学习经验的提高并且允许存在个体差异。由于临床实践条件、专职教学人员的组成、学科内容间的紧密及渐进等情况的限制，对必修课选择经常缺乏灵活性。因此，在课程设计过程中，教师应该能够识别这种缺陷，从而尽可能减少这种僵化模式。我们可以通过允许学生自由选择的方法，以及放松对护理学前期必修课的限制，得以发展课程设置中的灵活性。

（二）护理课程设置模式

课程设置模式可因护理学在整体必修课中的不同位置而有所差异。

1. "建筑式"课程设置模式　"建筑式"课程设置模式（building design）表示基础学科在4年制中前两年修完，后两年护理学课程则是建立在前述必需的知识基础之上（3-10）。

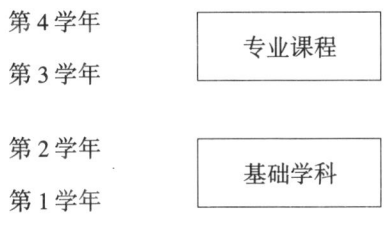

图3-10　"建筑式"课程设置模式

2. "渐进式"课程设置模式　"渐进式"课程设置模式（progressive design）表示在4年学制中，大多数基本学科要求前两年修完，同时有一部分护理课程亦要求修完。在这种模式中，前两年所学的护理学内容主要是一些不需具备某些基础学科知识的那部分。例如：护理专业发展史。随着课程的进展，护理学必修课比重增加而其他学科内容比重下降（图3-11）。

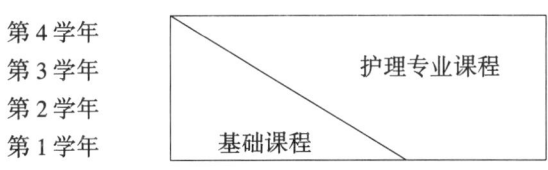

图3-11　"渐进式"课程设置模式

3. "平行式"课程设置模式　"平行式"课程设置模式（parallel model）是指四年学制中基础学科课程与护理学专业课程同时开课，以一定比重同时修完（图3-12）。

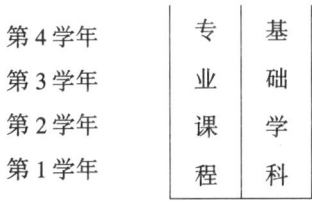

图3-12　"平行式"课程设置模式

"建筑式"模式主要强调在具有牢固的基础科学知识基础上，进行护理专业课程的学习，"渐进式"模式中则主张护理学科应与其他学科统一为一个整体，不很强调基础学科奠定基础的作用。因此在选择不同课程设置模式时，必修课程的顺序也不同。

护理的哲理决定了必修课程的具体内容，例如护理哲理认为社会的变化包括影响个体文化价值的政治与社会力量的相互作用，可能设置的必修课包括社会学、政治科学、人类学。护理的哲理主张健康是受人类固有的潜在能力及生长发育趋势所影响的，必修课则应设置生物学、遗传学、心理学、生长发育理论等。在课程设置过程中，应考虑主干必修课与支持主干必修课之间维持一种平衡。通常情况下，一个合理课程的总体设置需包括1/3的一般教育和人文科学的必修课,1/3主干支持课程,1/3护理学科课程。并且,在这些必修课项目中,课程之间应有灵活性,并有自由选择的前提。

三、课程科目大纲的制订

课程科目大纲是帮助学生及教师了解某一课程概况,为保证其有效性,课程大纲必须在授课前制订,并由学生讨论通过。它包括课程综合描述、课程目标、课程内容、教授方法及评价方法,并且也指出各方面之间的关系。从另一角度说,课程大纲反映课程设置过程中形成阶段与功能阶段各部分内容的总结(表3-7)。

表3-7 课程大纲的内容排序表

课程目标	课程内容顺序排列	教授方法	评价方法
按主次排列所有的目标	包括课程内容一览表中确认的各领域的课程	包括教授自学和实践课	包括所规定的日期及所确认的评价工具

制定课程科目大纲应遵循下列原则。

1. 课程目标合理 课程目标是从教育目标及层次目标中发展而来的。课程内容一览表是根据理论框架结构发展的,课程目标必须有助于课程内容的排序,这样才能选择合适的教授方法及评价方法。

2. 明确课程内容各部分之间的关系 由于课程目标及课程内容比较稳定,我们明确了课程内容各部分之间的关系,就可以选择灵活多变的教授方法及评价方法。

3. 澄清评价方法与教授方法的异同点 在教授方法与评价方法的异同点方面常有混淆之处。例如,教师推荐书籍是一种教授方法,同时也可以作为将来评价考试题目的指标。而书面作业是既可以反映教学行为进展的教授方法,又可以作为评分依据的评价方法。教授方法所选择的提问方式也可以作为一种评价标准。对于学生来说,要理解学习行为与评价行为的不同内涵是十分必要的,尤其在临床实习过程中,更为重要。

4. 分清主次,认识关键所在 虽然所有课程目标都需完成,但教师需按其关键的程度分清主次。这就要求教师具有专业判断能力,这样可以节约学生的时间和精力。

5. 确认课程内容的顺序 因为课程目标按关键程度分主次,所以课程的内容也要根据课程目标分主次,课程内容还应该反映学习过程的渐进性,并按基础学科的内容排列主次。

6. 树立课程评估的整体性观念 应综合课程的所有方面进行评估,从全部课程内容的明确性和整体关系的角度进行评估。

四、课程设计小组的设立及作用

建立特定的课程设计小组是发展新课程的第一步,对发展课程计划非常重要。课程设计小组成员必须包括受新课程影响的绝大多数护理人员的代表,如高级护理教师、护理专家、主任护师、护师、病房护士、实习护士等。同时需考虑代表与组织规模间的平衡,因为组织机构过大将会阻碍计划的进程,在课程设计实施中会导致问题的产生。建立课程设计小组应考虑的关键因素之一,就是对新课程的最终接受力。如果能使每位护理教师都感到这是他们自己的事情,而不是由某些领导设计出来强加于他们的事情,则新课程被护理教师接受的可能性就很大。

组成课程设计小组后，下一步就是组织机构的建设及工作程序。秘书的工作是做记录，最好用录音机将初期没有经过整理的会晤情况全部录下来，否则可能失去某些创造性的建议。群体成员在每次会议中进行信息交流，会后由其中一个成员做联络员，为小组成员传递信息和咨询。每两周或三周召开一次小组会议是比较恰当的，会议太频繁，工作频率和质量都会受到影响，如果每月召开一次会议，会使小组成员失去动力和希望感。

有关课程的发展，没有任何人属于专家，每一位课程设计小组成员都有其独特的需要和兴趣，重要的是要使课程代表他们的需要和对教育的全面计划。每个课程设计小组成员的贡献是极为重要的，课程设计小组可以像其他类似委员会一样，选举主席，但不要成立过分正式的组织，以免创造力和自发性受到其他机构的限制。

在课程设计小组成员中，应该包括教育的领导者，领导者有能力了解课程设想如何进行并提出建设性的建议，这些建议应该在一开始就反馈到组织中，以免后来发展课程计划时出现严重缺陷。

课程设计小组组成后，就应该认真开展工作，有价值的课程设计小组，往往从认识课程的基本概念和课程术语开始，因为许多成员并不熟悉教育的概念，因此，每个成员都需给"课程"下定义，了解课程设计的模式。课程设计过程的下一阶段是建立发展课程的原则，这个原则是由小组成员所制定的，由课程主要概念相并联的哲理和价值观所组成，这将成为以后进一步发展课程研究的基础。

"集体自由讨论"的方法（brainstorming）是指小组的每位成员自由发表对护理课程主要原理和概念的初步认识，这种方法有助于发展课程原则。课程设计小组要鼓励这种精神，并在发展课程原则指导下，选择课程内容及教与学的方法。因此，课程原则是课程设计过程中最重要的方面，是课程设计形成的基础。

第四节 课程的变化与革新

研究学校课程的变化与革新,是课程领域的重要研究课题。课程系统是一个开放系统,它与外界各系统之间有着各种各样的联系,并发生着各种各样的相互作用。也正是由于这种相互作用,学校课程才不断发展变化,而且必须经常地进行改革,才能适应社会发展的需要。因此,如果不对学校课程的变化和改革中的一些带有规律性的内容进行研究,改革就无从着手。即使盲目地进行这种改革,成功的希望也是极小的。

对课程改革的研究,主要集中在以下三方面:①研究课程变化与革新的原因。彻底了解课程改革的原因是正确认识课程改革的任务、树立正确改革目的的基础。②研究课程改革的过程。③研究课程改革的结果。一项改革进行得好坏,结果如何,要给予正确的评价,总结经验和教训,找出成功与失败的原因,也是探讨改革规律的一条重要途径。

护理专业课程的变化与革新集中体现在,曾经认可的某些行为目标,经过长期的实践过程,现在已开始放弃。并且在开展继续评价课程、经验学习、护理程序、护理模式及计算机辅助教学等方面取得了重大进展。在临床护理、护理教育、课程设置、课程效果等方面也进行了质量评价,这些对护理课程的革新产生了重大影响。

护理专业课程的变化与革新的速率、规模、程度、连续性和方向都有其显著的特点。课程变化与革新的速率,不可能再像以前常见的那样缓慢,而是经过一个稳定的时期,以快速为特点;课程变革的规模,其大小很难进行监测,有时会影响到所有的护理学校,如政策的影响,有时只涉及某些护理学校;课程变革的程度,在根本与表浅的范围间波动。有时并没有引起深部的变化,往往只局限于变革的表面;课程变革的连续性一直倾向于渐进性的变化方式;课程变革的方向也从永久性的线性变为暂时性的环形。

一、影响课程变化及革新的因素

（一）护理教育领导者的作用

护理教育领导者在课程革新方面占有重要的地位,因为他们拥有决策权力,而且对机构也有全面了解。其作用不仅限于行政管理和现有系统的有效运转,而且还涉及新观点及新政策的革新。护理教育领导者的领导方式、决策形式,将对课程变化和革新,以及对整个学院的风气产生深远的影响。

护理教育领导者的决策形式基本上包括以下四种。

1."宣布"决定 无论重要或不重要的决定都是由领导自己做出决定后,再传达给大家。

2."推销"决定 领导者做出决定,并努力说服他人采纳这个决定,以获得大家支持。

3."磋商"决定 领导者向有关人员征求意见,最终仍由领导者负责做出决定。

4."参与"决定 领导者允许其他人员参与决定过程,并且接受共同做出的决定。

"宣布"决定和"推销"决定,这两种形式可能导致下属成员的同意,但如果下属成员认为决定仅仅是单方面强加于他们的时候,他们的同意就有可能仅停留于表面。"磋商"决定,这种决策形式最常见,因为它有明确的责任界线。"参与"决定,这种决策形式被认为是民主的,大多数议题和决定通过投票表决形式来确定。需要强调指出的是通常出现的同意,实际上意味着某种中立,中间立场,或者是一种妥协,这种情况一般不会促进创造性革新。

(二)学院风气

各个护理学院的风气差别很大,有些学院的风气活跃,充满热情和新观念,而另外一些护理学院则风气保守,仅仅维持一种传统性的现状。课程革新更可能发生在那些不过分强调等级权力的学院,因为那些学院强调自治。

一个健康的机构有以下几个特点。

1. 目标集中　机构的每个成员都清楚目标,并接受目标。
2. 适当的交流　通过交流,信息可以被广泛地传播。
3. 最佳的权力利用　很好地应用权力,权力分布均等,不存在特权,下属的意见可以反映到高层次的领导者中去。
4. 资源利用　资源被充分有效地利用,特别是人力资源。
5. 凝聚力　成员之间存在共同一致的意志,内部团结。
6. 士气　成员有自我满足感,对机构没有抱怨。
7. 革新性　为了新的目标采取行动,并创造新的程序。
8. 自治　机构有相对的自治性,不受外界的影响。
9. 适应　机构也是不断适应新的形势,从而满足新的需要。
10. 有效地解决问题　有效而系统地处理问题。

学院的风气受学院领导的行为、领导与下属的关系以及下属的行为等因素的影响。从开放型到封闭型学院风气的连续谱见图3-13。

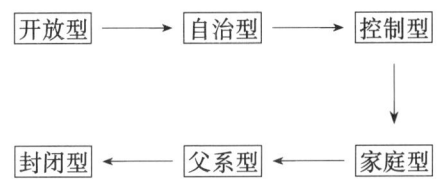

图3-13　从开放型到封闭型"风气"的连续谱图示

1. 开放型　领导者勤奋、灵活,在必要的时候制定条例和目标,领导者的监督并不十分严密,把下属成员的需要看得很重要,机构成员士气高昂,人际关系良好。
2. 自治型　领导者的开放意识不明显,允许机构成员有较多自治,但是提供自治的领导者缺少积极性。机构成员的需要并不能很好地被满足,不过成员们具有一种责任感。
3. 控制型　领导者使机构成员工作得很辛苦,而且进行独裁统治,很少顾及成员们是否感到满意。成员们对此有抱怨,不过成员们仍有一种责任感。
4. 家庭型　领导者给予非常少的决策,为机构成员创造一个愉快的气氛,但成员们通常士气低落,缺乏进取的目标。
5. 父系型　领导者对机构成员的影响很小,机构成员把领导者的领导方式看做是对其工作的干涉,成员们虽然进行工作,但取得的成绩很少。
6. 封闭型　领导者对机构成员表现为疏远和冷漠,不给予任何指导,成员没有个人兴趣,也不具备任何责任感。

此外,影响课程变化及革新的因素还包括:社会健康需求、健康资源与服务、经济发展、专业任务、教师价值观、教师能力、学生特点以及财政支持等。

二、课程变化和革新的方针

(一)课程改革的一般过程

课程改革的一般过程是:由专家学者和课程理论家组成课程设计小组,通过对具体的课程问题如一门学科现存的问题和应该达到的标准等进行调查研究,提出一套解决的办法,从这些解决办法中产生出新的课程计划或方案,然后把这些方案拿到学校中去实验,经修改后,向全国推广。

在英国,大多数课程方案的制定和推广也都大体遵循这个过程。因此有人称这种课程改革方法为"研制推广"法。也就是说,在这种方法中,研究(research)、设置(development)和"推广"(diffusion)是此过程的三个主要阶段,简称为"RDD"战略。

(二)课程革新的策略

Hoyle(1976)确定了三种课程革新的策略。

1. 策略A 由权力较大的机构进行课程革新,革新的目标主要是指教育结构内部,交流是单向的,即从权威部门到职业实践者。

2. 策略B 革新的目标是教师集体的态度、价值观和意见。交流是双向的,即在专家和实践者之间进行,但是属于非指导性的。

3. 策略C 革新的目标是单纯变革课程,能够取得专家的支持,交流是单向的,常常由有关课程革新的讲座、书籍及录像组成。

一个领导者也可以利用自己的权力引进革新方案,但这种方式也存在一些弱点。例如容易引起教师内部间的分歧,现实中课程的革新方案往往由教师去执行,所以促进教师间的合作是很必要的。如果课程的变革是由机构的内部开始进行的话,这样的变革方案便更容易被接受。又如课程的变革若从分析课程开始,通过课程研究人员对课程的深入分析,课程变革的目标是为了减低教师的工作量或者强调教师们所要求的事情,则这样的变革更容易为教师所接受。

课程革新过程中的关键性步骤,是组织教师进行集体讨论,这需要花费足够的时间,让教师充分发表自己的观点并提出问题。集体讨论可以在护理学院以外的场所进行,这样可以使教师摆脱传统的角色,更充分自由地表现自己。阻碍课程变革的因素,主要是来自传统的规范,有些新参加工作的护理教师,最初几乎充满了热切的变革愿望,一旦进入实际工作一年后,在传统的规范束缚下,大多数人已丧失了变革的愿望。

(三)促进课程变革的方针政策

一些教育学家为了促进课程变革的成功,提出了以下六条方针。

1. 努力与机构内的支持力量合作,而且避免与阻碍变革的力量作对。
2. 组织一支能够自我激励的变革同盟军。
3. 与机构内部的积极因素合作,避免与机构内部的消极因素合作。
4. 保证与变革小组合作的人员参与,并使参与者拥有自由和权力完成指定的变革。
5. 努力促使课程变革小组的人员参与变革项目。
6. 努力使课程变革小组的合作人员免受不必要的压力和紧张。

一个成功的课程变革者,自身需要具备良好的人际交流技巧,但如果为了变革的需要,也应做好思想准备,因为变革也可能会遭到大家的反对。改革者要允许教师们参与某些关于变革的决定,并随时准备回答教师们提出的疑问。改革者需要有坚定的信念,并努力把变革思想付诸实践。改革者必须脚踏实地工作,不要陷入机构内部的琐事之中。同时,改革者的角色,是要对全局有总体设想,以保证变革的顺利进行。

三、课程革新后的推广

新的课程方案一经产生,接下来的任务就是要把它拿到某些学校中去实验。但在大规模的课程改革中,人们发现,往往会产生这样的问题:这些新的课程方案在小样本实验中是成功的,然而把它们用于全国范围,这种成功性往往就不明显了。这样的实例举不胜举。为了使这种"论证式实验"真正起到论证的作用,从而在把新的课程方案向全国推广时不致出现矛盾,就必须采取一些相应的措施。为此,美国学者(A. Gartner)提出了以下几条建议。

1. 制定时间表 在推广课程时,有必要对新课程方案所要达到的目的和目标做出详细的、清楚的说明,并拟定一个切实可行的时间表,包括如何达到这些目的和目标的具体时间安排。

2. 推广计划 对新课程的推广做出计划,并按阶段完成,不要企图把新的方案立即带到大系统中进行实践,而是应该从实验验证开始,一步一步地,细心地逐渐向大范围过渡。

3. 建立实验基地 应建立一个实验基地,这个基地拥有充分的资金和设备。在这个基地中充分发展新课程,同时训练有关人员,并通过会议、新闻报道等手段迅速地向外界传播它的实验结果。更为重要的是,要在这些基地中培训那些来自其他系统的人员,以使这些人员回去能将实验基地的方案带到各自的系统中去推广。

4. 大造舆论 在实施课程改革方案时,应大造舆论。对新的课程方案的重要性和价值给予宣传,甚至允许宣传得比预期的结果更好一些,从而获得公众的注意和支持。

5. 培训干部 在执行大规模课程方案过程中,一个极其重要的事情是要训练干部。这项训练既可以在训练基地进行,也可以在工作地点进行,这些干部包括学校校长、行政人员、教师以及该方案的监导人员。

四、生物—心理—社会医学模式对护理教育变革的影响

回顾过去,护理是以生物医学模式为基础的,这种模式以疾病为中心,并没有考虑社会及心理因素对健康的影响。随着科学的发展,健康观念的转变,生物医学模式已越来越不能满足人们的健康需要。

我们可以举一临床病例说明,一个患有心肌梗死的病人,入院治疗后恢复了健康,从生物医学模式来说,病人的护理问题已经结束,病人除了需要定期检查外,并不需要特殊的护理。但是人们可以想象,他的问题只是刚刚开始,病人的工作需要消耗大量的精力,病人处于这种应激状态,可致使心肌梗死复发。如果病人选择退休,他可能会面临另一个问题:他怎样适应收入减少后的生活方式?很显然,病人必须改变他已长期适应的从前的生活方式。从个人方面,病人开始形成一种不健康的自我概念,会更加依赖于他的家属,或者病人将变得更加以自我为中心,结果导致家庭内部及婚姻关系紧张。

病人在以生物医学模式为中心的护理中得不到整体性帮助,然而以生物—心理—社会医学模式为中心的护理则可以为患者提供全面的帮助。生物—心理—社会医学模式包括许多学科,如心理学、社会学和人类学,这些学科能为病人的健康问题提供整体的解决方法。这些方法是把不同专业的知识和不同学科的问题模式结合在一起,可以为病人提供有关健康的帮助及建议。研究结果显示,大约40%的住院病人并不遵照医嘱,心理学家认为可以通过发

展健康信念模式帮助病人注意到原因所在，这个模式认为只有病人具备关于健康和动机的基本知识，再加上一系列有关健康的信念后，病人才会接受某些形式的健康行为。

从以上的讨论中，我们可以了解到生物—心理—社会医学模式对我们护理课程的变革具有重要的意义。如果护理学院采纳这一模式，就应开设该模式所涉及的相关课程：如人类学、社会学和心理学等课程。但是也存在着这样一个问题，是由护理专业教师担任这些课程的教学？还是请一些这样的课程专家来教授？如果我们请人类学、社会学及心理学的专家来教授这些课程内容，也会引起一些问题，例如他们缺乏对护理学的认识及与护理相关的理论，他们的教授常常不能结合护理专业的学科特点。因此这个问题仍有待于进一步研究和讨论。

生物—心理—社会模式为护理教育提供了振奋人心的前景，它把护理教育从传统的生物医学模式中解放出来。现代护理需要护士为病人提供生理、心理、社会广泛内容的护理，更有效地运用整体护理于护理实践中。

（陆　虹）

第四章 教学方法与技巧

教学方法是师生为完成一定教学任务所采用的活动方式。在教学过程中,教学内容的展开,智力活动及操作技能训练,总要采用一定的方式/技巧,不同的方式或不同的技巧及其不同的排列组合,便形成不同的教学方法。教师借助各种教学方法能够帮助学生掌握知识、技能和技巧,提高发展学生的认知能力。

教学方法不仅受教学目的和教学内容的制约,同时还受到社会生产力发展水平的制约,也就是受一定社会时代的教学目标及内容的制约。例如,在我国封建社会,教育的目的是为地主阶级培养臣仆,学校中的教学内容是四书五经,与此相应所采取的教学方法则是脱离实际的呆读死记,机械背诵。当今社会正处于信息瞬息万变,科技迅猛发展的时代,要求人们更新知识的速度加快,在教学活动中出现了多种辅助手段以适应时代的需要。目前的教育目的在于为国家培养各种各样适应新世纪国民经济发展需要的高素质人才,如科学研究人才、管理人才、文体人才、商业服务及医护人才等,教学内容也涉及自然科学、社会科学、人文科学等诸多方面,教学的指导思想则提倡探索性方法,注重调动学生的主观能动性,变被动学习为主动学习,进一步发展学生的评判性思维活动,增强学生的创造性和自主能力。

普通学校的教学方法有讲授、演示、实验、课堂练习、课外练习等。护理教育作为一种包括成人教育在内的多层次多轨道的教育,教学方法亦为多样,如课堂讲授法、小组教学法、经验学习法、以问题为基础的教学方法、个别辅导、开放式学习、咨询等。每一种教学方法都有其不同的特点。下面我们就最常用的一些教学方法进行介绍,以使大家理解,供选择使用。

第一节 课堂讲授法

一、讲授法的特点

讲授法是广泛应用于各种教育系统的主要教学方法,护理教育也不例外,人们可以从护理专业教学进度表上发现,大部分的教学活动是通过讲授法完成的。讲授是指教师运用语言向学生系统而连贯地传授科学文化知识的方法。

在早期,由于没有更多更好的材料供大家学习使用,所以专家们都通过"讲"来解决传授知识的问题。学生能"读"的也只是"笔记"上的内容,看不到别的资料。现代社会有了各种各样的学习工具,所以很少单独使用或依赖几千年以前的方法了。尽管如此,讲授法在教学史上仍经久不衰,其最大的优点就在于能用较短的时间传递较丰富的知识,容量大,效率高。要想证实一些信息,要说明或宣传一种观点,要想让学生理解这些观点之间的联系以及复杂性等等,通常都要借助于讲授法。这也是教师最基本的一种方法和基本功。尤其当学生人数多,讲授内容丰富,时间又紧短的情况下,讲授法尤为重要。讲授法作为一种很重要的教学手段,与其他方法相比较具有其独特的性能。有关讲授法的特点,Blign(1972)和 Brown(1978)等人对此进行了文献回顾,归纳如下。

1. 目标　讲授法在传授知识方面与其他方法一样有效，但在促进学生的思维能力和改变态度方面却不如其他方法。

2. 强迫性参加　在教学活动中可以发现，那些不参加听课的学生，其考试或测验的成绩要比参加听课的同学差。

3. 时间安排　实验结果提示，大约在讲授开始 20 分钟后听众的注意力开始逐渐下降，所吸收的内容及笔记的信息量也开始减少，而且上午授课似乎比下午授课更有利于知识的记忆，但这对于"夜晚型"的学生来说不利，因为他们生理的最清醒状态是在下午 3 时至午夜期间。

4. 回忆信息　从回忆信息的角度看，讲授法相对其他方法差，调查结果表明一周后这种回忆将降至 20%。

5. 讲授　讲授的过程是最关键的部分，讲授速度主要与材料的难易程度有关。

讲授作为一种主要的教学手段，与其他方法相比，具有其独特的优缺点。对此有多种说法，现总结如表 4-1。

值得注意的是，师生双方都需要多样化的教学。事实上教师们无形中已经采用了多种教学技巧充实于讲授法中，单纯的讲授已经不多了。因此，为了理想的教学效果，我们主张采用多样化的教学手段。在采用讲授法时切忌冗长、乏味、缺乏条理性的做法。经过认真计划和充分准备后，教师采用讲授法能够讲出高水平的课，同样为学生所喜爱，也能收到理想的效果，同样可以达到预期目标。

二、制定讲授计划的过程

讲授法适用于传授现成的或是其他材料中已经被证实的知识，生理学和解剖学就是最早应用讲授法的例子。正因如此，讲授便成为传播某种特定题目的常用手段。所以，教师在制定讲授计划前，需要问自己一个问题：讲授法是否是教授这一题目的最佳方式？如果是，接下来就可以考虑下列与计划有关的因素。

表 4-1　讲授法的优点与缺点

	内　　容
优　点	1. 一个教师能与许多学生交流 2. 介绍新课题 3. 介绍课本里没有的新知识 4. 教师把题材系统化后讲授给学生 5. 给学生一个对方能建立的框架 6. 优美生动的讲授能提高学生的主观能动性
缺　点	1. 讲授不能照顾个别学生的需要 2. 讲授的进度不一定适合所有学生 3. 教师可能会存在明显偏好 4. 学生在很大程度上是被动的 5. 学生得到的是"第二手"资料 6. 学生的注意力逐渐减弱

（一）影响讲授计划的因素

1．学生因素　学生所学的课程类型是需要考虑的首要因素。护理专业课程的内容不仅限于"注册"护士考试的内容，各阶段的课程都具有相当水平的专业理论和实践技能。此外，学生的教育背景也是不容忽视的因素，在多层次多轨道的护理专业教育中，包括部分成人教育以及在职护士的继续教育，这样，学生对每节课所需要的知识也不尽相同。同时，在受教育的学员中，有些学生可能还不具备任何正式资格，而另一些却已具有相当水平的证书，在这种情况下，对教师而言，只能把目标定在中点，因为要使讲授适合于每一个学生是件很困难的事。对那些处于两个极端的学生则需要配合个体化的指导，以保持其学习热情促进其长进。学习班的规模也将影响计划的类型，例如，在一次讲授中，试图给一大群学生安排活动是很困难的。

2．题材因素　所选题材的培养目标对讲授计划将会产生极为深远的影响。如果确定题材目标主要是与学习精神运动技能或是态度的改变有关，则讲授法就不是这些题材的最好教学方法。但是，在学生进行实践之前给他们演示精神运动技能或是在小组讨论之前先介绍病案或某一特定问题时，仍然可以采用讲授法。

3．环境因素　环境因素对讲授计划有一个实践性的约束。因为环境因素不仅仅包括视听教材、黑板等教学辅助用品，也包括学习场所等因素在内。

4．心理因素　在制定讲授计划时，需要考虑许多心理因素。讲授内容的组织要有逻辑性、富有意义。讲授顺序的安排应从简单到复杂、从具体到抽象、从已知到未知。在讲授过程要不断地改变活动方式并注意给学生一定的刺激，以保证听讲者的注意力不致很快下降。在讲授结束时要进行重点内容的重复，使学生能够多次接触某一信息，起到举一反三的作用，这样，学生在讲授结束后的一段时间内还能保持信息记忆。此外，师生间的关系也会直接影响授课计划和授课效果，因此教师要注意建立良好的师生关系，以促进授课计划的实施过程。

（二）课堂计划

在考虑了影响讲授计划的诸多因素之后，就可以着手准备一份课堂计划。每一节课都要有课堂计划，只有经过认真充分的准备，才能把课程重点及要素考虑周全，方能收到预想的学习效果。课堂计划的基本形式适用于各种形式的教学活动，所以不是授课计划，也不同于"教师的备课笔记"。备课笔记是用于提醒教师本人在讲课时要注意的某些细节。教师在没有备课笔记的情况下进行讲课是有可能的，因为教师可以依靠题材的类型与自己的经验水平来进行授课活动。但是没有课堂计划的讲授则是不允许的，因为这种做法不仅缺乏创造性，而且会令学生乏味，教学效果也会不尽如人意。

在此，给大家介绍一份英国的课堂计划范例（表4-2），可用于各种教学形式，供大家参考。在标有"顺序"的一栏中写主要标题，因为具体内容已包含在教师的备课笔记中。"活动"一栏是对讲授过程中教师与学生相互作用及活动总量的指导计划，其中也包括一些要用到的学习方法。"时间"一栏仅是一个大致的指导，不应过分严格规定，要有一定弹性。课堂计划需要一定的灵活性，以便于对难点的理解和处理其他未预料到的情况。

表 4-2　课堂计划范例

题目：		日期：
		时间：
教学方法：		地点：

学 生 具 体 情 况

1. 听课人数：
2. 课程类型：
3. 教育水平：
4. 过去的经验：

教室安排	学习方法

评 估 形 式

上课期间：	上课结束后：

课 堂 目 标

活 动 计 划

时　间	顺　序	活　动	
		教　师	学　生

课堂的自我评估：

　　有些教育家认为，一个教师无论有多么丰富的教学经验，都应当使用备课笔记，否则很容易忘记讲授的重点。对一个刚获得教师资格的人而言，把他所要讲的内容一字一句全记下来是很有必要的，但要尽量避免照本宣科的刻板倾向，把讲授变成大声朗读的做法会使讲授者容易忘记自己的角色。所以，讲授者为了防止忽略任何细节，不妨只写下所有的主标题及副标题，包括课堂上计划采用的合适例子，这样做的效果可能会好一些。

　　也有一些教师不喜欢用备课笔记，而喜欢把主要标题写在投影胶片上，用来激发自己对题材的记忆。在考虑讲授顺序的设计时，有许多方法可被采用。通常，第一步是制作一个概念图，显示授课题目与有关概念的关系。内容确定后，就可以选择一个适合于讲授顺序的方案。例如一次讲授内容由许多大标题组成，在大标题之下再细分为若干副标题。或者侧重于两个概念的比较，也可以提出问题并列出可能的解决方案。

(三) 解释计划

课堂计划定好以后，教师还需要花费相当的时间进行解释。Brown 和 Armstrong（1984）认为在作解释时，首先把题目分解成几个主要部分或关键点，然后确定它们之间的关系，包括可能涉及的各种法规。特殊形式的解释，不仅要求明确，而且要与课堂计划密切相关。他们发现效果好的解释除包括许多关键点和不同认知水平的重点外，还包括实例的应用，视觉教材的使用以及必要的修辞方法等。也就是说，在学习过程中教师对学生要有不同的要求，尤其是比较高的认知水平的要求。

下面介绍一例解释计划的设计程序，按 Brown（1978）提出的步骤进行：第一步是把所要解释的内容用问题的形式陈述出来；第二步通过陈述问题各个部分之间的关系而试图识别出这中间隐含的变量，从表 4-3 中可以看出，解释所需要的陈述并不限于所列出的四点，因为有一个隐含的变量即胆结石并不一定会引起黄疸这一事实；第三步列出解释的要点，这些要点就是第四步中需要进行陈述的关键性内容。前面已经提过，每一个要点均需要有一些实例来阐明，同时也需要详细描述并适当加以限定。例如，在表 4-3 第四步的（c）句中，教师可能会举例说明什么样的人易患胆石症，正像有人总结的"40 岁以上、肥胖、多生育的女性易患胆石症"。解释计划设计完成之后，接下来就是要设法与课堂计划相结合，着手对内容进行一次引人入胜的介绍。

表 4-3　一例解释计划的设计程序

第一步	陈述所要解释的内容：胆结石如何引起黄疸
第二步	寻找隐含的变量： 　　胆总管通过胆囊把胆汁从肝运送至肠道 　　胆汁运行受阻则引起黄疸 　　结石阻塞胆总管 　　胆结石引起黄疸 这其中隐含的变量为"胆结石并不一定会引起黄疸"。因此，通过解释一定要弄明白在什么样的情况下胆结石才会引起黄疸
第三步	陈述重点： 　　胆汁的分泌 　　储存及运送 　　胆结石的形成 　　胆石的移动 　　胆汁流动受阻的原因
第四步	设计好每个"关键点"： （a）胆汁由肝细胞分泌，通过肝内胆管和胆囊管运送至胆囊 （b）胆汁在胆囊内储存和浓缩，并在胆囊收缩时释放出来，通过胆囊管和胆总管的蠕动而运送至小肠 （c）在某些人体中，胆结石是由于胆汁成分淤积而形成。例如，在胆囊中的胆囊结石 （d）小的胆囊结石可在胆囊收缩时排出，通过蠕动而进入胆总管，致使管腔狭窄 （e）管腔狭窄引起胆汁流动受阻，肝后负荷增加 （f）肝后负荷的增加最终会导致胆汁进入血液，引起血清胆红素升高，皮肤、黏膜颜色改变，即出现黄疸
第五步	略
第六步	略

三、讲授过程

周密的计划是讲授全过程中一个重要的部分。但一份周全的计划并不意味着就能很好地进行讲授。讲授者在讲授过程还需要多方面的能力，例如语言的表达技巧、思维的清晰性、讲授内容的趣味性、演讲者的热情和自信等等。语言表达是指教师在讲授或其他形式的教学活动中的讲话方式，这些讲话方式又可细分为一些模式，最常见的有陈述事实、将资料进行定义和分类、提问和回答问题、作解释、对比知识、评估材料等。

讲授的目的是与听众交流信息，其主要媒介就是讲授者的声音。一些新的护士教师一想到自己要面对许多听众，担心自己知识不够用，或是忘记要讲的内容而显得紧张。假定一位讲授者在某种程度上，他的知识水平远比听众高的情况下，也会使他在面对众多听众时感到无助。然而，对一个新的护士教师而言，重要的是他要相信自己有权利面对学生站在讲台上，这种权利来自于他多年的临床实践。

四、增进讲授效果的措施

教育家认为：讲授不等于注入，讲授法与灌输法之间没有必然的联系，造成学生被动学习的原因是使用者而不在于讲授法本身。事实上，系统化连贯地讲授，本身就蕴含着一定的知识结构，经过学生们思维加工的过程，可以形成或改造学生的原有知识结构，而且讲授的"语言流"中的逻辑性，能启发学生的思路，讲授中的布疑、设问或解决问题的过程展示，均可激发学生思考或给学生以示范、启示。讲授中的论证推导过程也有助于学生掌握科学的思维方法。教师在讲授中所体现的思想、观点，所流露的情感对学生有潜移默化的影响。下面介绍一些能增进讲授效果的措施，供教师参考。

（一）讲授的内容

要具有高度科学性和思想性。每次讲授的内容必须充实且有系统，所讲的内容应该属于基本的具有指导性（方法性）的系统知识。对于高等院校，尤其是高年级的学生，要注意及时补充科研新成果，介绍科研动态，补充新信息，促使开拓学生的评判性思维。也就是说，教师所讲授的知识要少而精，强调基础性、原则性、关键性的必要知识，突出重点，解析难点。教师要把注意力集中在如何启迪和发展学生智能的潜力上。

（二）讲授者的语言

讲授是借助语言进行的，从这种意义上讲，讲授的艺术就是语言的艺术，讲授的效果很大程度上取决于语言，并强调语言清晰、生动、简练、准确。心理学研究证明：讲授语言的清晰度与学生的学习效果呈正相关。

除语言清晰度外，速度、音量适中也很重要，过快、过慢、过高、过低的音调都不合适。音量或音响有赖于空气撞击声带的强度，音调由声带的长度、厚度及张力决定。前两个因素受喉的大小影响，例如，小孩的喉小，声带短，发出的音调高，而成年男性的喉大、声带长，发出的音调低，即深沉的声音。在神经性紧张时将产生高音调。

讲授过程合理应用声音特别是辅音，可以保证声音清晰，使坐在教室最后面的听众都能听到。最简单而有效的方法是讲授者站直身体，从肺部发出声音，这样要比直接从喉内发出声音的效果好。在讲授过程中，要注意仔细观察听众的面部表情，并进行非语言性交流，尤其要获得最后一排听众是否听清的反馈信息。

（三）学习环境

讲授的课堂环境要求安静、清洁、明亮、空气好、座位舒适、视线清楚、师生气氛和谐。为学生提供身心舒适的学习环境，才能保证授课的效果。

（四）教师的行为

无论何种讲授，教师都应当为学生提供一种具有心理安全感的氛围。如果教师给人的印象是和蔼可亲的，同时又富有幽默感，则他的讲课将会是充满活力给人以振奋。事实证明，教师的兴趣和热情为学生所推崇，教师的行为直接影响讲授的效果。教师可以运用语言进行强调，也可以用无声的手势来说明某些含意，将各种行为结合使用，会使得讲授更为生动。

M.Argyle 已证明非语言性交流在社交活动中的重要性。学生在课堂上无声的暗示，如吃惊、迷惑、惊讶等行为，应该受到教师的重视，教师可以通过观察学生的面部表情，得到有关行为含义的反馈。同样，教师在讲授过程中也会发出非语言性信号，因此，作为一名教师，明白这些信号所代表的含义是很重要的。姿势在解释概念时可以起一定的作用，特别是对那些与空间关系有关的概念。而有些姿势如不停地摆弄粉笔表明注意力分散，点头则表示对某种行为的肯定。如果学生在讲话的时候，教师经常点头，就可以鼓励学生继续讲下去，尤其是当学生很害羞或是不敢讲话时，这无疑是一种很有效的方法。讲课时，与学生经常进行目光交流，也有助于表达兴趣和信心。但是要注意，这种眼神交流不能超过 10 秒钟，否则将会引起对方紧张而影响学生参与。

教师应该承认自己不可能熟知某一学科的全部内容，这种诚实也是教师应具备的一种品质，如果教师能承认自己的不足，就能提高他在学生心目中的形象。显然，如发现一位教师总在说："对不起，我不知道"时，她（他）确实应该好好充实自己的知识，否则将不能胜任教师职务了。

同样，每位教师要有自己的风格，如果一位教师试图把其他教师的优点都综合起来，则他自己所应具有的个性，也就所剩无几了。因此，教师要有自己的表达风格，不必按部就班，总要求与他人一样的方法，或成为某个理想的模型。当然，这并不意味着教师在讲授方法上可以忽略语言性讲述的规则，这些规则必须融合于个性框架及每个教师的自我风格之中。

（五）讲授的开始与结束

教师进入教室，在正式开始上课之前，花几分钟检查一下教学用具的准备情况，如幻灯投影仪是否打在屏幕的理想位置等，这一点很重要。讲课之前一切就绪，对学生来说是很有吸引力的。

开始讲授时常使没有经验的教师感到紧张，而一些已经有多年教学实践经验的教师，同样会感受到开始阶段的紧张。一些权威人士认为这种最初的高度觉醒状态是有益的，它可以把教师的表现推向"高潮"。但是，过度紧张和焦虑状态将会影响讲授的质量。在讲授伊始对其内容做一个概括性介绍，可以激发学生的兴趣并吸引其注意力。所以，采用一种生动活泼的开场白，可引人入胜，像观看演出一样，将学生带入一个新奇的境地。如可以先询问听众以前是否接触过有关的题目，以便讲授内容更贴切于听众。把讲授计划的顺序或提纲写在黑板上也是一种很好的方法，有助于保证学生跟上每一部分的进度。

讲授结束是另一个重要高潮。教师应当能安排一个理想的结束时机，而不是在突然询问"大家有什么问题"之后马上结束讲授。结束性总结可以让学生抓住重点，也可以通过口头提问有关重点问题或采用某种形式的测验进行。此外，还可以预告下次讲授的内容，指导学生进行课前预习。

（六）保持注意力

实验资料证明在讲授开始10~15分钟后，学生注意力会很快下降，所以要运用各种方法保持学生的注意力。许多资料表明，运用视觉教材是提高注意力的有效方法，尤其是色彩鲜明的幻灯片。在讲授中采用一种以小组为单位的"信息快速传递技巧"，是另一种提高学生兴趣和注意力的方法。将临近的4~6名学生划为一组，不需移动座位，只需与旁边或后面的同学用几分钟时间进行信息的快速传递，讨论有关讲授的内容，这样很快就能得到有关信息的反馈。

另一种提高注意力的方法是让学生在讲授过程中有2~3分钟休息时间，让他们伸展放松、活动一下。在讲授的最后采用不完全填空的形式测验学生，也可以增加学生对内容的注意力。

此外，还要注意讲授速度也是引起学生注意力下降的一个重要因素。通常是由于紧张而使讲授速度太快，教师要有意识地进行讲授速度的训练，在正式讲授之前进行练习，并注意形成个人惯用的语言格调。

（七）维持课堂纪律

纪律在教育领域中带有权威性含义，纪律问题则是教育领域中一个极为常见的问题。护理教育对象中有相当一部分是属于成人教育，学生已经是成熟的、自主的个体，具有自我教育的能动性。事实上，英、美许多教育工作者都发现，在所有教育领域中护理专业的学生是最合作、顺从的学生。但这种特点也致使学生过分地依从，或者说他们缺乏对传统护理教育体系提出挑战的勇气。

然而，也有人认为护士学生"难教"，产生这种看法的主要原因是护士教师经常遇到学生上课迟到的问题。几乎没有一个护士教师没碰到这类问题，通常也没有理想的办法来处理这类问题。有作者提出一条这样的"黄金原则"作为解决这个问题的准则，即不处罚上课迟到的学生，无论她迟到多少次。因为教师当众处罚迟到者的做法，不仅得不到多数学生的支持，反而会转移大家的注意力，不符合授课的真正目的，况且教师应当想到大多数学生是准时出席的，对待迟到者的最好办法是私下里找他（她）交流看法，共同寻找解决问题的办法。

另一种情况是学生在课堂上窃窃私语。这种情景常常令护士教师恼火，有些教师忍不住会指责学生"你在讲什么"。然而，如果教师知道学生多数情况下是在讨论有关讲授内容的问题，绝大多数的悄悄话不是闲聊时，情况也许就会好多了。许多资料表明，学生有时不同意教师的某些见解，又没有机会表达时，只好将自己的观点讲给邻近的同学听，这种做法往往会打断教师的思路，应该让学生知道，最好的做法是找个合适的时机与教师讨论自己的观点。

当然，要讲好一堂课，教师必须有周密的计划，课前的充分准备很重要，并十分熟悉讲课的内容，真正做到"讲"而不是"念稿"。作为一名教师还需要有适当的应变能力，及时根据学生在课堂中的反馈随时调整自己的计划，采用多种技巧，充分发挥讲授法的作用。

第二节 小组教学法

护理专业学生一旦进入专业学习阶段，他们便成为医院系统中各个部门的成员。医院是由许多部门组成的集体，如果将医院本身看做是一个组，则组成医院的各个部门就是许多亚小组；专业学习伊始，学生便要根据他们自己在医院各部门中的特殊位置进行判断，并建立许多关系，而这些关系对某些人来说可能将维持终生。临床分配为学生们提供了成为临床队伍成员的机会，在学习过程中究竟加入什么样的小组是他们学习生活中一个重要的因素。在社会心理学中，有许多关于"组"（group）的定义。一般强调"组"具有下述特性：共同的目标、相互依赖性、（小）组存在的共识、相互作用及有代表性的社会团体。

本节内容涉及教学的组别，尤其是小组的教学法。"小组"（small group）的概念，并不能简单地解释为所涉及学生人数的多寡，因为，很多讲座或一节课可能仅有 5~6 名学生参加；而且，缩小组的规模进行教学才是小组教学法的目的。英、美教育家认为，对于小组在功能方面的解释要比结构方面的解释更有意义。一个教学小组的功能就是强调以学生为中心；为达到交流思想和感情的目的，应使学生有机会同组内的其他成员进行面对面的相互交流，促使他们接受其他人观点的挑战；最终目标是要开阔学生们的知识领域。

一、小组的规模与性质

（一）组的规模

显然，组的大小会影响到组内成员间，特别是与组内各成员之间进行面对面相互交流的几率和效果。如果组内成员人数达到或超过 25 人，就很难实现各组成员之间的相互交流。为了达到相互交流的目的，必须将组再进一步划分为亚组。在进行教学时，组的大小尚有其他意义；组的规模愈大，每个成员为组所做出的贡献会愈小。请看一个典型的例子：有一个进行一小时活动的小组，共有 30 名学生，每个学生可能对组内做出最大贡献的时间是 2 分钟；如果这个组仅有 10 名学生，则每个学生可能对组内做出最大贡献的时间就变成了 6 分钟。设想，如果所有同学的贡献不同，则很可能有些同学本应在某个方面得到自我发展，却因重复别人的工作而浪费了时间。F.M.Quinn 指出，上述时间安排还不包括来自教师的灌输，教师涉及愈多，学生参与的机会也就愈少。

（二）组的性质

在教学小组中，识别教学组和临床治疗组各自的特点是很重要的。前者的基本目标是学习特殊设置的课程，而后者则与帮助组内学员在治疗环境下得到锻炼有关。因为管理部门很可能会不适当地把教学组安排成一种治疗角色，所以护理教师必须了解上述差别。就英、美当前教育情况看，精神病护理中的很多同仁均已注意到上述概念，把促进个人的成熟和治疗看做是教育的重要方面。英国的一些护理教育家认为，应该将治疗组应用性课程的学习过程视为一种锻炼、培养操作技能的手段；同时，又不应把教学组看做是治疗组的同义词，因为那样做就可能使学习组的课程内容偏离其主要目标。因为护理学是一门实践性很强的学科，所以，如果教学组在治疗技术方面缺乏必要的训练，也是相当危险的。因此，对指导教师而言，最合理的课程安排是结合教学目标，为选择治疗组经验的学生提供适当的实践机会。

二、小组教学环境

前已述及,组的规模可影响个人参与的程度及其对组的贡献大小。组的规模大小是小组教学环境的重要因素之一。除组的规模外,小组所处的物理环境、组内的心理环境同样是影响教学效果的重要因素。

(一)物理环境

众所周知,学习环境将直接影响教学效果。理想的小组学习场所应该在条件允许的情况下,尽可能做到使组内气氛愉快、环境舒适。如果为学员指定专门房间作为讨论室,学生们就会将民主参与和平等与这种愉快、舒适的环境联系在一起,这对学习者是十分有益的。另外,如何安排座位与课桌也是实现物理环境舒适的重要因素之一。有人认为,小组教学中最好的形式是使学生在没有课桌的情况下坐在一起,这样会使组内产生一种相互联系的气氛。然而,在某些情况下,学生们则希望拥有一个桌面,以便于他们记录,特别是当一个小组执行一项需要"写"的工作时更是如此。一般指导原则是:无论使用课桌与否,都必须确保包括指导教师在内的每一个成员感到舒适、便利。采用小组教学法时,通常不主张安排课桌,使所有学生围坐成圆圈;指导教师则背靠一面墙,面对组内全体学生。这种不对称的形式可以使每位学生与指导教师之间的间隔差距明显缩小,以防削弱组的效果。有多种座位安排方案可用于组内教学活动,常见的几种见图4-1。

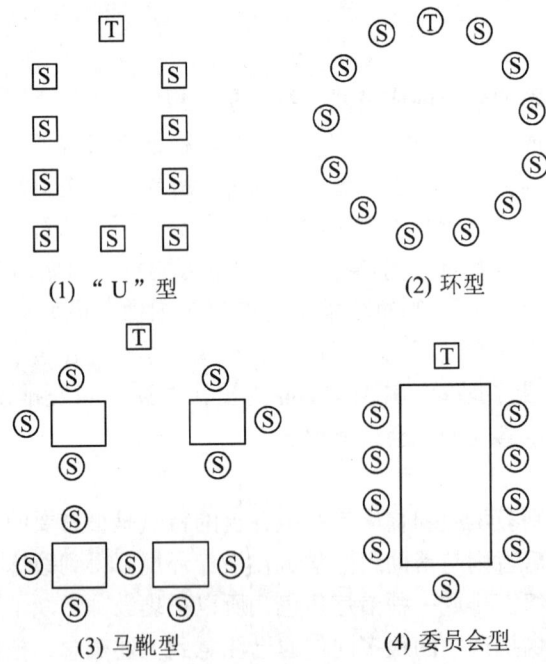

图4-1 小组教学座次安排示意图
T:教师 S:学生

不同类型的座位安排方案适用于不同形式的教学活动。当指导教师引导学生进行课堂讨论时,"U"型座位方案是较理想的一种,因为这种座位形式,不仅可使教师清楚地看到每位学生,而且也便于学员们观看教师演示的各种示教活动,有利于学生与教师之间的信息交流与沟通，无论有无课桌，环型安排方案均可使全组成员在传递信息时产生同等地位的感觉，民主气氛浓厚，有利于调动全体组员的积极性。特别是仅有椅子而无课桌时，感觉尤其亲切，即使小组人数较多时彼此间也能产生亲密接触的感觉。"马靴"型座位安排方案的意思是，每三个学生按"马蹄"形围一课桌而坐，再由这些"马蹄"形坐次安排成一个马靴（图4-1)，这种座位安排方式为将较大型的组重新划分小组提供了有效的手段。马靴型方案可确保每个学生在整个教学阶段始终都能直接面对指导教师；同时每个马蹄形小组又均可就各自题目或问题进行独立工作。马靴形安排方案具有节约空间的优点，在不能围成大圆圈时尤其适用。"委员会"安排座位方案是使成员围绕中心的大型桌面就坐，这种形式最适合人数较少的工作组或社团进行极为正式的讨论时使用。在委员会安排座位方案中，尽管每个成员均可与组内其他成员进行眼的接触，便于扩大交流，但桌子的形状及成员与桌子的相对位置可显示成员不同的角色或地位，因此需根据相互间反应的需求作适当变换。桌子形状不同，其功能差异很大。一个长方形桌面的两端会很自然地被当作"头"，坐在这个位置上的成员往往被看做是领导者或主席。与长方形桌面不同，圆形桌面就不会产生这种自然的权力性位置。两者的功能差异还在于：长方形桌面有边角，坐在这样位置上的学员似乎对讨论的贡献要少些；这是因为，当人们进行相互交流时，一般倾向于与坐在对称轴对侧面的人进行，长方形桌面的这种交流倾向比圆形安排要明显得多。

一般来说，学生们在各种课程中都愿意坐在同一习惯的位置上，一旦发现自己的习惯性位置被变动便会感到不习惯甚至不快；一位细心而有经验的老师会发现，当学生先于教师进入教室时，他们会将教师精心安排的位置又恢复到原来的摆法。这就是学生在座次方面所表达的感情色彩，也是一种动力定型作用，指导教师必须给以充分重视。重新安排座次前，教师需花费一定时间，适当解释为什么她（他）希望重新调整座位，使学生能通情达理地接受新的座位方案，这样做可鼓励学生积极做贡献。教师要避免事先不做任何解释而重新变动小组座位的做法，否则会引起一些不必要的烦恼事情发生。因为，各种年龄的学生都十分在意自己的座位安排，对任何不如意的变动都会表现得十分敏感。教育学家认为，在付诸行动之前同学生商讨，学生们一般是能够接受这种变动的。如果通过预先工作学生们仍对新的座位方案持抵触态度，聪明的办法是让其维持原来的坐法，但要在这节课的前期设法充分调动小组的积极性，促进学生间的相互交流。这样做会鼓励自然配对和运转，并为其后的课程打下良好基础。

（二）心理环境

除学习的环境条件外，学习者的心理环境也是影响教学效果的重要因素。在这方面，促进小组教学成功的最重要因素就是组内成员间的相互信赖。在护理教育中，小组成员经过一段时间共处后可以聚在一起共同完成任务。关键问题是要给小组一定时间和适当机会来发展个体之间的关系和相互信赖，这就意味着指导教师要避免过急或过早地向小组布置工作任务。指定工作任务前，指导教师要花费一定的时间来加强小组的凝聚力，这样，在没有个人冲突和竞争的情况下，整个小组就能有效地工作，前面所花费的时间也就会收到预期效果。毫不奇怪，在以教师为中心的教育体系中，尽管一组成员在全学年都定期地在一起聚会，但却叫不出组内其他成员的名字。事实上，有多种方式和技巧可促使小组成员之间彼此认识、相互交流。现将建立关系时的常用技巧列举如下。

1.配对练习 为实现组内最大限度的相互作用，可以采用配对练习，即要求组员尽可能选择一些原先他们并不认识或熟悉的人，以成对的形式进行连续交流。活动过程中，由每个成员花 2 分钟时间彼此介绍自己的情况；待两人相互认识、相互沟通后，再要求他们分别以同样方式去发展与另一学生的相互关系，交流信息，共同分享各自在原配对组员关系发展中所得到的帮助和启迪……，持续这种配对练习直至每个人分别与全组成员均进行过接触为止。彼此间陈述的内容可以是"我关于小组工作的体会"、"我在目前工作中存在的问题"等。

2. **滚雪球** 与配对练习时的原则一样，要求组员注意选择一些彼此不十分了解的成员配对。在本练习中，允许每个组员花 2 分钟时间陈述自己的信念，具体内容可以是关于当前护理专业领域有影响的主要论点。配对交流后，每对组员再加入到另一对中，通过两对组员间沟通信息相互融合，改进、丰富固有认识。然后，每 4 人一组再汇集到另外 4 人组中去，进一步讨论有关论点。这种过程使组的大小成倍地扩大，犹如滚雪球那样，直至全组成员汇聚在一起为止，故称滚雪球（snowballing）方式。

3. **模仿表演** 本技巧的特点是使两两学生选择自己特别喜爱的文学作品、剧本、电影或电视中的人物，并按他（她）自己所喜欢的内容进行表演。表演者必须向全组解释如此选择的理由，并花 2 分钟时间完成上述模拟表演，该技巧虽与学习交流无过多关系，但却是小组成员相互认识、识别的好方法。

此外，还可以通过组内的体育活动达到彼此间熟悉的目的。总之，教师们必须熟悉各种人际交往技巧，运用这些技巧促成组员间建立相互信赖的关系。当小组成员间彼此熟悉、相互信任时，即使学员的某些建议可能是错误的，他们也不至于因担心被讥笑而甘于沉默，在这种充满信赖和无拘束的情况下，学员们都能积极地为集体做出贡献。事实上，有些建议乍听起来似乎可笑，但却独具匠心，极富创造性。学员们可从这些创造性的建议中得到启发，从而诱导小组迈入新的阶段。如果一个小组具有相互信任的气氛，则每个成员都会因拥有心理安全感而更加集中其全部精力于学习之中，而不是为抵御小组内其他成员的攻击，耗费精力去构筑防御城池，并为此耗费大量时间。还有一种发展相互信任的重要方式，就是在每一部分课程结束时提供 5 分钟时间，让组员们讨论小组执行情况，进行小组自我评价。

三、小组的基本过程

无论小组的性质如何，了解有关小组的基本过程，并精通这些过程，将有助于护理教师理解教学小组内部发生的各种事件。在第二章有关内容中，曾对影响学习的社会因素作了某些评论，在分析小组动态时，必须牢记这些内容，树立正确的概念。在各种人群中，都存在一些被称之为社会角色的社会职务。比如，家庭中有称为"父"、"母"的角色，而护理教育中有"教师"和"学生"角色。每个人的一生中都会扮演很多角色，其中，有些角色是属于兼职的。例如一个护士学员，她可能同时又是一个女儿、妻子和母亲。另有一些角色则是先后连续的，如先是儿童，随后是青少年，进而是成人、老年人。区分社会中的归属角色（ascribed role）与塑造角色（achieved role）十分必要。前者如果没有或不经历艰难的工作过程是不可能转变的，例如性别、社会地位等；而后者通过个人努力是可以实现的，例如成为一个丈夫、工程师等等。第一角色或基本角色（primary role）是人们一直在扮演的，例如性角色、社会阶层角色等；而第二角色（secondary role）则与经济、知识及职业性质有关；第三角色（tertiary role）是在特殊场合下的一种偶然角色，例如"抢险救灾总指挥"、"巡回医疗队队长"等。在教学小组内，角色一般被区分为"领导人"、"代理人"、"评论家"和"演员"等类似的角色。

任何集体都有一定的准则，组亦然。对小组成员的要求，期待的行为及信念就是组的准则。这些准则有的是含蓄的，有的则是明确的。含蓄的或隐蔽的准则多指信念方面，明确的准则则是一些正式明确的行为角色，然而，"明确"与"含蓄"并非是一成不变的，有些尚存在争论，有些正在发生变化。例如，在护理中，有些关于方式或形式方面的明确准则，在目前其统一性正在被打破，而显示出愈来愈大的灵活性。准则就是全组的规则，这些规则适用于组内全体成员，执行时不应采用双重或多种标准。规则与准则均可被看做是外在的或者自然发生的。外在的规则产生于组外，例如，护理学院中一种新的护理教育指导者的规定就是一种外在的规则。自然发生的规则往往产生于组内，如选择一名主席；有时也可以产生于组外，例如一位护理教师为了指导一个小组而制定的规则。也就是说，组本身可以发展行为规范。而这些规范常常成为小组规则。

顺从小组观点的现象称为组的顺应性。这一规律近来受到广泛重视，被认为是小组过程中不可忽视的因素。Sherif（1935）曾通过视力幻觉测试时发生的"自动力学效应"来研究组的顺应性。研究人员要求组员在两种试验条件下判断黑暗中光点的运动量、先令一组组员作个体的独立判断，然后再汇合成一个组做集体判断；另一组成员则按相反方式进行，即首先由一个组做出决定，然后再单独进行判断。在两种实验条件下，所属个体的判断均受到"小组活动量法则"的影响。Asch（1956）采用另一个试验来研究组的顺应性，具体做法是：组员们坐在屏幕前，观看屏幕上的显示，待将三条线与一条标准线进行比较后，令他们大声说出哪条线与标准线一样长。结果发现，这些组员中只有一人能真实地提出自己的看法，其余组员均表现为趋炎附势，顺从实验者的提示给出了错误的判断。根据几次实验结果统计，大约有1/3组员由于忽视了他们自己眼睛所观察的证据，而顺从"组"的判断结果。以上两个实验研究证明，组的压力是顺从性的强有力因素。当然，Asch实验处理的是物理判断，而在正常社会交往中的相互作用，往往会涉及更多的社会判断，其中还存在有主观判断标准。

为什么组内成员要与组内多数人的判断结果相顺应？普遍的解释是，如果组员违背了"组的法则"，他们就会担心如果自己的意见或见解与所谓组的意见相悖，就会遭受到组内的反对；而若顺应"组的决定"就可能受到赞许或夸奖。也有人不同意上述观点。Eiser（1980）引证了几个研究结果证明：有时，少数人论点或见解也可以影响组内的多数人意见，致使少数派与多数派位置发生转化。事实上，每个个体都希望自己与组内大多数人有所区别；而且，如果个体在组的活动过程能提出有价值的新见解，并以此影响集体内部多数派的认识及观点，则这种转化就是一种革新或变革。这种变革可推动整体进步，应该受到赞赏及高度评价。

与全组做决定相关的现象除顺应性外，还有"危险转移"（risky shift）。Wallach和Kogan（1965）发现：当一个组面临危险，必须对其所采取的措施做出决定时常有一种倾向，即由组做出集体决定所导致的冒险性要比个人决定的冒险性更大，个人独立行动时会持更慎重的态度。这种现象部分原因可借助"责任散射"（diffusion of responsibility）来解释。责任散射中，个体对失败的责任是通过集体来承担的，从而致使他们减少或丧失个人的责任感。Latane和Darley（1968）曾研究过责任散射现象，每个应试者或单独，或与某些人一起坐在观察室内，在隔壁房间制造一个拥有紧急情况的刺激性环境，然后测定每个参加实验的应试者对这种紧急情况做出反应所需要的时间。在本实验中有四种情况：个体单独存在，与一个朋友，与一个陌生人，或与另一个实验者在一起。实验结果显示，每位个体在单独存在时要比有其他人在场时提出的反应措施多得多，应激时间短得多。在上述现象中，干预的责任感在两个人之间弥散。如果成员更多，则弥散程度更大，这就产生了抑制社会行为的效应。责任散射还可以被解释为所谓的"社会闲逛"（social loafing）现象。在一个组的群体中，个体成员对集体的单独贡献可能会减少，尤其在类似拍手、鼓掌或共推一辆小轿车，个人贡献不很容易被检测或觉察时更是如此。

这里引用责任散射及社会闲逛现象，仅为说明组内发生消极因素时的可能解释。小组活动方式对个体作用的发挥可起抑制作用，也可起强化作用，不能一概而论，究竟发生何种作用需视具体工作性质而定。例如，在有、无观众的情况下，个人演奏的效果是不同的，这被称之为"观众效应"（audience effect）；当一个人与其他人同时演奏时，所发生的效应称为"协力效应"（coaction effect）。协力效应在运动学中有很多例证，教练员帮助运动员完成运动训练计划就是典型例子之一。Bond 和 Titus（1983）回顾了大量社会强化研究文献，认为社会任务的复杂性是决定社会强化的重要因素。当从事简单任务时，其他人的存在对执行任务的速度和准确性具有强化效应，但在从事复杂任务时却起弱化作用。

一个人的能力有大小，她（他）对组的贡献可有不同。Tajfel（1978）认为，如果一个成员在组内不能为组提供贡献，在她（他）面前可有几种行为选择：他可以离开组，如果他的离去会给其他人带来压力，或直接阻碍成员间关系的发展，或其存在对组具有重要价值时，那就不能让他离开。换而言之，她（他）可以继续留在组内，但必须通过适当方法或途径改善其在组内的状况；或者他必须设法判断、发现组的不足之处，以图改进。有个例子可以帮助大家理解 Tajfel 的观点：在英国有一个受过正规培训的护士，在护理界服务多年。与数学、社会工作等其他职业比较后，她觉得护理已不再是她的理想选择了。但在找到理想工作岗位之前马上放弃现有的工作绝不是一种聪明的决定。相反，她可以参军，在部队中使护理本领更专业化，或进修律师课程，接受较高层次的教育，以完善自我。也就是说，她必须学会判断，认识现阶段社会需要标准与个人能力、义务之间存在的差距，通过适当形式的理论及实践学习，完善自己，以满足社会需要。

四、组内交流和相互作用

有两种不同类型的方法用于组内交流和相互作用，一种是实验性方法，即在控制条件下观察组内的交流方式；另一种是非实验性方法，即在通常条件下，观察组内自然发生的交流形式。前一种研究方法涉及少数执行同一工作任务的成员，他们分别具有一条为成功地完成这些工作所必要的信息，而后将所有的信息排列组合，从中寻找出最佳答案——看哪一种交流方式能使任务完成得更顺利。这些人被组织到图 4-2 所示的四种不同交流方式中。从图中可以看出，任一特殊个体要想与组内其余成员进行交流，必须从头走到尾。例如，在链式交流中，主题成员（1号）要想与5号交流，就必须通过中间三个人，分程传达他的信息。在环式交流中，主题成员（1号）可与个体2号及5号直接沟通；在"Y"式和车轮模式中，3号个体占据核心位置，故常常被认为是一个领导者。"Y"及车轮模式解决问题速度较快，但由于真正有趣的角色大部分由3号个体执行，因此外围成员体验到的满足感要比环式中的个体少得多。上述实验中提出的几种模式是基于特殊目的而建立的，还有些研究者观察了自然状态下组的相互间作用。

Lawrence（1986）认为，小组的产生、发展需经历"成型"、"冲突"、"规范"、"执行"和"联系"等过程。"成型"是指将个体委托给组，成为组的一个成员。"冲突"则是指组内

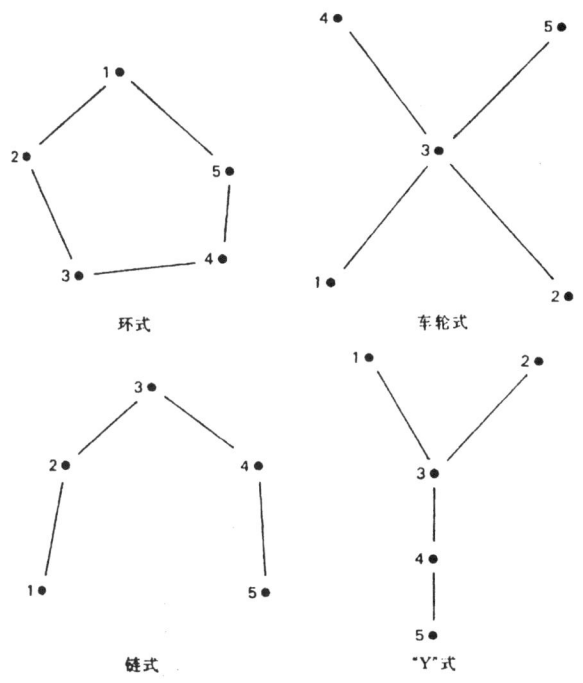

图 4-2 交流形式

矛盾冲突的阶段。"冲突"阶段之后是"规范",该阶段特点是相互作用与和睦关系的建立。"执行"阶段是为实现组的目标而经历的过程。最后"联系"阶段,在于发展与其他组进行交流的各种体系。

五、教学小组的目的与目标

小组教学的目的及目标主要包括下述四个关键性项目。

(一) 智力范畴

主要指对知识的回忆和认知。例如对某些专业术语的解释,解决问题,针对某一问题所进行的重要讲座,评论及逻辑性思维,检验假说,应用理论于实践等,均属本范畴内容。

(二) 情感范畴

指个体对某种现象的敏感性、洞察力以及受到某种现象的刺激而引起的反应。例如个人自信心的发展、对模棱两可情况的忍耐性、有关动机内容、态度变化等。

(三) 社会范畴

指社会地位、群体关系等内容。例如个人在群体中的地位,所在集体的凝聚力,服从别人的能力,对不同观点的忍耐性、独立性,师生关系是否融洽等。

(四) 表达范畴

指表达能力的发展、公众交谈技巧的发展、简捷表达论点的能力、着手进行讨论的能力等。可以看出,采用小组教学不仅可以交流学习,发展社会技能,而且还可树立并发展在他人面前表达自己的自信心。在护理实践中,这些社会技巧属于专业本身的重要功能,通过这种技巧的表达,可使小组工作成为有意义的贡献。

六、指导教师的角色功能

在小组教学工作中，指导教师可以承担多种角色功能。比如，他（她）可以是一个领导者，对小组指导工作承担主要责任，或者采取各种不同的方式给予不同程度的干预；也可以作为促进者、知识的资源者或小组的训练者等等。事实上，在小组进行工作时，指导教师可以将整组成员留下，而自己则离开小组回到办公室做自己的事。但务必使学生感觉到，只要他们需要，随时可以找到教师并得到指导。如果指导教师决定留在组内与学生们共同参与，则他必须牢记这样的事实：由于指导教师的作用是由权威机构授予的，对学生来说这是一个很难逾越的障碍。即使他已有明确的角色地位，例如他仅仅作为一个促进者在参与组内的活动，但他仍然会被当作是一个领导者。所以，这种做法有相当的局限性，不利于学生的自我发挥。在小组教学工作中，通常会出现学生反应少或不热烈的情况，因此使指导教师经常感到焦虑的是，由于自己的存在而限制了组内思想及观点的自由交流。作为教师，必须懂得即使自己是组的领导，他也应该相信这个集体在很大程度上能控制、掌握、支配自己组的讨论。

如果由教师领导一个学习组的学习活动，他应尽力避免评论组内成员，这样才会使小组产生活力；如若必须针对某一学生论点发表评述意见，应特别注意方式与技巧的运用。否则，组员们可能在发表自己观点时感到窘迫或压力，表现为犹豫不决或吞吞吐吐。在决定采用小组教学形式时，指导教师应组织、制定周全的计划，否则就可能出现许多不能令人满意的局面。亚小组是非正式的组织，但这并不意味着小组的指导活动可以在毫无约束的方式下进行。在亚小组教学活动中，学习者对于自己是否达到了预定目标，执行角色功能的成败与否都是非常敏感的。指导教师要向全组强调，所有成员均应为集体做出贡献，尤其注意启发组内表现不太活跃成员的参与意识，鼓励、调动他们的积极性。指导教师必须了解学员们参与活动的设想，假如这种设想未获成功，教师应对设想的实施提供帮助。此外，教师应充分利用自己的观察能力，格外留意学员的非语言性的暗示及沟通，发现诸如退却、支配、寻找同情、支持等行为，及时对学习者的感觉提供反馈信息。

在进行小组教学时，指导教师可选择下述几种方式来指导教学活动。

1. 命令式（the authoritarian style） 在这种方式中，指导教师被看做是权威，由他告诉学生什么内容最重要，并通过提问方式检验学生是否已经理解了他的观点。在这种形式的指导中毫无争论和讨论的余地，指导教师的观点就是惟一正确的观点。

2. 苏格拉底式（the Socratic style） 这是一种古老的、完全依赖问答技巧的方式，又称"师生对话式"，即由指导教师提问、学生回答的一种传统方式。指导教师的提问并非随意进行，而是以学生们现有的知识为基础，进行启发、诱导式设疑，每次提问所涉及的内容应对下一个问题起引导作用。当学生不知如何回答时，指导教师通过提供信息对其进行提示。这种技巧实际上是针对单个学生进行的。不过，多数教师在采用小组教学时，也都乐于采用这种方式，只不过问题的答案应该是由全体组员而非某个人提供。

3. 启发式（the heuristic style） 这种方式适用于教师与学生有共同的知识领域，并承认参加者双方有一些其他不足的知识领域。这种方式能促使学生为发现信息而真正负起责任。

4. 协商式（the counselling style） 这种方式的焦点集中于学生对所学知识的感受，学生与指导教师之间的相互沟通，目的是使学生理解他们自己的行为。这种方式是通过反思问题及其他协商技巧来实现的。

七、小组教学存在的共同问题及对策

教师们发现,在小组教学活动过程中随时会产生一些问题,并需要自己去灵活地应对。一般认为正确的处理原则是,问题一旦出现就立即提出相应的解决办法,偶尔也有必要在课后对小组的个别成员讲些个人见解。

归纳小组教学法存在的共同问题如下。

(1) 全组成员同时发言:这是最常见的共同问题,大家一起发言导致混乱局面出现,使教学工作难以继续进行。遇到这种情况,则要求教师努力克制自己的急躁情绪,耐心、友善地进行引导,尽快恢复课堂正常秩序。在尽力维持秩序的同时,有时插入一些幽默的语言,对保持非正式的正常气氛十分有益。同时,教师敏锐洞察,及时找到并分析原因所在,也有助于及时控制局面。

(2) 出现个别好说的活跃学员:在一个组里,常常会出现个别好说的活跃学员,她(他)几乎可包揽全组课堂活动。对此,很重要的一点是不要压制她(他),不可使其积极性受到打击,以致丧失动力。压制的做法也可能会减少或削弱其他学生回答反应的热情,使学习者感受到自己受到了伤害,并引起他们的不满。最好的解决办法是有礼貌地提醒对方:其他组员也需要有机会表达自己的观点,发表自己的见解,希望她(他)也应该想到这点,留点时间给别人参与。

类似的问题是,有的学生可能会通过对话客观上牵制了教师,而将组内其他成员排除在外,特别是当一个学生希望显示自身所特有的知识或经验时,常常会出现这种情况。同样,这时需要教师敏锐地发现这一趋势的苗头并掌握形势;如果已经出现个别学生左右形势、冷落大多数人的局面,教师需采取一种特殊的策略,谨慎而巧妙地打破这种局面。为转变这种形势,教师可策略地转向同组内其他成员进行对话,例如,指导教师可以说:"关于这个问题,某某提出很有趣的观点,这里还有谁愿意发表一下个人的见解?"或说:"谁愿意回答这个问题?"。

(3) 出现争执的场面:有时,组内的讨论相当激烈,尤其当争论诸如基因治疗、克隆技术、人工流产等涉及伦理道德的问题时更是如此。然而,并非一概地反对争论,有结果的争论对实现学习目标是很有效的。教师有必要向全组成员强调:不一致是十分正常的现象。提出的这种不一致意见或论点应该是属于组内部分成员对问题的见解,而不是单独某一个人的观点。当然,每个学员都应该受到尊重,他的观点可以与众不同,也可以受到挑战。

(4) 个别组员突然愤然离开:教师还可能会面临一个组员的感情爆发,最富戏剧性的一种行动是学生愤然离小组而去。这种情况多属偶然,但令人头痛,把握、处理好这种尴尬局面是很难的。资深的教育家认为最糟糕的做法是,指导教师效仿这个学员的做法,像她(他)那样激动地跟出去。恰恰相反,一个有经验的教师应该留在组内进行疏导,帮助大家认识那种行为只不过是个人焦虑和气愤行为的反应,这并不是什么大不了的事情。然而,就全组利益而言,最重要的是指导教师如何能更好地安排小组讨论这次事件。例如,事先计划好安排哪个学员做中心发言,以这种方法诱导多数学员认识什么是正确的行为。应该强调的是,当遇有压力时每个学生都有权这样做,但指导教师不能忽视这种行为对组内其他成员的影响,可以在下次活动中请涉及偶发事件的学员在会上陈述自己当时的感受,将此偶发事件转变为积极事件,使之成为大家的一种学习经验。

(5) 学生不愿参与:在小组教学活动中,最常见的共同问题之一是学生们不愿参与。当然,人们可以争论说,每个人都"有权保持沉默",但这并不适用于一个教育小组的整体目

标。应该承认,学生在为集体做出贡献的自信心存在有程度上的差异,教师应该分析原因所在,其中包括个人性格、知识的缺乏、缺乏个人价值观或准备不充分等等。另一方面,指导教师本身的压制作风也可能对学生造成约束。如果小组内气氛缺乏心理安全感,学生就不会勇于承担风险,积极参与讨论,为组内活动做贡献。至少,他们会怕挨批评、被人讥笑等而感到羞怯、压抑,或产生某种不适的感觉。

学生们既往的背景和经验也会影响他们为集体讨论做贡献的愿望。比如,东西方文化就存在巨大差异;在某种文化中,教师大多数被看做是毋庸置疑的专家,而且这种观点很难被克服。在儿童时期,曾被学校教师羞辱过的经历可能会成为某个学生生活中的创伤,使学生永远铭记在心,再也不愿重复那种受羞辱的处境。尽管这些因素中的某些因素可能不易发生变化或被改造,但仍需指导教师做大量工作,以确保组内成员都会感受到其自身价值的存在并受到尊重。教师可以采用礼貌的提问方式邀请学生参加讨论。这种方法极适用于那些必须依赖学生回答,而学生们一般又不会答错的情况。同时,应对那些沉默的学生提供特殊的帮助,促使他们树立对公共事物的信心。具体方法是从配对开始,逐渐扩大人数至组成大的团体,使他们逐步按系统计划进行相互间交流。

八、教学小组的主要类型

在小组教学法中,目前尚难对教学小组进行确切的分类。笔者赞同依据小组的主要目的及宗旨进行分类,因为在小组教学活动中真正起作用的是技巧,而这些技巧在各种类型小组中都可能被采用,所以主张按小组功能分型。以下内容就是以小组功能为依据,介绍教学小组的几种类型。

(一)辅导小组

在各种类型的小组中,辅导小组是护理学院中最为普遍的小组类型。它可以由指导教师与学生一对一,或由一个指导教师与三四个学生组成一种有控制的讨论组;辅导小组也可以是有指导的讨论会。显然,讨论组的目的在很大程度上取决于辅导者的论题。一对一的辅导常常结合学生工作的某一特殊领域进行讨论,通常适用于个体学生的发展。当指导教师与三四个学生在一起时也可实现相同目标或功能。当然,与一对一的讨论方式相比较,后一方式有可能会限制某些个人的自由发言。辅导小组也时常被用来代表由指导教师负责的学生集体,这种集体可以具有多种不同的目的。

(二)学术讨论组

学术讨论组主要与学术活动相联系。一般由小组成员阅读短文或论文,继而由全组学员就该论题进行讨论。指导教师可以作为小组讨论的领导人,也可以委任小组成员担任小组领导。在护理学讨论中,常用的策略是先由一个学习者提出一篇与护理学某领域有关的论文,然后进行小组讨论。由学生提供的学术报告是为实现连续性评估的目的而事先分配好的,这种有准备、有目的的做法是高质量学术研讨会的重要保证。

(三)指导讨论组

在这种形式的讨论中,教师承担领导责任,在讲课时,由教师提出一个明确的论点或概念作为讨论组讨论的目的,并在讨论过程中发展这个概念。这样做可以给教师一个反馈信息——究竟学员对讲课内容理解了多少,并使教员有机会结合有关论点、重点及难点向学习者做进一步解释。指导性讨论通常是在临床工作人员讲座后惯于采用的一种手段,针对学生容易误解的一些内容进行有意识的诱导、启发。

（四）自由讨论组

与指导讨论组相反，自由讨论组的讨论是在组内成员自我控制下进行，讨论题目及方向由学员集体决定，教师仅仅作为一个旁观者及资料员存在。在这种形式的讨论中，学习者对自己的学习任务负责，因此，这是一种发展学生自主性的有效方法。此外，由学生自己拟定讨论题目的做法，有助于激发全组的热情。

（五）议题讨论组

以某一论点或题目为中心进行的教学活动小组为议题讨论组。通常，作为小组活动中心的议题答案尚存在争议，或是可引起争议的内容。比如，在某一议题尚无明确答案的情况下，即可以其为焦点展开讨论。类似"护理是一门专业吗？""护理专业是否应发展较高等的教育"等论题讨论会，既可为持怀疑态度的学生提供发表观点和改变态度的机会，又可为个别学员公开表达自己的信念和价值观提供讲坛，还为他们充分争论提供机会。

（六）解答问题组

在这种形式的小组讨论中，指导教师向学习者提出一些需要解决的问题，并向他们提供一些信息，学习者可通过这些信息找到问题的答案。所提出的问题有的只含有一个正确答案，有的则含有几个正确答案，学习者需从中找出一个最佳答案。在小组讨论中，解答问题系的步骤分为八个阶段：①解释问题；②限定问题、确定范畴；③收集证据与事实，分析问题；④确定各种答案的标准；⑤提出可能的建议性答案；⑥按标准检查答案；⑦执行这个答案；⑧评价答案，给予评分。

解答问题组的主要目的是培养、鼓励学习者的评判性思维。解答问题小组的一般策略是，先介绍一个病人的详细病案史，随后提出一些与护理或医疗科学有关的特殊问题。要求学习者明确这个问题，并提出护理措施计划。在给一般护士学员上课时，许多护理教员都有使用解答问题途径的经验：对一般性领域的题目，不要给学习者任何提示，而是为他们提供两份病例，一份于讲课过程的前3周给出，另一份则在讲课的后3周交给学生。问题解答组就有关的问题着手准备，开展工作。其间要求学习者去识别他们必须探索的知识领域。应用解答问题组方法可以促进评判性思维，这也是一种启发式的教学法。问题的答案是由解答问题组提供的，而且经历了解决问题的系统过程，学生在课堂讲授期间不再是被动地获得知识。

（七）课题组

课题组可以被解释为一种为进行有目的的实验而组成的研究单位，课题组的活动宗旨和规划是由学生们的教育需求和兴趣决定的。该教学方法的主要特点是：学习者与课题宗旨及规划的确定密切相关，并积极参与学习实验过程。课题计划可以由少数几个学生来完成，但大多情况下由约6人组成的小组来承担。主要题目可由教师提出，也可由学习者自己去想像、设计。无论何种情况，教师必须保证课程计划目标明确，这样，学习者对练习的目的才不会产生疑问或模糊。课题小组所承担的各项目标应能够反映小组间协作能力，收集信息、发展自信心以及其他很多方面的能力大小。课题组教学方法在护理学校中应用相当普遍。为取得课题组方法的成功，指导教师必须激励学生深入课题内容的相关领域，那样才能发现趣味性，并克服脱离实际、单凭个人努力和主观想像的弊病。应用课题组教学方法有许多好处，例如，可以极大地激发学习者的兴趣；充分发挥人才和学习者的独立性；有机会使学习者充分使用识别问题、分析问题和解决问题的能力及技巧。这种方法也有其不足之处，最突出的就是完成课题计划耗时多，对学习者的成绩也难以进行评价。近期研究证明其在较高层次教育中具有重要价值。

首次计划使用课题组方法时，护理学校的教师需要精心组织训练，针对适合学习者的知识水平提出科目领域。小组可以由教师分配组合，也可以由学习者根据个人专业特点进行选择。后者的益处是可使学习者与其朋友们在一起工作学习，这样会增加学习热情，并鼓励他们为获得成功多做贡献。正如前述，教师要澄清课题目标，只有这样才能调动全组的热情和协作精神。同样重要的是，为完成工作应保证提供充分的时间。在进行各阶段的工作时，更要牢牢树立时间概念，为保证及时完成工作，选择恰当的课题领域是十分关键的。当各组已经选择或分配到了某一特殊课题领域后，他们就要决定将要达到的目的和计划采用的方法。课题组方法的原则是，教师不要规定实现目标的具体方法，否则有可能限制学员们的独立性和学习热情的发挥。

课题报告的提交形式应由学习者决定，或者教师就课题报告是由全组还是由个人呈递问题与学员们进行协商，而后以书面形式提交给教师。多数护理教师倾向于在全组进行报告，因为这是学习者工作的成果，报告过程可以使他们充分感受到成绩和成功。有特殊来宾出席时，在全组报告会使学员们感到备受奖励。

评估课题组的工作常因工作题目不同而出现许多困难，但仍有可能发展一个比较客观的评估计划。结合原北京医科大学护理学专业本科生专题设计与实施的经验，笔者认为从下述几方面对课题实施情况进行评估是符合我国护理教育现状及国情的。

1. 创造性　通过课题的研究目标、研究内容、拟解决的关键性问题，体现课题的新意与独特之处，也即创造性。

2. 可行性　指研究方法和技术路线切实可行。

3. 真实性　计划及实施过程真实可靠。

4. 合理性　数据和资料处理过程应合理。

5. 科学性　设计严密，资料完整，结论正确，符合现行理论。

6. 逻辑性　书面报告及口头表达具有逻辑推理。

7. 知识性　课题工作涉及的知识领域、基本概念等。

8. 实用性　应用护理理论于实践，即理论与实践的统一，并具有推广意义。

9. 深刻性　掌握国内外进展动态，引用参考文献资料情况，体现了知识的广泛和深刻性。

10. 灵活性　答辩时，语言清楚，表达生动，具有相当的应答能力。

课题组实施为学习者提供了进一步钻研知识的机会，学员们为了寻求更广泛的资源、财力、智谋而面临种种挑战，在解决问题和做出决定的技巧方面使学习者获得了经验，所有这些对改变护士角色以及扩展角色功能都起着极为重要的作用。

九、增进教学效果的措施

为了保证小组教学的活动质量，教师应考虑以下各种因素。

1. 周密计划，明确指导　指导教师要使全体组员明确小组活动的目标、最后报告的提交形式（书面报告，推选代表口头报告……）、每个组员应承担的任务，以便充分做好准备。为此，教师应有周密的计划过程。

2. 时间限制　要使小组成员明确可利用的时间，以免出现失控情况。

3. 小组规模　通常以 5~6 位学员最合适，当然也可依据需要进行分组，目的在于让每个人都能参与。

4. 明确教师角色　在小组教学活动中，教师有各种角色，其中包括：①全面放手：学生做任何活动，教师均不参与；②支持者：教师可以向学生说明，在有问题时举手，教师可以提供帮助，至于参与多少该由教师自己权衡，不能放任也不能包办，否则会影响学生参与；③观察者：教师以观察员身份参与，或少量参与工作而把主要精力放在观察小组活动情况上。

一般资料表明，在学员具有一定知识背景的情况下，教师最好不参与，并确信学员有能力自己解决问题。教师只需根据小组工作目的，决定提供帮助的方式。

5. 合理分组　分组的形式很多，可以按不同目的进行人员组合。如：随机分组、按顺序分组、按专业分组、按地区分组、自由结合或有意识将内向型与外向型分开或以搭配方式进行分组，但小组人数需加以控制。

在活动一开始可采用自由结合方式进行分组，有利于缓解彼此陌生感和紧张气氛。组员间由不熟悉到熟悉的过程，搭配分组可达到取长补短目的。当空间和时间有限时，可以采取前后排一组的形式，既省时间又省空间。

6. 及时小结　讨论所得结果应给以重点强调，在大家进行汇报后进行小结、加深印象有助于促进学习。

(郑修霞)

第三节 经验学习法

在教育学中"经验的学习"一词被应用于许多方面。在这里大体介绍以下有关经验学习的定义，特别要讨论它在护理教育中的广泛应用。

经验与学习两个概念的关系十分密切，Hergenhaln 把学习看做是一个改变学习者的行为的过程。这种改变包括学习者各部分组织和结构的成熟或变化，而经验则是引起这一变化的原因。他把此过程概括如图 4-3。经验理论的权威约翰·杜威（John Dewey）认为，经验是提高认知水平所必需的。然而，生活中所遇到的每个事件几乎都会构成人们的经验，因此对经验和经验学习要概括出一个全面的定义比较困难。简单地说，经验的学习是指学习那些从经验中获得的结果和知识，其实质是通过"做"进行学习，而不是通过听别人讲述或自己阅读来学习知识。

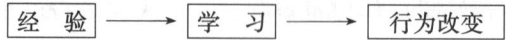

图 4-3 经验与学习的关系示意图

经验学习法的最大特点是学生的积极参与。在经验学习中，以学生为中心，他们通过积极参与实践，包括与真实病人及其他人员的互动或角色扮演和模拟等方法，从真正参加的事件中获得直接经验，这是其他学习方法所不能达到的效果。同时，经验学习法还具有一定程度的互动性、一定范围的自主性、灵活性以及高度的相关性等特点。杜威强调应该给学生提供"高质量"的经验，他认为以经验为基础的教育必须注意挑选那些具有生命力的经验，即影响学生今后专业历程的有创意的实践活动。在学习中，经验里的精华能够帮助学习者达到高层次教育目标，培养他们多方面的能力，并为他们将来面对更深、更复杂、更具竞争性的工作做好准备。因此，富有意义的经验应该具备两个特点，连续性和互动性。①连续性：经验是以某种方式从过去的事件中获取，同时它应该在以后的事件中得以修改、深化、拓宽和运用。连续的意思是指不断地成长、发展，同时形成新的经验。在临床，经验学习的连续性意味着什么呢？高质量的经验依赖于拓宽学生得到新经验的能力和从现行的每次经验中获取经验的意义，从而为他们获得新的经验做好准备。②互动性：是指经验不能在一个个体身上简单地运行，个人之外的资源可以使经验得以提升。经验的两个组成部分——客观世界和个人内在因素间相互发生作用。在学习中，学习者必须感知和觉察世界，才能获得全面的知识，包括认知范畴、精神运动范畴和情感范畴。所以，我们强调采用那些由教师精心策划的实践活动。经验的连续性和互动性应该是衡量教学计划的一个标准。

临床教师应能区分引导学生获取特定经验的有意义和无意义的一些经验过程。例如，一个初进临床场所的学生，面对一位蛮不讲理、不配合治疗而非要把病人带回家的家属，此学生可能感到束手无策，教师应分析学生的能力和弱点，帮助他们解决问题，从而为他们的生活经验或专业护理提供更好的帮助，也为下一次应对此类问题做好准备。然后再为他们安排更具有挑战性的事情，从而使此次经验得以延续和深化。

教育和经验并不能等同起来，因为有一些经验是无法进行教育的。有些经验让人兴奋，有利于人的成长，而有些经验可能会使人陷入泥潭不能自拔，产生悲观心理。临床教学中要注意避免那些阻碍人们发展的经验，让学生更多体验那些成功的经验，从而促进他们的成熟。

一、护理实践中经验学习的过程

由于大部分的护理教育是在临床单位中进行，所以有人认为所有的时间都在进行着经验学习。但是，简单地经历一种体验并不是经验学习的同义词，因为这种简单经历的结果可能只是很有限的收获甚至没有学习过程。许多人学习知识时就像在河边悠闲地钓鱼，这种学习就有很大的随机性，所得到的价值和效果就比预期的少。经验学习最好是一个设计严谨的过程，通过这一过程，学习者可以从经验中获得最大的收获。图4-4描述了这一过程，当一个学生经历了某一方面的护理实践后，紧接着是一个反应阶段，然后与小组的另一些学生讨论这一经验，这样就为更好地分析、区分和澄清这一经验提供了一个机会。下一步是考虑此经验对将来护理实践所产生的意义，并且在下一次遇到类似的经历时会将此次获得的知识应用于实践。可以看出，这个过程远远超过了通常人们所认为的从经验中学习的范围，此过程沿着由一系列系统活动所组成的顺序进行，远远超越了直接经验自身。

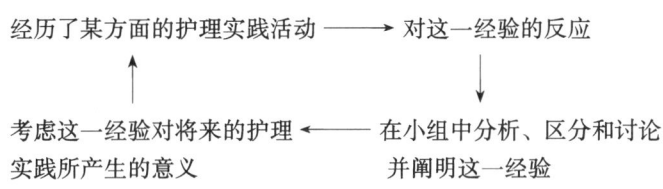

图 4-4　护理的经验学习过程

二、经验学习的计划

经验学习需要一种环境，在这个环境中应鼓励学生对自己的学习负责。理想的经验学习环境被称为"学习团体"。它的特点是团体中有接受、支持和信任的气氛，团体中的每个成员都十分明确地承认他正在学习，而且十分清楚所学习的内容。学习团体的概念可以用于学校，也可用于临床教学，同时它还蕴涵着一种价值观念，即不论学生的年龄和经验如何，作为被训练者，他们在任何方面都是平常的。运用学习团体的影响，可以为学习者提供可能的学习机会，而且不断增加的责任感有利于促进护理专业的发展。学习团体方法的特征还包括有很大的变通性，学生可以选择和决定自己的学习内容和学习方法，实现最终目标的途径以及评价学习的方法。

由于经验学习的结果不可能在事先就被预测和限制，因此实际上也不可能为经验学习制定出行为目标，但是 Steineker 和 Bell 1979 年提出了一个经验学习的分类目标，被称为经验的分类（表4-4），它对教学计划的构成提供了指导。表4-5是经验分类在护理中应用的两个实例。

表 4-4　经验的分类

分类的水平	具体描述
1. 面临	意识到一个经验
2. 参与	决定成为某个经历中的一员
3. 认同	把学习者与要学习的东西联系起来
4. 内在化	经验继续影响其生活方式
5. 传播	试图去影响他人

表 4-5　经验分类在护理中的应用

分类的水平	护理应用
1. 面临	（1）我观看了一次静脉输液过程 （2）我听了有关护理程序的课
2. 参与	（1）我准备进行一次静脉输液 （2）我试图应用护理程序
3. 认同	（1）我能够完成一次静脉输液了 （2）我能熟练运用护理程序
4. 内在化	（1）执行静脉输液现在成为我生活的一部分 （2）护理程序现在成为我生活的一部分
5. 传播	（1）我教授其他学生进行静脉输液 （2）我给其他学生示范如何运用护理程序

这种分类方法可以用于某一节课的教学，也可用于整个课程的学习。可以发现，随着学生经验学习分类目标水平的上升，教师的角色功能也在发生相应的变化（表 4-6）。

表 4-6　教师在经验学习中的角色功能

分类的水平	教师角色功能
1. 面临	激励者
2. 参与	催化剂
3. 认同	调节者
4. 内在化	支持者
5. 传播	批评家和评价者

三、有关经验学习的论题

通过前面对经验学习的概述可以看出，大部分的护理课程都可以用这种方式进行教授，特别是讲授人际间的沟通技巧时，这是一种较好的方法，下面将详尽介绍它在临床护理教育中的应用。

正常的人体结构和功能构成了护理学的主要内容，而这些内容主要靠指导性的讲授与辅导性学习相结合的方式进行教授，这就为经验学习提供了很好的应用前景。学生们在学习中可以联系自己的身体，也可以从事解剖动物器官的较复杂活动。教师还应该鼓励学生去参与一些小的研究项目，以主动地思考和发现问题，而不是被动地接受知识。

在护理教学中访视或见习是一种普遍应用的经验学习法，即教师带领学生去护理学院以外的地方如医院、社区等进行访视和学习。图 4-5 具体描述了一次见习或访视计划。其中访视前教师做简要指导和介绍以及访视后学生汇报学习情况都非常重要，应该给予重视。同时教师和学生对于访视的目标和内容均应十分明确。在计划中没有包括的一项重要内容是，在临床中所进行的护理实践内容。这是因为在目前的护理教育系统中，学生们已把其大量时间花费在医院，临床中的经验学习已经自成体系，所以这里不再加以讨论。

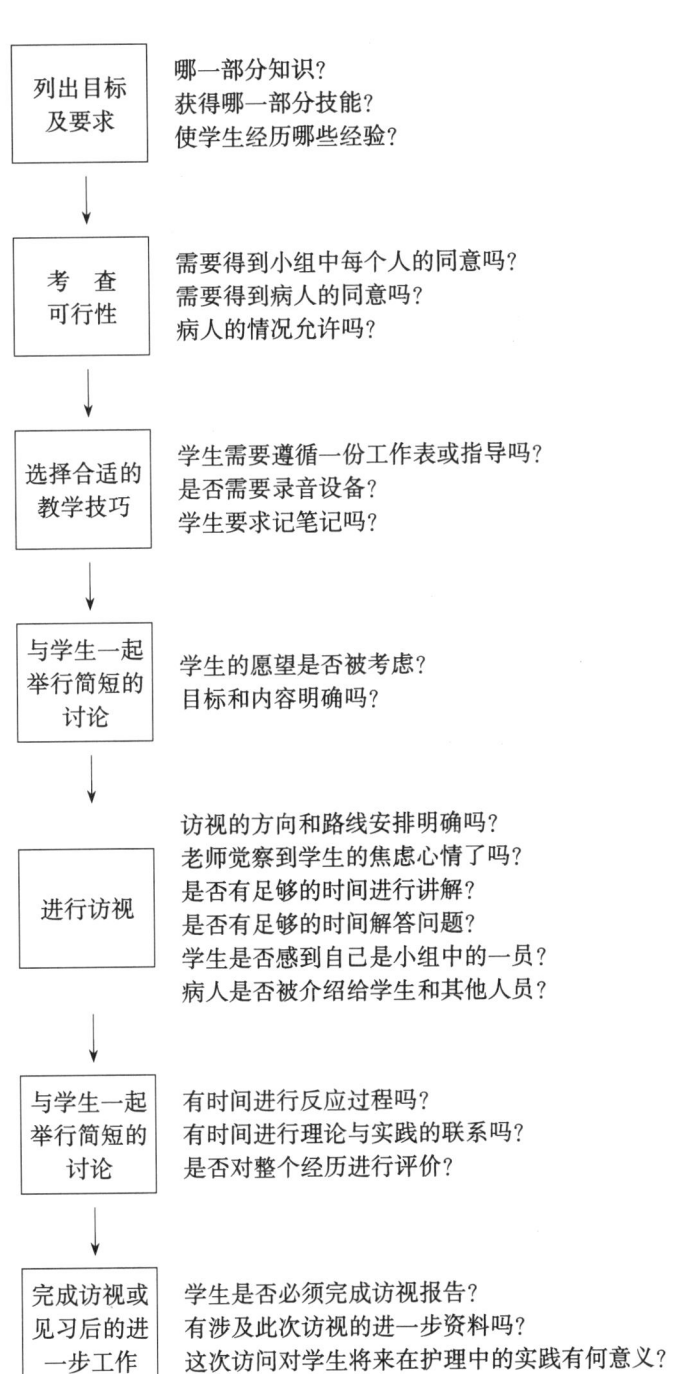

图 4-5 护理访视或见习计划的规划系统图

（宫玉花）

第四节 以问题为基础的教学方法

以问题为基础的教学法(problem-based learning, PBL)是美国的神经病学教授H.S.Barrows于1969年在加拿大的麦克玛斯特(McMaster)大学首先创立,目前被认为是一种较好促进学生的评判性思维能力的教学方法。此教学方法与传统的以教师为中心的教学方法有很大的不同,强调以学生为主体,并以促进学生的自学动机,提高学生自己解决问题能力为教学目标的教学方法。目前世界上许多大学采用以问题为基础的教学法,例如美国的哈佛大学、斯坦福大学、布朗大学,英国的曼彻斯特大学和澳大利亚的纽卡斯尔大学等。1983年春季,在荷兰的曼特斯特举行的第一届PBL国际研讨会对以问题为基础的教学法在教育改革中的积极作用予以肯定。根据美国医学院协会1988年的统计,美国和加拿大的医学院中,已有76%的学校在教学过程中采用了以问题为基础的教学法。实践证明以问题为基础的教学法可以更好地培养学生的评判性思维能力,从而提高学生的分析问题、解决问题的能力。目前以问题为基础的教学法已经成为医学教育和护理教育改革的一个主要课题。

一、以问题为基础的教学法的产生及发展

美国现代医学模式是在1910年正式定型的,这一年被称为美国医学教育史上的一个里程碑。A. Flexner的著名报告确定了美国传统医学教育模式,并一直沿用至今。在20世纪60年代末至70年代初期,美国医学教育界发生了深远的变化。一批新建的医学院校掀起了改革的浪潮。1968年密执安州立大学医学院创立"焦点问题学习"(focal problem learning),用以部分地代替传统的学科基础课程。1969年,美国的神经病学教授H.S.Barrows在加拿大的麦克玛斯特(McMaster)大学进行教学改革,试行以问题为中心的教学法。不久以后,密执安州立大学医学院开设了两个轨道并存的课程:即称做第一轨道(Track Ⅰ)的传统讲授课程和第二轨道(Track Ⅱ)是完全的问题学习课程。此后,美国和其他一些国家的医学院校也相应采用以问题为基础的教学方法作为临床教学的一个重要学习方法。

以问题为基础的教学方法与传统的教学模式有很大的不同,传统的教学方法注重培养学生死记硬背各个专业的知识,而毕业生可能缺乏独立的工作能力,有时不能解决工作中遇到的问题。以问题为基础的教学法正是针对传统教学方法单纯注重知识传授,忽视学生各种技能培养的弊端,顺应教学改革潮流而发展起来的一种新的教学方法。改革内容包括改变由教师单纯课堂讲授的传统习惯,打破学科界限,围绕病人的疾病问题编制综合课程;以学生为中心,教师为引导进行小组教学,要求学生到临床见习,到社区访问。实行基础学科以临床问题为定向的课程安排,教学计划中大幅度增加学生的自学和讨论时间。这些重大的教学改革措施引起了医学教育界的广泛注意,70年代以后,以问题为基础的教学法在北美获得了广泛的发展。

二、以问题为基础的教学法的操作过程

(一)以问题为基础的教学法的教育目标

1. 讲述知识在临床的应用　PBL将基础课程的知识应用于临床领域,学生首先明确疾病的临床问题,然后自学问题所涉及的基础课程知识,并把自学到的基础课程的知识应用于临床实践中。

2. 发展临床推理技巧　PBL 促使学生在解决问题的过程中，不断地进行分析推理和进行临床判断，从而培养了学生的临床推理技巧。

3. 发展有效的自主学习技能　PBL 教学过程中，以学生的自学和讨论为主，教师的作用是引导学习，学生在教学过程中自主学习的技能得以发挥。

4. 提高学习者的学习动机　PBL 教学过程提高了学习者的学习动机。学生学习过程是为了解决问题，这使学习充满了挑战性，激发了学习者的学习兴趣，提高了学习者的学习动机。

（二）以问题为基础的教学法的教学模式

以问题为基础的教学法是一种新的教学过程，学生以小组为单位学习。首先，先找出学生要掌握的重要问题，并向学生提供这套经过仔细设计的问题。这些问题是来自实践并应用某一教育目的。每个问题是由导师小组讨论形成的，有明确的学习目标，这些学习问题组成了 PBL 学习大纲。学生的任务是讨论这些问题，并对描述的现象做出合理的解释。学生以小组为单位，每组学生以 8~15 人为宜，组员人数太多难以合理组织，太少又不利于小组讨论。

开创和设计所要学习的"问题"是以问题为基础的教学法的主要任务。在美国，有好几种不同形式的以问题为基础的教学模式，以密执安州立大学医学院设计的第二轨道课程具有一定的代表性。以问题为基础的教学法中的"问题"有以下几个特点。

1. 以临床问题作为学习的主要内容。
2. 每一个问题都能使学生应用相关的综合知识。
3. 所设计的问题能够培养学生的分析问题和解决问题的能力。
4. 学生在自学的基础上，以小组的方式来解决问题。
5. 学习的过程充分体现以学生为中心，教师起指导作用。
6. 对学生的评价以个体评价方式进行，学生参与评价过程。
7. 对学生经常进行综合性考试，以确定学生掌握了基本的概念和原理。

（三）以问题为基础的教学法的教学步骤

1. 明确学习的问题　学生以学习大纲为框架，明确学习的问题。每一焦点问题提供 2~3 个临床案例。案例中穿插有"停止并考虑问题"的插入提问，以此引导学生思考问题，解释数据或学习有关的概念。以护理教育为例，我们可以提供学生临床护理病例或社区护理病例。在病例中病人被视为整体的人，不仅提供病人的有关病情资料，还提供病人的心理、社会、文化、经济和家庭情况。与传统的教学相反，学生在没有学习某一疾病的有关知识之前，就先接触病人的问题。表面上看是学习过程颠倒，然而，以问题为基础的学习法却强调"问题"本身对学生是一个挑战，它使学生成为学习的主动者，从而促进学生的评判性思维能力。以护理专业人员为例，护理人员在临床场景和社区场景中将会面对许多问题，而他们不可能在遇到问题之前就已经掌握了所有解决的知识及技巧，以问题为基础的教学法鼓励学生去探索，去创新，这种能力对护理人员的一生都十分重要。

2. 学生的自学过程　学生接触到问题以后，开始自学。学生明确学习的问题后，必然地急于找到问题的答案。自学的目的就在于满足学生对知识的渴求。这时学习大纲发挥很大的作用，学习大纲是用来指导学生自学的，学习大纲包括各基础学科的主要概念，涉及解决问题所必须掌握的知识。学习大纲还包括有关参考书和文献目录及其他教学材料。同时鼓励学生应用图书馆和其他学习资源，例如，模型、标本、显微切片、X 线片以及网上教学资料。必要时应用电影和教学录像。

3．小组讨论　学生在小组讨论时，将自学的内容和信息与小组其他成员共享，互相补充，最终得到满意的答案。教师或导师在整个辅导过程中，其作用不是给学生提供参考答案，也不是回答学生的提问，而是启发学生的思考，引导学生提出问题，控制学生的讨论时间，指导学生如何去查找有关问题的答案。记录各学生的表现，以便明确不同学生的弱点所在并给予相应的指导。最后，教师根据学习目标对学生做出评价。

三、以问题为基础的教学法对护理教育的意义

（一）以问题为基础的教学法有利于培养护理专业学生的自学能力

继续教育和终身教育是护理教育领域的新观念，护理学生不可能在学校学会在今后工作中需要的全部知识和技能。并且，学生的知识逐渐需要巩固和更新。因此，自学能力对护理学生十分重要。以问题为基础的教学法通过护理学生在解决问题的学习过程中，通过收集信息，寻找答案，分析综合及逻辑推理培养了学生的自学能力。以问题为基础的教学法强调发展学生的自学能力，培养学生去探寻知识和解决问题的技能，使学生变得富于评判性和创造性，善于学习，从而使护理专业学生在今后的临床实践中可以不断地更新知识和进步。

（二）以问题为基础的学习法促进学生的评判性思维的能力

目前护理教育改革强调注重学生的学习过程。教育家们认为学生是主动的学习者，而不是信息的被动接受者。护理教师日益认识到培养学生具有评判性思维能力的重要性。护理实践中，护理人员不断地面对新问题，因此我们应注重培养护理专业学生的独立解决问题的能力。以问题为基础的教学法促使学生去探索信息，对资料进行评判性评价以及应用新获得的知识去分析问题和解决问题。教师的作用在于引导和启发学生，从而促进学生的评判性思维能力。

（三）以问题为基础的学习法有利于护理专业学生获得基础学科知识与临床实践的统一

认识心理学的研究显示知识的保留、回忆与适当的应用有很大的关系。这些研究表明新的信息能否牢固地被保存，与它是否能很紧密地与原有的知识结合有关。新的知识必须反复使用，这样它就能一次一次地重新组合而形成较牢固的记忆。传统的护理教学采用分学科学习基础学科的知识，一直到第三年才能结合到临床实践课程中，而此时前两年学的知识已有许多被遗忘。以问题为基础的教学法是在现场环境或模拟环境中进行教学，学生在临床现场或模拟的环境中学习的基础学科知识，将按临床现场的实践方式牢牢地保存在记忆中。以问题为基础的教学法是经过仔细设计的，它让学生结合病人的症状、体征、实验室资料以及治疗方法等，反复使用基础学科的知识，这样促使护理学生就能将基础学科的知识和临床实践需要统一起来。

四、以问题为基础的教学法在推广实施中存在的问题

以问题为基础的教学法已成为全世界医学院校一种公认的方法，它得到了世界医学教育联合会和WTO等国际组织的高度评价。但是，目前在国内广泛实施以问题为基础的教学法还存在一些困难。

（一）缺乏有经验的师资队伍

以问题为基础的教学法是一种较新的教学方法，需要教师具有较强的基础知识和临床经验。教师要经过培训后才能承担以问题为基础的教学法中的小组导师工作。由于以问题为基础的教学法采用小组教学方式，8～15个学生为一小组，每一组配备一名辅导教师，这就需

要一支庞大的师资队伍。而我国的护理师资人员一直短缺，特别是作为以问题为基础的教学法中的小组导师，必须要有丰富的教学经验和知识水平，这就限制了以问题为基础的教学法在我国护理教育领域中的推广。

（二）教学资金短缺

任何教学改革都必须有雄厚的资金作为支持。为使以问题为基础的教学法顺利进行，教学资金必须得以保证。教学经费将使学生拥有足够的参考书和电化教学设备，可被使用的计算机系统和网络系统也应非常便利，学生才可以非常方便地取得学习资料。这一切都需要足够的教学资金来支持。然而，我国护理教育的经费一直短缺，要推广以问题为基础的教学法会面临许多困难。

（三）学生的适应性差

我国的学生从小接受传统的教学模式，学生的思维方式与以问题为基础的教学法要求的评判性思维之间存在一定差距，同时学生的自学能力和推理能力也比较薄弱。在进行以问题为基础的教学法的教学改革过程中，要求学生改变既往的学习模式，学生会感到不适应。同时以问题为基础的教学，取消了基础课程的教学，改为以临床问题为引导进行基础课程的学习，这需要学生在教学大纲的指导下具有较强的自学能力和推理能力。而我国学生受传统教学模式影响深刻，对新的模式适应性较差，这种状况也将影响以问题为基础的教学法的应用和推广。

（孙宏玉）

第五节 其他教学方法

一、开放式学习

开放式学习（open learning）是一种灵活的学习方式。这种学习方式的特征是以学习者为中心，并采用多种媒体、导师指导及支持系统等进行学习。所谓"开放"是指为适应学习者控制学习能力而灵活变化的一种教育过程。这种学习方式的控制范围很广，包括目的与目标、内容、教与学的方法以及评估，还有解决完成课程的途径，学习方式与模式等全部学习范畴。在一个开放式学习体制下，护理专业的学生护士在其学习过程被赋予高度的自我控制权利，他们不仅可以参与个体选修课程的讨论，而且还可以对个人参与课程的学习形式提出意见。

开放式学习常见以下四种类型。

1. **学习班形式** 在这种类型体制下，学员们可以从一些学院有关组织获得学习资料，必要时还可获得指导教师的指导。学员们可以根据事先约定的时间在学习班聚会，共同讨论、接受指导，也可按需要进行简单的信访，通过信函进行答疑、咨询等活动。

2. **地方体系** 这种学习形式与学习班相似，但参加这种体制学习的学员住地或工作地点一般都在学院附近范围，常通过电话索取学习资料，必要时还可组织报告研讨会。

3. **遥控体系** 在学生居住地离学院较远的情况下，可按街区分片组织学习或周末集中学习，函授学习资料是学习的主要媒体或手段。

4. **半合同体系** 学生可在某一学院注册，而到距家较近的另一学院参加学习辅导或进行其他联系。

护理学院开展开放式学习的最普遍形式是弹性学习班。这种学习班具有相当的灵活性，它允许学员在其方便时期脱离专业学习而加入学习班进行学习，必要时另有大学导师给予指导，额外获益。开放式学习是通过学习资料介导的，因此，学习资料是开放式学习的主要媒体。学习资料应由广泛的资源组成，包括组织配套的学习节目到简易的小册子。

二、个别辅导

"个别辅导"或"导师制"是指为达到特殊目的、完成一定学习任务，在整个培训阶段学生护士与指导教师之间所建立的特殊联系。该体制的目的是通过指导教师与学生之间密切的联系，在整个培训过程不断向学生个体提供支持与指导，促进学生训练。在个别辅导体系中，指导教师对学生的主要功能如图4-6。在个别辅导体制中，非常注重指导教师的素质，因为指导教师自身的素质对学生的造就、成型具有重要影响，所以指导教师的作用已远远超过导师制本身。合格的指导教师必须是一名极富同情心的好师长，他要与学生平等相处，将护理看做是学生生活中的一部分，严肃认真地去对待，使学生受到尊重并看到自身的价值。

三、咨询

咨询是提供帮助及指导的另一种形式，它已成为护理专业教学中一种重要的技巧。英国咨询协会（The British Association for Counselling）定义：咨询工作的职责就是为服务对象提供一个去探索、发现及阐明生活方式的机会，使他们能更明智地应变并朝着更美好的人生迈进。这样，咨询就可以被看做是一种协助关系，帮助服务对象成为具有"自我指导"（self-directing）能力的个体，这种咨询也是第二章相关内容所讨论的，许多观点都建立在 Carl Rogers 的"以服务对象为中心的治疗"基础上。一种咨询关系应该理解为两个个体之间的一种自觉协议，例如，服务对象将有权决定她（他）自己是否愿意加入这种咨询关系，在对方做出决定之前，往往已获得了关于咨询性质的相关信息。也就是说，先让服务对象获得有关信息，而后再决定她自己是否参加咨询关系。英、美护理教育家们强调，要坚决反对这种状况：一位指导教师为一个学生咨询，而学生事前对此却一无所知。

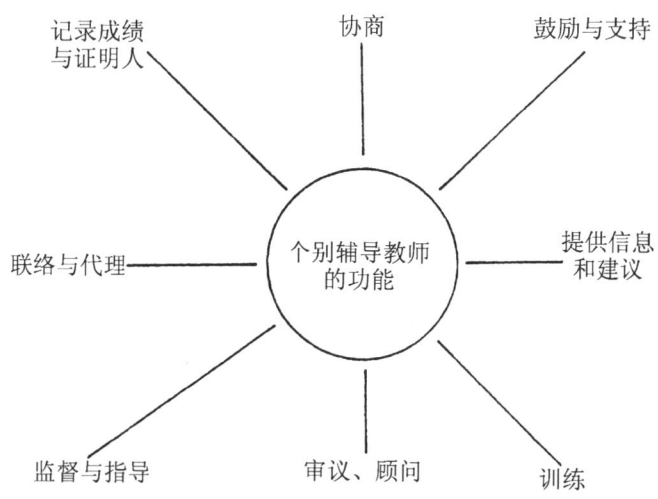

图 4-6　个别辅导教师的主要功能

第六节 教学技巧

一、课堂提问技巧

在传统的教育体系中,教师与学生间的联系常通过提问和回答问题的方式进行。应用提问的方法来自古代哲学家苏格拉底(The Socratic style),这是一种古老的完全依赖回答技巧的方式。

(一) 课堂提问法的特点

课堂提问是种简单的方法,既不需要花费很多时间也不要求特殊场所和许多资料,还可以让那些不爱发言的学生得到训练。但是,指导教师进行提问也非随意进行,要以学生现有的知识为基础进行启发、诱导式设疑,每次提问的内容应对下一个问题起引导作用。当学生不知如何回答时,指导教师通过提供信息,对其进行提示。课堂上提问的技巧实际上针对单个学生进行,在小组教学中应用时,应针对全组成员,因为发言的仅仅是组员代表。

提问的方法可以帮助学生实现高层次目标,但若所提问题层次太浅过于简单时,就达不到应有的效果,反要占用课堂上时间,成为一种缺点。

因此,采用课堂提问技巧的教师要做好计划,包括何时提问,提什么问题等。

(二) 问题的程度

问题的程度直接涉及教学目标,按教育目标分类的方法总结处于不同智力水平的问题,Bloom 把智力或认知作用按复杂性递增的层次进行分类,即从对事实的简单回忆到对某一观点的判断评价。最基本的水平称为"记忆",旨在帮助学生回忆某个概念,陈述或说明某一事物。第二个水平是"理解",教师可以通过提一些需要学生用自己的语言陈述含义或推断结论的问题来检验这一水平。第三个水平是"应用",要求学生在特定的情况下应用规律、原理等。例如,在第一次辅导讲授中教师讲授了关于"严重损伤病人"的护理原则,并强调病人要禁食。在以后的某次讲授中,教师讲到一例严重股骨骨折病人,并提问学生"对该患者的饮水要求,你如何处理?"让学生回答。第四个水平是"分析",即把问题分段进行,以便学生把概念或情形分解成几部分。第五个水平是"综合",则要求学生从一系列的组成成分中重新建立起一个新的整体。如有这样一个问题:"从我们刚才所做的来看,你能列出主要的护理计划吗?"即是一个综合水平的问题。根据 Bloom 的观点,最高水平的智力作用是"评价",包括通过学生对最好或最为有效的辩论或行为过程的判断,以便明确问题的组成。例如,要求学生对两种计划方案进行评价,并讲出理由。

(三) 增进效果的措施

为了保证提问的有效性,教师应注意以下事项。

1. 问题应简洁、明了 教师所提问题应该简明,以便学生能记住并准确回答;组成问题的词句要保证学生容易理解。所有的问题不能含糊不清、让人费解。有这样一个例子,"这个病人手术前护理的要点是什么?为什么这些要点很重要?"这个问题就有些不明了。因此为了保证提问的有效性,要注意提高提问技巧,把准备提问的问题写在讲授计划中就是一种有效的方法,这样可以保证在问题提出之前有个仔细认真的思考过程,从而避免提一些不经深思熟虑的模糊问题。

2. 提不同程度的问题 教师要注意设置不同程度的问题,其中也应包括高层次的问题在内。

3. 及时反馈　教师对学生回答的反应直接影响着提问的有效性。从学生的角度来看，提问是件很可怕的事，教师似乎没有意识到自己在课堂上的威力，事实上教师的反应对学生有很大的影响。教师不经思考的反应会使学生觉得受屈辱。在这种情况下，教师要保持一定的敏感性，对正确答案要予以充分肯定，对部分正确的答案要肯定其正确部分，让其他的学生进行补充加以完善。遇到回答问题有困难的学生，可以让别的学生先回答以减少他的不安，或是先提一个难度较低的问题，如他能答出来，便有了一点成就感，增加了自信，这样再提难度稍高的问题更合适。

4. 准备开放性问题　学生只需要简单地回答"是"或"否"的问题属低水平层次的问题，不太具有挑战性，要尽量避免提这种简单的问题，教师应多组织一些需要学生经过认真思考才能回答的高层次问题。

5. 围绕目标设疑　所提的问题应该围绕课堂目标，所问内容应该适合学生的程度，教师企图让学生回答出比平时练习阶段水平高的问题是不合理的要求，学生会产生挫折感和遭受威胁的心理。注意所提问题能促使回顾已讲过的内容又能展示将要涉及的新内容，同时有利于思考富有竞争性问题。

6. 提供思考时间　向学生提问后，要提供一个思考时间，允许大家有短时间的思考，但要注意不能长时间持续沉默，其间可以重复所提问题，而且向学生强调：无论什么时候提问，都希望每位同学进行认真思考，然后由教师指定其中某位同学来回答，这样可以确保每个同学都参与思考问题的过程，因为每个人随时都有可能被提问到。这种方法要比问题提出后，由学生自愿者回答的做法好，因为那样做，有许多同学也许就不积极参与准备答案，而是让少数几个优秀学生来参与并竞争这种权利，使教学活动成为少数人的事。

7. 合理安排　提问不能太频繁，应在必要时采用，最好在教案中注明提问的时间、具体问题，尤其是初次讲授者更应如此。所设问题要针对不同对象，提问要从简单程度开始，慢慢增加问题的难度和深度，有利于学生产生成就感，也便于调动平时不爱参与者积极参加。

二、演示

演示是对事实、概念或过程的直观解释，是护理专业教学中很常用的一种方式。教员可以通过实物、标本、模型、图片、实际操作、录音、幻灯等进行演示，自有了电化教学手段以来，演示法在护理专业教学中的作用更为突出。

（一）演示法的特点

演示法的优点就在于能使学生获得丰富的感性资料，加深理解和知识的印象，帮助学生形成正确的概念，也能引发学生的学习兴趣和积极思维，易于巩固已学的知识。但演示法需要物质条件，要配备相应教具，应根据实际条件采用演示形式及教具。在此需要强调的一点是：演示过程必须配合教师的说明、讲解，引导学生边看边想，否则不仅流于形式，还会干扰教学任务的完成。

（二）增进效果的措施

1. 明确观察目的、内容及要求　引导学生将注意力集中到观察演示对象的主要特征和重要方面，不要把注意力分散到另一些枝节问题上。教师还应提出一系列思考题，引导学生结合演示内容进行思考，这样能更突出重点，使学生获得更深刻印象。

2. 确保演示项目的效果　教师要选择好场所，保证演示时每个学生都能看清楚。在演示时，尽可能让学生运用各种感官去感受学习的内容、对象，集中注意力于教师的演示过程。如果在学生看的同时又能听到和触摸到，条件允许时，自己能亲自做一下则教学效果会更好。

3．演示要适时　演示内容应密切结合授课内容进行，过早展现教具会分散学生注意力，降低学习兴趣。过迟展示会产生"马后炮"感觉，或显得内容不紧凑，因此演示时机要恰当。教具使用后应立即收存，以免分散学生注意力。

4．演示过程要正确　教员在演示之前要认真纠正自己不规范不正确的做法。在教授一种新技能时，强调采用一种正确的方法而不介绍其他错误的做法，以免造成心理和思维上的干扰，冲淡正确技能的记忆内容。

属于精神运动技能的演示内容，必须强调学生即刻仿示教。演示仅仅是提供认知信息和影响，精神运动部分必须通过学生自己肌肉活动练习方能掌握。总之，要让学生通过自己动手做的方式真正掌握技能。通过学生的肌肉和关节活动情况来反映学生操作情况。学生掌握技能的快慢不同，教师应有足够的耐心和信心。教师的不耐烦会使学生更加紧张，以至于乱上加错，影响正常的学习过程。教师要清楚，学生存在个体差异，课堂的任务在于每个学生都能真正掌握技术，而不是掌握技术的速度。

三、小组教学常用技巧

前面介绍了教学小组的主要类型，每一种类型小组都有其特殊的目的和功能。很多教学技巧可用以帮助学员实现小组目标。现将有关技巧介绍如下。

(一)"滚雪球"组

首先，每个小组成员均单独为解决一个问题进行工作，然后成对共同完成这个问题，每对再与另一对结合，随后经历四对一组、八对一组……按此方式连续进行下去，直到全组都汇集到一起，为一问题而工作，共同享有全部工作的见解，使工作开展得越来越详细、深入、全面，就像滚雪球一样，这种技术最利于调动全组成员的积极性、实现人人参与的目的。

(二)"方根"组

采用本教学技巧时需考虑学生的数量，指导教师将全体成员分为一系列马蹄形组，要求每小组含有的学生数是全组总人数的方根数。假如全组有16名学生，每个马蹄形组就由4名学生组成；假如全组有25名学生，则每个马蹄形组将含有5名学生。随后为每名学生按序编号。表4-7是一个16人组的分组编号。经过一定时间讨论某个问题或议题后，解散亚小组，再根据每人编号重新组成新的小组，例如各小组的1号组成一个小组，2号成员组成另一个小组……这样，每一个小组中，只有一个老组员（A_1在A组；B_2在B组……），其他3名成员分别来自另外三组，如此做法会促使学员对问题的见解产生最大变化。

表4-7　16人小组的方根技术

组A	组B	组C	组D
A_1	B_1	C_1	D_1
A_2	B_2	C_2	D_2
A_3	B_3	C_3	D_3
A_4	B_4	C_4	D_4

(三)"传呼"组

"传呼"组又称"快速传递"组,由 2~6 名成员组成,是课堂讲授或其他以教师为中心的课程学习时,为学习者提供参与机会的一种教学技巧。例如,当进行题为"手术后病人护理"的讲课时,将大班分成几个"快速传递"小组,就外科手术并发症问题讨论了 3~4 分钟,随后各组领导再将他们的讨论结果反馈到全班。常采用的简单易行方法是:头排学员回头面对第二排学员,第三排学员回头面对第四排,依此类推。还可以将一横排人分为 6 人一组。这样就不必在教室内重新组合。"传呼"组技巧可以在一次讲授时使用一次以上,为学生提供社会活动及参与的机会,还可防止上课时出现打瞌睡情况。为取得预期效果,最好是让学员们预先分好组,并写下他们对题目所掌握的全部内容。

(四)"献计献策"技巧

"献计献策"或称"集体自由讨论"(brainstorming)技术是 Osborne 在 20 世纪 60 年代初提出的另一种创造性解决问题的有效方法;这种方法的目的在于调动组内所有成员的潜能,使他们最大限度地对讨论的问题提出尽可能多的主意。该技巧强调畅所欲言,尽管有些见解未必富有建设性,也不加以评论,充分体现了自由表达的思想。

De Bono(1977)认为"献计献策"技术具有三个主要特点:①交叉鼓励;②保留判断;③正规场合。交叉鼓励是指其他人的思想对个人所产生的效应,一旦这些思想与个人已经存在的思想发生相互作用,便可能产生更富有创造性解决问题的思路。顾名思义,保留判断就是对任何思想、即使看起来显得愚蠢的想法,也允许其自由发表而不予以批判或评论。领导者或主席应时刻警惕任何带有评判性的言论并及时予以制止,因为批评性言论无助于创新和开拓。强调正规场合可以使参与者感觉到:小组集体确实有些特殊的事情需要他去认真完成,这样一来多少会约束那些日常爱开玩笑的人。"献计献策"小组中人人畅所欲言,所以领导者、主席以及某些组员应该注意各种思想的表达,最好采用录音带记录全部意见的做法,确保毫无遗漏。"献计献策"活动时间可长可短,最长限制为 30~40 分钟,通常允许延长 5~10 分钟。在众人畅所欲言之后,应花费少许时间进行评价,从中筛选出有使用价值的意见或思想,按性质分类:①立即采用的;②需进一步探索的;③提供新方法的思想。

(五)"旋转木马"练习

这种方法既能从一组学员中产生资料,又能发展学员会谈技巧,是一种绝好而又新颖的方法。该过程首先由指导教师鉴定一系列题目和子题目,这些内容将成为未来讨论的焦点或中心。随后将学生分为两组,其中一组作为接见者,另一组则为应答者。发给每个组员一张纸,每页纸的上部列出问题,其下为空白,写字桌按圆形排列,会见者坐在圆形课桌的内侧;应答者坐在外侧,面向会见者(图4-7)。每个接见者根据指导教师发出的信号,按纸张上端写出的问题向她(他)的应答者进行提问,应答者应尽可能圆满地回答问题。每个接见者所提的问题各不相同,每队会见进行 5 分钟。5 分钟后,教师发出"换位"信号,坐在外圈的"被接见者"向右移动自己位置就像旋转木马一样,故称"旋转木马"练习(carousel exercise)。内圈的接见者不动,面对新的应答者,根据前一个应答者对纸上相同问题的回答情况,对新的应答者提出问题。

最后,所有外圈被接见者均与内圈每一位接见者进行了会见,结果获得了对同一问题的各种不同反应或回答。对这些资料进行分析,总结出外圈一组成员的各种观点。随后再交换角色,这样,外圈成员变成了接见者,由此可产生两次可供分析的资料。

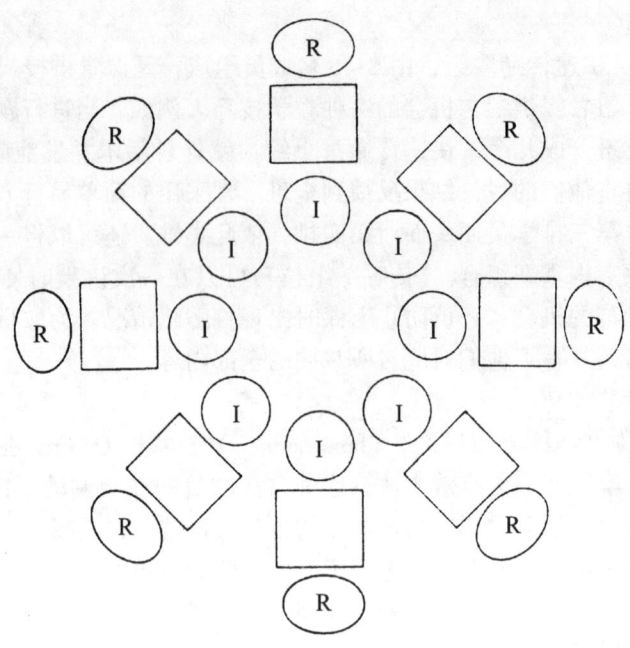

图 4-7 "旋转木马"练习图示
I：示接见者　　R：示应答者

（六）模拟

模拟通常指以简化的形式仿造某些日常生活情景，其目的是为使学生涉足于与真实生活密切相关的某些方面，设身处地去体验生活。

在护理专业教学中，通常采用的模拟练习是心脏停搏处置或"紧急呼叫"（crash-call）。指导教师为学员们提供一个模拟现场，有病房、一张病床、"病人"、一辆抢救车、记录纸等，一些职员或学生充当麻醉师、护士等有关人员，并设计一旦发生心脏骤停可能出现的全部情景。为护士学员们提供事发的情景，可启发他们如何进行操作。在这种情况下，学员们可针对假设的情景进行练习。换句话说，可以要求学生去扮演发现心脏骤停的护士，执行必要的检查及急救措施，模仿要进行的一切操作。模拟训练既可使学员们体会真实的生活情景，又不会产生学习的焦虑。

模拟的主要特征是学生们不必照本宣科，而是期望他们能按自己认为合适的行为方式行动。事实上，模拟涉及的是学生本人，就是用她（他）自己正常的、日常行为来处理情景。应该向学员强调，无论模拟情景如何，都希望护士学员按实际情景进行处理。所以，模拟教学法是为学习者提供实践性训练的重要方式。在模拟过程中，如果是训练对一个伤亡事件进行急救处理，则模仿现场应力求尽可能真实。对待像头部损伤、骨折、中毒及类似的急救急诊模拟也需合情合理，这样才便于将确定的行为、方法很容易地转换到新的场景。

（七）扮演角色

扮演角色的方法是依据 Moreno 有关心理剧理论派生的，它是利用演戏和想像创造情景，以启发学员对自己及他人行为、信念、价值的认识；要求学生对另一个人相同的行为采取行动，并按自己想像人们应有的行为去动作。扮演角色是促使学生从他人观点出发，产生同情心的最好方式，尤其当学生扮演一个与职业和观点相反的角色时更是如此。例如，由护士学员去扮演一个病人时,这种相反态度的角色扮演会迫使学生按病人观点考虑事务并帮助学生理解为什么病人会产生如此行为,这就是与角色的认同性。

角色扮演过程的精髓部分是参与者的要领和执行情况的报告。扮演角色活动的一项基本原则是,全组不存在任何一个被动的旁观者;不直接从事角色扮演的学生也应该指派其承担"过程观察者"的职责,这就意味着他们在积极地观察角色扮演,包括观察由"角色"发出的语言和非语言性信号。"过程观察者"对反馈及角色扮演后的执行过程报告是相当关键的。概括指明要领,是各种小组活动前一项重要的准备工作,对角色扮演尤显重要。概括指明要领包括事先宣布有关的规则指导和目标,这也是为确保参与者获得最大效果而设计的内容。指导角色扮演活动的教师不要预先道白一切、亮出结果,否则会使演出"告吹",务必使学生自己去发现一些与自己有关的事情。在全部活动得出结论后,进行执行情况总结,包括以下三个阶段。

第一阶段:简单地要求参与者和观察员描述角色扮演过程发生的相关事件。

第二阶段:制造彼此间相互信任的气氛,让全组成员分享活动的感受。

第三阶段:讨论活动中有哪些内容适用于未来护理实践?哪些方面所获得的启发可与其他同学分享?也就是检查活动在未来工作中的适用性。

角色扮演者可以从观察者处获得关于自己交流技巧情况的反馈;同时,小组整体也可以从角色扮演所产生的思想和价值范畴获益。由于在角色扮演过程中可产生大量激情,为此,在活动结束时促使演员及时摆脱角色的工作显得十分重要,这样,才能重新与现实建立联系。

四、电化教学

随着社会的发展,涌现了多种辅助教学手段,其中视听教材(或称电化教学)已成为现代教学的主体。其特点是通过视觉、听觉或视听同时发挥作用的方式完成教学任务,为学生提供多感官刺激,提高教学效果。视听资料或电化教学手段的种类很多,各有优缺点,最突出的一点是需要设备条件,因此,需要根据现有条件,结合教学内容、目标等具体情况选择相应的方法,才能获得最佳效果。下面简介常用的几种。

(一)电影

包括故事片和教学片。学生们通过听、视觉进行学习,电影的内容与实际结合得越好产生的效果越好。例如专题纪录片犹如一堂政治课;一部动画片可告诉观众某种哲理、原理。电影的教学形式让学生更感兴趣、轻松。

电影的缺点是需要设备,内容较长,要花费相当的时间,放映电影的环境不便于学生做笔记。目前多主张用录像带的方法替代电影,以克服携带不便的缺陷。为了保证教学效果,采用电影教学时应注意以下几点。

1. 事先向学生说明要看的内容重点、最终达到的目标。
2. 放映教学片之前,教师要亲自审阅影片内容,核实内容是否恰当,防止单纯从影片题目判断内容的做法。
3. 要认真计划好时间。
4. 事先与有关人员联系,做好充分准备,以保证机器正常运转。

(二)投影仪

可供教师直接书写投影、透明胶片投影或实物反射投影。与幻灯机相比,具有多种功能和简便灵活的特点。而且教师可以面对学生边讲边写；教室内光线也有利于学生记笔记；教师可采用不同色彩和不同颜色的胶片突出重点，增强效果，激发兴趣。

为了增进使用效果，使用者应该注意以下几点。

1. 胶片上仅写重点内容，保证清晰度。
2. 用计算机打字时可采用不同字体使重点内容更为突出。
3. 使用胶片膜投影时，注意遮盖暂时不讲的内容，只露当时讲授的内容，以免转移学生注意力。
4. 透明胶片所显示字体、内容应保证准确无误。
5. 教师直接在投影胶片上指点内容，以免背对学生。

（三）幻灯

具有携带方便，看起来美观的优点，可以弥补投影仪体现不出来的某些内容。但相对花钱多，创作过程需要特殊的技术和设备。

（四）录像机

可录音、反复欣赏重点内容也无妨。利用录像机可反馈学生操作情况，便于自我评价，促进教学活动。

（五）计算机教学

计算机辅助教学（computer assisted instruction，CAI）不同于以黑板、白板为传授知识工具的传统教学方式，取而代之以计算机来促进学生与电脑之间的交流，可以弥补传统教学以粉笔、签字笔为教具之不足。执教者将授课内容进行组织和设计，以电脑语言将资料输入计算机，再通过计算机画面呈现给学生。CAI教材经过画面、语音配合的制作过程，使教材显得生动且更具真实性，可以提高学生的学习兴趣。执教者在准备教材时，必须先做全盘性筹划和思考，因此，准备教材的时间要比传统方式多。教师随时可按需要在计算机上方便地修改内容，这种教学方式也能充分发挥教师的专业特长，将创造性和想像力应用于教学过程。

计算机辅助教学对学习者的好处在于：能激励学生主动学习的热情，是一种独立式的学习方式，学生在学习时能立刻直觉到学习效果，立即反应，可正确而快速地评估学习成效，且不受外界因素干扰，使学习者更专心。

一套好的计算机辅助教学教材必须有清楚的解说，穿插图片和适当的音响效果。所有问题着重于启发性，并且评估其能力，学生在操作计算机时，有一对一的临场教学感，并能反复操作练习、应用和模拟现况，以达到理想的学习效果。计算机教学虽然优点很多，但也有不足之处，除需要计算机及教学软件设备支持外，通常无法进行课堂讨论；执教者作为指导者地位而非直接权威式的讲授者，在实施计算机教学过程中显得单调且现场气氛不活泼，无突发问题及问题解答、争论的情况出现。利用电脑教学软件，还可以使学习者在学习过程中、在工作场所或在家中完成继续教育、在职教育及复习课程的学习活动。为此，科技发展的时代，电脑辅助教学方式日趋扩大。

（六）其他

还有电视、录音机等等，教师们可以在教学实践中创造新的辅助教学手段。

（郑修霞）

第五章 临床教学

第一节 概述

一、临床教学的概念及意义

"临床"（clinic）一词原指为病人提供服务照顾的医院或服务机构，是指病人"床边"的意思。随着医学模式的转变和人们对健康照顾需求的增加，在现实生活中，许多护理活动发生在医院环境以外的环境中，如社区护理中心、康复中心、托儿所、幼儿园、家庭或其他保健机构等。由于临床场所的不同，一般人们将健康护理的对象称为"病人"（patient）或"服务对象"（client）。

临床教学（clinical teaching）的概念可以描述为：是帮助学生将既往学到的基础知识与有关诊断、治疗及护理病人的操作技能相结合，为学生提供把基础理论知识转移到以病人为中心的高质量护理中的媒介，并获得进入健康保健系统和继续教育所必须的专业及个人技能、态度和行为。其重点是强调理论与实践相结合。即临床教学必须是将课堂上所学的理论应用于实际，使为护理对象实施的各项护理活动均有理论依据。临床教学不仅可以帮助学生应用理论，而且可以帮助他们从丰富的临床实践中进一步发展护理理论和专业知识。由于护理活动的特殊性，学生在提高他们护理实践能力的同时，还可以学到各种生活技能，例如沟通技巧、自我照顾等等。

临床场所是一个社会场所，它有自己的范围和价值。在这里，学生经历了护理的社会化过程。相对于在学校学习的理想状况，临床学习被看做是护理教育的真实方面，因为在这里学到的是真实的护理实践。学生在临床与在课堂学习有所不同，其不同点主要表现为：在课堂学习理论性强，进行的是模拟病例分析；时间紧迫感较差，即使是急诊病例，也可以逐步分析其疾病进展并拟定措施；课堂教学逻辑性与系统性均较强，准备起来相对容易；不涉及病人的实际情感，学生可以自由发言；可以面对众人进行自由分析问题，无需注意保护性医疗等。而在病房进行临床教学时，遇到病人的随机性强，其情绪变化会影响教学计划的实施；病人的病情变化具有紧迫感，有时在来不及充分讨论分析的情况下就要进行抢救；涉及病人的真实情况，要注意保护性医疗制度；由于病人情况变化较快，准备工作相对困难，对于学生，有时只能见习而已。

在临床，尽管照顾病人或服务对象与护理教育两者密切相关，但相对于临床场所照顾病人或服务对象的主要目标而言，护理教育通常被认为是次要目标。在临床护理实践中，由于短期目标（照顾病人）所造成的压力，使得人们很难以长远的眼光看待问题。很明显，照顾病人必须被看做是临床场所的主要目标，但是也应该看到，护理教育是为将来给病人提供高质量的护理做准备的，因而可以把它当作获得长期效益的投资而给予足够重视。只有认识到这一点，临床场所才能成为一个良好的教学环境。

无论课堂教学还是临床教学，学生都是完成教学活动的关键因素，学生的观点往往对改进教学提供了很重要的参考意见。在临床,学生评价他们的学习经历时往往会涉及教师对他们的帮助、支持、信任以及临床工作人员的知识和榜样作用,所有这些对于临床学习都是非常重要的因素。有经验的教师也发现,如果不以问题方式引导学生的实习,不刺激学生去分析和综合他们的观察,学生在临床的所学所为也只能停留在浮浅的水平上,而教师也只起到了消极的监督作用。

二、临床教学的内容

临床教学是护理教学工作的重要组成部分,是护理教学中理论联系实际的重要环节,是提高教学质量,培养合格护理人才的大问题。通过临床教学,可以帮助学生巩固所学理论知识,同时可以训练学生的基本技能,培养其独立工作能力。全国医院工作条例已经明确规定,医院在完成医疗护理工作的同时,必须组织力量,努力完成学生的实习,包括临床教学工作。在医院中,护理专业的临床教学主要是对研究生、本科、大专、中专等护理专业的临床理论教学,对学生教学实习、生产实习等的指导,以及培养护士学生良好的职业道德,帮助他们树立良好的职业形象等。临床教学包括以下具体内容:

1. 培养临床护理能力　这是指完成教学活动、专业训练和生产实践中具体动作的能力。实际操作使得理论得到证实,使科学思想得到具体体现,使书本的死知识变成现实成果。实习生参加临床实践,熟悉临床常见病、多发病的诊疗、护理技术和预防保健,掌握临床各科有关的新技术、新仪器的使用。因此,要为学生提供充足的实践机会,为学生尽快学习整体护理打好基础。同时,还要注意给学生增加其他领域的知识,如心理学、社会学、管理学知识,并指导学生将相关理论应用于临床。当然,对学生自学能力的训练也是一个不容忽视的方面,要引导学生锻炼独立工作的能力,以及获取新知识和信息的能力等。与学生一起探讨国内外的新知识、新理论和发展方向,促使理论与实践相结合,提高临床护理能力。

2. 培养护理组织管理能力　组织管理能力是指在组织群体活动时,能按照明确的计划充分发挥每个人的积极性、主动性,协调一致地进行工作,以达到预期的管理和培养目标。要指导学生运用系统论、控制论、信息论等原理参加临床护理管理工作,在为病人提供优质服务的同时,运用管理学的理论和知识,培养学生的创新能力。

3. 培养书写及口头表达能力　表达能力是借助于各种方式表达思想感情,如语言、文字、图表等。如指导学生撰写论文,提高医疗文件书写水平。利用各种机会,如交班、病例讨论、小讲座、护理查房等方式将自己的科研成果、思想感情用恰当的方式准确清晰地表达出来,为他人所理解,培养学生的逻辑思维和分析问题的能力。

4. 培养科研能力　结合不同层次培养目标,安排学生进行一些课题设计、实验分析、综合分析、书写和进行科研报告的机会。帮助学生获取新知识、新信息,抓住事物的规律和本质,预见事物的过程,从而提出新问题,探索新规律,建立新的护理理论。培养学生严谨求实的科学态度,良好的科学道德和严密的科学思维方法,大胆提出一些探索性的设想。

5. 培养观察能力　观察对于任何人都很重要,尤其是护理工作者更要善于观察。教师要提供给学生观察资料,并明确观察的目的、对象,实事求是,用动态和整体的观点培养其观察能力,发展学生智力。观察中还要注意事物的发展阶段及全过程中明显和隐蔽的特征,训练学生敏锐的观察力。

三、临床教学的重要性

临床的见习和实习在整个护理教学过程中占有极其重要的地位，是教育的深化，是理论联系实际的重要阶段。通过实习，将在课堂上学习的理论知识与临床实践相结合，培养了学生临床思维分析和解决问题的能力。在为病人服务的过程中进行学习，逐步掌握以病人为中心的身心整体护理所必备的各种技能，学习了正确处理护患、护士与家庭和护士与群体内其他成员的关系，从而锻炼他们适应社会的能力，增强社会责任感和事业心，更好地树立全心全意为人民服务的思想。这是我国医疗卫生事业发展的需要，是衡量高等护理教学水平的问题，是直接关系到向社会输入合格护理人才的事情。所以，广大师生应充分认识到临床教学的战略意义。

第二节 临床教学目标及组织领导

一、临床教学目标

护理教育的最终目标是将护士学生培养成合格的护理专业人才。教学实习计划是临床教学目标的核心,是一个护理专业毕业生应达到的要求,关系到护理教育的水平和质量,教学医院应根据学生不同的学历层次、不同的学习阶段、不同的实习场所,确定具体的教学目标。具体要求如下。

1. 制订目标前,应先了解学生现有的学习情况,要注意与即将实习的特殊环境相配合,使学生在临床实习期间,有一个系统性、持续性和完整性的概念,以达到预定的学习目标。

2. 临床教学目标是教学活动的指导,师生共同以此为依据,双方应清楚各项目标,并要求学生积极主动参与,以调动教与学双方的积极性,提高教学效果。

3. 临床教学目标必须与整个课程的目标、内容、学习环境以及整个学校教育宗旨相一致。应包括学生的知识、情感、精神运动各领域的预期行为,使学生能向一个完美、成熟的专业方向发展。

4. 临床教学目标应有一定弹性,尤其在临床训练各项护理技能方面,应考虑学生的个体差异。尽管学生存在着个体差异,但是在每一阶段的实习中仍应达到预期目标。

二、临床教学的组织领导

科学的临床教学组织领导是提高教学质量的有力保证。

(一)建立健全护理教学管理系统

为顺利完成教学任务,必须建立健全教学的管理系统,领导和实施教学的全部工作,这是完成教学工作的组织保证。教学工作是连续不断的过程,具有统一性和持续性,如对学生"三基"(基本知识、基本理论、基本技能)培养、医院临床见习及实习等都是医院工作的重要任务。因此护理教学管理系统必须领导、组织和实施教学全过程的工作,保证教学质量,以培养高质量的毕业生。这个护理教学管理系统应由医学院校领导、护理学院、护理部的有关人员组成,共同完成临床教学管理任务。

护理院校、教学医院护理部领导可互派成员参加对方的教学活动,定期研究教学工作,组织实施教学计划,加强教学管理。把临床教学纳入各自部门的重要议事日程,共同管理教学,并调动全体教师的积极性,主动搞好教学工作。临床教学管理系统组成后,即由学校及教学医院负责教学的人员挑选并聘任热心教学,具有理论水平、教学经验、管理能力、素质好的临床教师组成教学委员会,研究、布置、检查、总结教学工作,按计划完成教学过程中的各项任务。实习科室有教学小组负责管理,既管理教学又管理学生思想、生活及各方面的工作。

(二)明确临床教学管理职责

1. 护理院校职责

(1)加强学生的毕业实习教育,讲清实习目的与注意事项,加强素质教育,使学生明确生产实习的重要性。

(2)教育学生要遵守医院的规章制度,珍惜理论与实践密切结合的机会,严格遵守操作规程,杜绝差错事故发生。

(3)按照学生的层次和教学目的备好实习手册,认真学习并研究手册内容。

2.教学医院职责

(1)思想上重视临床教学:护理院校下达实习计划后,医院领导要在医院各种会议上反复强调医院的职责及临床教学的重要性,落实临床教学任务,并提出具体要求,使全院工作人员都能重视临床教学工作。与此同时,加强医院科学化管理,为学生创造良好和谐的学习环境,这样做不仅对教学有益,而且有利于提高护理服务质量。

(2)加强临床教学的组织领导:对承担实习的科室实行院级、科级分层管理,管理人员各司其职,共同负责教学工作,学院教学委员会负责教学安排、检查。学生到医院时,要负责全面介绍医院情况,包括规章制度、各科轮转计划、对实习的要求和生活管理等。科室负责落实实习计划和带教老师。

(3)落实实习科室职责:实习科室由科主任、护士长及有教学经验的主管护师以上的人员组成教学管理机构,负责组织实施毕业实习计划。实习科室要做好以下工作:①根据实习大纲,积极做好科内的教学准备工作,迎接实习生。发动全科医护人员为培养合格人才做贡献,体现教学人人有责的思想,护理人员更要发扬南丁格尔的奉献精神,严于律己,以身作则,从思想上做好教学的一切准备。②依据实习大纲,制订本科切实可行的教学计划。对科内特殊疾病的检查、治疗及护理技术操作,应让学生参加或做辅助性的工作,充分调动学生的学习积极性。③做好病区整顿工作,使各项工作制度化、规格化、条理化,以规范化的作风影响并要求学生,在物品和仪器方面为学生创造条件。④积极做好病员的思想工作并向病员宣传,主动配合教学工作,参与专业人才的培养过程,同时培养学生的爱伤观点和对病人负责的态度。⑤严格选拔师资。临床教师在毕业实习中对学生起着表率作用,为保证教学任务的完成,不断提高教学质量,教师的素质是重要问题,所以要选好并培养好带教老师,这是保证实习质量的关键。

(4)明确临床教师职责和工作程序:临床教师的主要职责是落实临床带教任务,给学生提供具体的理论联系实际的学习机会,帮助学生完成实习计划。临床教师可以按照下列工作程序进行工作安排。首先向学生介绍病房情况,解除学生的陌生心理。然后明确教学计划并将计划告诉学生,让学生积极参与,共同了解教学的目标和内容。实习过程中,临床教师依据教学目标要求,指导学生学习护理有关知识和技能,培养学生的观察能力和运用护理程序对病人进行身心整体护理的能力,同时要严格做到放手不放眼,放做不放教,为学生实习把好质量关。另外,注意培养学生与其他专业人员合作的精神。要让学生认识到只有大家密切合作,才能完成对病人的整体护理工作。学生在科室实习结束,要做好检查、总结和鉴定,向下一个实习科室教师介绍学生情况,保证教学的连续性。

(5)建立教学联系与检查制度:教学医院要定期召开实习科室临床教学组长、实习生组长及带教老师座谈会,掌握实习进度,了解实习生思想动态和教师对实习生的反应。同时临床教学委员会根据教学计划要求,组织有关人员到实习科室检查教学完成情况,为教学计划的制定提供依据。检查时要注意对学生的操作技能进行考核及理论考试,并记录成绩;分别定期召开师生座谈会,听取师生对教学的意见和建议;对带教老师进行教学评估,由实习学生填写评估表,对教师的教学水平、责任心、带领操作、讲解分析等方面进行评估;实习结束时,及时进行全面总结,做好经验交流,共同提高教学质量。

(三)加强对实习生的管理

实习学生从学校到医院,从课堂到临床,由学习书本知识转变到为病人服务的过程中,学习环境、对象和方法都发生了改变。院方必须了解学生的情况，有针对性地做好思想工作，同时加强生活管理，保证实习任务的完成。

1. **严格思想品德教育与管理** 要严格要求学生遵守医院规章制度，遵守大学生和实习学生守则，爱护和关心病人、尊敬老师、团结同学、虚心学习。要使每个学生明确护理工作的严肃性和责任性，养成良好的职业道德，树立远大目标，要有为护理事业献身的精神。

2. **加强学生职业素质教育** 生产实习是学生向护士角色过渡的阶段，也是道德观念形成的阶段，通过临床实习，学生直接管理并服务于病人，其实践活动体现了基本的职业特征。实习期间，学生既要按照社会需要塑造自我，又要对各种社会现象做出分析和选择，还要对即将进入的社会环境做好心理准备。职业素质教育的主要任务是做好学生由知向行的转化工作。教师要以身作则，寓教育于服务之中，培养学生的职业自豪感和工作责任心。

第三节 临床教师角色及选择

一、临床教师角色

"角色（role）"一词是用来描述人的社会行为，即指社会中某一特定地位人群的行为，而且这些行为具有一定的可预测模式。在社会中的角色往往是按照社会或特定组织的期望，以及个人对自己的期望所表现出的行为形成的，因此，角色还反映出这一特定人群的目标、价值观和情感等。每个人都担当着多种角色，例如，一位女护士，她在工作中要表现出专业护士所应具有的角色，在家庭中她是子女的母亲，也是父母的女儿，还是丈夫的妻子，因而她要在不同情景下表现出护士、母亲、女儿、妻子等的角色行为。

一个好的临床教师对于临床学习环境起着举足轻重的作用。由于临床教学的复杂性，临床教师也扮演了众多的角色。她应有现代护士的专业角色，同时又承担教师角色，既是护理实践的参与者，又是护理专业教育者。护理实践参与者包括提供照顾者、健康教育者、管理者和决策者、病人利益的维护者等诸多角色；教育者的角色又进一步延伸到包括技术顾问、咨询者、支持者、研究者、改革者、评估观察者、计划者以及促进者在内的许多角色。

临床教师的教育者与护理实践参与者的角色有时是重叠的，有时是分开的。这两种角色对于学生来讲都是需要的。临床实践能力对于教师是非常重要的，因为这些知识和经验可以帮助学生综合基础理论知识与临床实践。临床教师作为护理照顾者可以成为学生的角色榜样，学生从他们身上可以学习到护理人员应该怎样与被照顾者沟通、交流，如何思考问题、解决问题和采取行动。但是，作为临床教师，其教育者的角色应该是第一位的，教师最主要的职责应该是对学生负责。以下分别介绍护理专业教师的角色。

（一）护理实践参与者

1. 提供照顾者（care-giver） 运用护理程序进行护理实践是临床教师的基本技能。护士在各种健康保健机构和场所为服务对象提供照顾、进行健康宣传和教育，以帮助病人减轻痛苦、恢复健康，帮助照顾对象维护健康、预防疾病发生，同时满足他们生理、心理、社会、精神等各方面的需要。参与护理实践包括保持良好的环境，使帮助照顾对象舒适，减少应激，预防交叉感染发生，给予合理的、适合被照顾者的健康指导和宣教，与其他人员合作执行诊疗和护理计划等。

2. 健康教育者（health educator） 临床教师是护士的一员，可以在医院、家庭和社区等各种场所行使其健康教育者的职能。例如，在医院，教育病人和家庭成员了解有关疾病的用药、治疗和护理方法以及康复的知识，帮助病人适应患病期间及其日后的生活等；在社区，教授人们预防疾病、避免意外伤害、促进健康的知识和方法；护士还有教育其他健康服务者，以及向有关政府机构提供健康报告和建议的责任。社会对护理教育者角色的需求将越来越大。

3. 管理者和决策者（manager and decision-maker） 每个护士都在执行着管理和决策的职责。临床教师作为管理者，要管理物质资源、人力资源和计划资金的使用，制定本单位的发展方向。作为普通护士，要管理病人及其相关人员，为服务对象制定护理计划，组织诊疗和护理措施的实施，以解决病人的健康问题，帮助病人做出决策并有效控制医疗花费，安排出院事宜等。

4. 合作者和协调者（cooperator and coordinator） 现代护理学要求护士与服务对象、家庭以及其他健康专业人员紧密合作，以更好地满足人们的需要。在包括护士、医生、营养师和康复技师等人员组成的多学科小组中，大家要在一些方面达成共识，如病人的需求、治疗和康复方案，以及所采取的具体方法等，并且相互配合和支持。更重要的是让病人及其家庭参与到诊治和护理过程中。病人所获得的照顾来自于各种不同的健康专业人员和非专业人员，护士作为协调者应指导、计划和组织好各种人员为病人提供服务。

5. 病人利益的维护者（vindicator of clients' benefits） 病人在住院前、住院中和出院后会接触许多健康服务者，作为病人利益的维护者或称代言人，护士有责任帮助病人理解从其他健康服务者那里获得的信息，并补充需要的信息，以协助其做出有关决定。同时，护士有保护病人的利益和权利不受损害的责任。

（二）教育者

1. 评估者与计划者（assessor and planner） 护理教师主要是评估临床教学环境、观察学生对临床教学的态度及在临床中的表现，并对学生的期望和标准进行评定，公平地评估每一位学生。临床教师还要观察病人，了解他们的情况，并与周围医务人员讨论、协商，对一些可能出现的问题做好周密计划。作为计划者，临床教师要评估学生的准备情况，尽量为每一位学生提供学习机会。在做计划评价时，承认学生做出的努力，以维护学生的自尊并树立其自信心，并为进一步的提高提供建议。

2. 促进者和支持者（encourager and supporter） 临床教师作为学生学习的促进者，一方面他要督促指导学生在实践中体会所学理论，另一方面又要鼓励学生自学，为其提供资源。教师不仅要鼓励学生的创造天性，赏识其独立性的操作技能，而且要注意激发学生的创造力，不要擅作主张，忽视学生的意图和期望。作为支持者，不仅要鼓励学生弄清他们的学习要求，帮助学生明确所关注的事情，提供一些减轻他们临床学习压力的方法，同时帮助他们学会独立解决问题的技巧等。

3. 咨询者和技术顾问（inquirer and counselor） 作为咨询者，临床教师运用沟通技巧和熟练的教学方法，鼓励学生在临床与照顾对象交流时勇于发现问题，积极提问，讨论其感受和承受的压力，以及学生在处理具体问题时遇到的困难，然后为学生提供相应的知识和解决问题的方法，帮助其选择最佳的解决方案。具体做法可以有：刺激学生认识，并分析他们每天遇到的问题；鼓励学生记录他们的想像与现实的不同；对学生提出的问题进行讨论；为讨论具体操作的意义提供便利。

如当学生在与孕妇交流和为其宣教时出现了某些困难，临床教师鼓励学生发现自身知识和方法的不足之处，然后为学生提供相关的保健知识咨询和采取更好的沟通技巧等。临床教师为学生提供咨询的同时，也在承担着顾问的角色。作为技术顾问，临床教师也为其他工作人员和学校教师提供技术信息和指导。

4. 研究者和改革者（researcher and reformer） 用科学研究的方法解决护理实践（特别是理论与实践的结合）、护理教育、护理管理、护理伦理等各个领域的问题是护士的职责，同样也是临床教师的一种角色功能。教师要与学生建立合作关系，刺激他们的需求并提倡发掘知识。同时还要勇于改革，在实践中通过应用和检验护理研究成果等方法，不断改革护理服务方式。引进一些新的方法评价学生的个人能力，拓展学生个体的智力水平和实践能力，进行更高标准的考核。

临床教师与其他教师最大的区别在于他必须参与到学生的实践中去。当然，临床教师可以是一个观察者，注意观察学生的表现以便于以后进一步进行讨论和评价；但是在更经常的情况下，临床教师需要参加到实践中去照顾病人或服务对象，与他们进行交谈并对他们进行教育，通过榜样作用对学生进行引导。同时，教师在学生和护理对象之间还可以起到缓解矛盾，避免尴尬情况的作用。

此外，临床教师应该关心教育心理学和认知科学研究的新进展，通过运用认知、学习、记忆及动机等方面的知识来评价新的研究，并尝试应用新的教学方法。另一个需要引起重视的是，临床教师在课程设置发展方面所起的作用。课程内容是临床实践的基础，临床教师应积极地评价课程设置，使之与学生的需要同步；同时还可以通过临床护理研究来完善课程设置、发展新的教学方法、提高教学质量。

临床教师面对临床多种专业领域，而他又不可能成为临床所有专业领域的专家，因而他们面临巨大的压力。同时，临床教学具有更大的机动性和教学方法的多样性，而且还会遇到他人的干扰，如病人、家属或其他工作人员等，这些都对临床教师的协调能力提出了很大的挑战，会在客观上对他们造成很大的压力。

二、临床教师的选择

临床教师作为护理教学工作中重要的一员，必须满足一定的条件和要求，才能保证临床教学的质量。一般对临床教师有如下要求。

1. 个人素质　临床教学老师应该符合大学老师的基本要求。首先要有渊博的专业知识和文化科学知识，除要精通本学科的基础理论、专业知识、专业技术外，还必须有较深的文化修养。其次，要懂得教育科学规律，学会教育技巧，更好地调动学生的积极性、主动性和创造性，激发学生的求知欲。第三，临床教师要勇于探索，富于进取精神和学术上的开创力，同时加强高校与社会的联系。第四，要有高尚的道德品质，良好的医德医风，做学生的楷模。

2. 知识结构　包括临床教师的基础医学和护理专业知识，文化科学知识和教育学、心理学知识等。临床教师的专业知识必须精深，不仅掌握和理解了临床教学大纲的要求，而且要远远超出它的范围。随着现代医学模式的转变，临床教师在具有一定专业、学科知识的前提下，还应该具有广博的基础文化和科学知识。另外，教育学和心理学的知识对提高教学效果也具有重要作用。

3. 能力结构　能力结构是指运用知识的能力，包括教学能力、自学能力、研究能力、思维能力、表达能力、应急能力和组织管理能力等。在组织教学中，能做到理论联系实际，抓住重点和难点，深入浅出地传授知识和技能，根据制定的教学大纲和目标，组织实施教学活动。在组织教学中还要注意结合临床具体情况，进行教学改革，树立符合时代的教育观念。

4. 职业道德　临床教师要热爱本专业的教育工作，热爱学生，关心学生的成长，具有良好的职业道德，乐于助人，为人师表，以身作则。在工作中具有高度的责任心，严于律己，关心体贴服务对象的疾苦，耐心细致地根据学生的具体情况，因材施教，做到既教书又育人。

第四节 临床教学环境

一、临床教学环境的组成

与学校里只有师生参与的教室学习环境不同,"临床学习环境"作为一个整体概念,涉及临床中包括学生在内的众多方面。这个学习环境不仅适用于学生,而且适用于在临床工作的所有人员。正是各个方面相互作用的结果,决定了临床学习环境的有效性。我们将对这一环境的组成方面逐一进行分析。

（一）临床护理人员

临床护理人员,特别是病房护士长的角色是影响临床学习环境的最主要因素。他们不仅控制和管理这一实践场所,而且是护理实践的角色榜样。病房护士长的领导方式、工作特性、性格特征等直接影响学习环境的有效性。下面我们介绍国外学者研究发现的有关学生认为有助于临床学习的护理人员特征,这些特征也构成了临床护理人员和其他人员的工作准则。

1. 以人道主义态度对待学生　护士长和其他临床护理人员应确保能够以热情友好、宽容和善的态度对待学生,并对他们表示关心,使学生感到易于接近并且可以获得支持和帮助。护士长及临床护理人员必须认识到护士学生是学习者而不是多余的几双手或廉价劳动力,应该促进学生自尊、自信的发展。

2. 小组团队精神和利于教学的管理方式　临床护理人员是一个工作小组,他们之间相互团结、相互支持及相互合作,可以建立起一个良好的气氛。这种团结向上的气氛有利于学生发展集体主义精神,并能够促进学习。临床护理人员应把学生看做是临床工作小组的一部分,从而使学生感到自己是集体的一员而不是被排斥在小组之外。同时临床护理人员互相学习,积极钻研业务知识,努力提高专业技术水平,有助于建立良好的学习气氛。这种气氛可以促进学生积极主动地学习,也更有利于团结。

为了提供高质量的护理,管理方式应该是高效灵活型的,医院和护理部领导应为学生学习提供充分的有利条件和机会。在整个组织结构中,教学应该占有一定的位置,要对学生委以责任并鼓励他们进行创造。临床所进行的护理实践应该尽量与学生在护理学校所受的教育保持一致。

3. 合格的护理实践　由于临床护理人员对学生起着角色榜样的作用,因而他们自身在各自专业上的实践能力和工作质量及态度、行为、作风将直接影响到学生的学习。临床护理人员高质量的护理实践,是有效的临床学习环境所必不可少的条件。

4. 教学意识　临床护理人员作为学习环境中的一个重要方面,应该愿意用各种方法进行教学,并尽可能为学生提供各种学习机会和尽量好的学习条件,如为他们提供必要的参考书,鼓励他们提问,参加医疗查房、护理查房、查阅病例记录,执行各项护理操作,以及观察学习新的技术操作过程等等。

（二）临床教师

一个好的临床教师对于临床学习环境起着举足轻重的作用,其能力是一个非常重要的问题,他们应该依据学生的不同层次、社会对护理的要求和学校教育哲理而有不同的能力,临床教师的职责是对以下几个方面做好充分的准备。

1. 讲授　包括备课认真,准备各种教学用具,授课语言精练,口齿清楚,条理性强,有逻辑性。能运用各种声调，语言幽默，态度和蔼，注重形体语言的运用，并及时对学生的反馈做出反应等。

2．提问　包括提出的问题清楚明白，所问问题涉及的范围广，并且包括不同水平的问题，例如不仅局限于问一些记忆/回忆性、理解性等低层次的问题，而且问一些运用性、分析性、比较性、综合性以及评价性等高层次的问题。还包括鼓励学生发现自己的学习需要，提出问题并准确地评价自己的表现。

3．解决问题　包括描述问题、分析影响因素、收集资料、分析资料、寻求解决方法以及应用这种方法去解决问题并予以评价。

4．组织讨论　包括明确讨论目标并做出计划、指导讨论以及总结讨论结果。

5．评价　包括根据实习的具体目标，按照一定的客观标准评价学习效果。

（三）其他专业人员

作为临床工作人员的一部分，其他专业人员，如医生、理疗师、营养师、化验员等也都是临床学习环境的主要组成部分。他们对待学生的态度，自身的实践能力以及教学意识等等也同样影响护士学生的学习。病房护士长应该向新来的非护理工作者解释临床教学的意义，使他们认识到自己是学生学习的一个资源，从而尽可能为学生提供各种学习机会，例如让学生参加医疗查房及各种专业讲座，观看新技术、新操作等。同时，其他专业学生的态度和评价也是影响护士学生学习的一个不可忽视的因素。

（四）辅助人员

在临床，护士学生会遇到各种辅助人员，如搬运工、卫生员等等，他们中有些是在临床长期工作的，有些则只是临时的，但他们都会对整个临床学习环境产生影响。如卫生员不是由护士长领导，就可能会产生一些问题，当进行外科换药时，卫生员不停止清扫地板，就会产生冲突。还经常发现，一些长期在临床工作的辅助人员无形中扩大了他们自己的角色范围，例如，他们会给病人测脉搏，可能会给学生实习造成潜在危险，因为学生从他们那里学到的是不正规的，甚至是错误的技能。此外，有些长期在某区域范围从事服务的辅助人员，可能会在该区域拥有很大的权力，可能会干预教学过程，影响教学效果。当然，更多的临床辅助人员为建立良好的临床学习环境积极地做出了贡献，他们努力让学生感到亲切，就像在自己家里一样轻松自在，处处受到关心和帮助。

（五）实习生

应该引起特别关注的是，护士学生本身就是临床学习环境中的一个部分，而不是仅仅被动地接受其影响。一个有效的学习环境会鼓励学生对自己的学习负责任，并主动地为此寻求机会。如果学生可以自由提问并允许持反对意见，会有助于他们提高评判性思维和判断能力。试着做是学习过程中一个很重要的部分，学生可以试着应用不同的概念和原理，采用各种新的方式、方法护理病人。当然，同时需要考虑到在这一过程中可能给病人造成的危险，并牢记工作人员的责任是尽可能把危险因素降到最低的程度。教师往往会对学生提出不现实的要求，希望他们能够把任何事情都做得很好，而忽视了错误常常是学习过程中不可避免的事实。教师应该和学生一起共同分析失败的原因，以便从失败中吸取教训。

在同一临床区域中，可能还会有其他相同或不同年级的学生共同实习，他们彼此之间也会产生影响。曾经在某病区实习过的学生，尤其是那些同班同学的观点，他们的喜恶经常会影响到后来的同学。应该记住，同学之间的相互支持是非常宝贵的。因此，教师可以安排两个学生一起实习，他们可以共同讨论解决问题的方法，做出决策，这种做法对于双方的学习都十分有益。

(六) 护理对象

病人或服务对象的许多特征可以对学生的学习环境产生很大的影响，例如病人所患疾病的类型。在急性病区，特别是危重病人较多的 ICU（重症监护病房）和 CCU（心血管病重症监护病房），工作重点放在了护理技术上，这在增加了工作吸引力和兴奋性的同时，也会对这些还没有足够信心来完成这些技术的学生造成很强的应激。在某些病区，如产科，病人的周转率很高，这可能会影响学生全面收集资料和进行评估的过程。

由于病种的不同，导致病区的"情感气氛"不同，这也会影响学生的学习。例如在消化科，患消化性溃疡的年轻病人可以创造一种愉快和谐的乐观气氛，与学生及工作人员之间建立融洽的关系和友谊，学生们便会乐于在这种气氛中学习。相反，在血液病和肿瘤病房，由于面对濒死的病人，常常会给学生造成很大的应激。还有些病房可能会存在一些伦理学问题，例如病人需要用机器维持生命等情况，这也可能增加学生的应激。当然，病人的其他一些特征，如他们的性格特点，他们是否与医护人员合作等也都影响着学生的学习。

(七) 护理类型

学习环境的另一个方面是临床所采用的护理方式，如责任制护理、功能制护理或小组制护理等。在实行责任制护理的病区，学生可以应用护理程序进行护理评估，发现护理问题，制定护理计划，采取相应措施并评价护理效果。这既可以帮助他们学习系统地护理病人的方法，又可以发展他们分析问题、解决问题的能力。同时，他们还获得了承担责任、做出决策的机会。

与责任制护理不同，功能制护理以任务为中心，它把护理工作简化成一系列分开的、各不相关的任务，很少考虑病人或服务对象的整体需要。在实行功能制护理的病区里，学生只学会了如何完成任务，失去了系统地照顾病人的机会，从而限制了他们分析问题、解决问题、综合判断能力的发展。

此外，还有一种按护理理论或模式为框架的护理类型，按照理论或模式构架进行护理工作，可以使收集资料、制订护理计划等活动变得富于意义。例如采用 Orem 自理模式的病区注重病人自理的实现，而采用 Roy 适应模式的病区则更注重控制作用于病人的各种刺激，从而促进病人的适应性反应等。在这样的病区实习，学生可以把他们所学的护理理论有效地应用于临床实践中，从而促进他们的学习。

(八) 教育机会

前面已经提到，所有的临床工作人员，包括临床教师、临床护理人员以及其他专业技术人员在内，都应该尽可能为学生在临床进行观察和讨论等提供学习机会。此外，制订一些比较正式的学习计划也有助于指导学生学习。例如组织一些专题教学讨论，请临床专家进行讲座等等。关于临床教学的一些具体方法将在本章第四节中进行讨论。教育机会还包括使学生可以自由地阅读病例记录，以及提供一些教科书和专业杂志等等。

(九) 资源

资源在任何机构里都是一个重要因素，当其不足时，就会出现各种问题。人力资源对于提供高质量的护理来说是必不可少的，当临床上缺少受过专业训练的工作人员时，整个工作就会混乱。而专业护理人员的短缺也会直接影响护理专业教育的质量。支持性服务也是很关键的因素，因为通常情况下当支持性服务发生短缺时，护士不得不承担所有的服务，从而使护士学生参与许多学习目标以外的非护理专业的工作。

除了人力资源外，物质资源的缺乏也同样会使学习环境受到影响。例如某些病区可能缺少供学生进行学习和讨论的示教室等，也将影响许多教学活动的开展。

（十）物理环境

尽管每个学生可能会对临床物理环境（包括颜色、气味、声音以及建筑结构等）产生不同的反应，物理环境对一些学生的影响可能会很强。特别是对于那些环境适应性较差的学生，临床的现实状况可能会给他们造成很大的应激。

（十一）其他

当然，还有许多其他因素影响临床学习环境，例如学生在临床实习的季节，同期在临床相同区域进修、学习人员的数量，每班工作时间及类型，甚至于食堂就餐时间等等。

二、社区临床教学环境

前面我们讨论的临床学习环境，重点强调了与医院相关的学习环境。当学生在社区中进行学习时，环境也非常重要。很明显，社区的物理环境与医院的物理环境有很大差别，特别是当涉及去病人家中进行访视时。在这种情况下，护理人员是客人，通常大量的教学活动是通过观察来完成的，当离开病人家之后再进一步进行讨论，这就要求教师具有良好的人际交往能力和沟通技巧。此外，与医院的护理对象——病人不同，在社区的护理对象多是健康人或处于康复期的病人。尽管在社区面对的环境不像在医院紧急，但是，它要求社区护士能够相对独立地解决问题，因此社区的教学环境更有利于培养学生独立分析问题、处理问题的能力。

三、临床教学环境对学生心理的影响

临床学习环境中的各个组成部分对学生心理的影响，主要是使学生产生不同程度的焦虑。焦虑是当个体预感到威胁或障碍时产生的一种不愉快情感，它可以导致整体觉悟度的提高或降低。每个个体都有其最佳的觉醒程度，在这种最佳程度下，个体的工作效率最高。当觉醒程度过高或过低时，完成学习任务的能力就会退化。图5-1显示了觉醒水平与人的工作效率之间的关系。可以看出，当一个个体觉醒程度低于或超过最佳时，他的学习和做决策的能力就会下降。

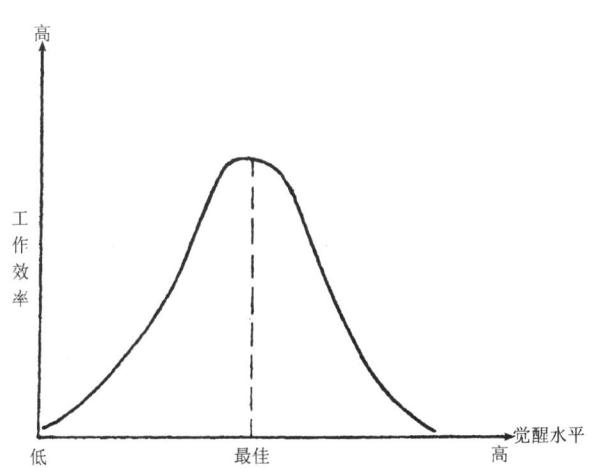

图 5-1 觉醒水平与工作效率的关系

学生在大多数临床或社区场所都有可能遇到各种各样的问题和产生不同程度的焦虑，例如，面对一位濒临死亡的病人，焦虑程度就会特别严重。当然工作本身的压力也具有很大应激性和挑战性，例如在急诊或重症监护病区护理病人时，学生还不能确信自身具有的真正实践能力。此外，病区的护理人员、其他专业技术人员、辅助人员对他们的态度，甚至病区的物理环境本身都可能引起学生的焦虑。所有这些因素可能会综合起来影响学生的表现，致使学生有时连最基础的，而且已经掌握得很好的操作也会出现错误。如果学生再进一步受到临床工作人员及护理教师态度和行为的压力，就会更加重其焦虑程度。

四、临床教师态度或行为对学生学习的影响

在整个临床教学过程中，临床教师的态度或行为会对学生的学习产生极大的影响，临床教师的良好行为是对教学效果的重要保证。国外一些研究报告了学生们认为临床教师影响学习的行为如下。

1. 有助于学习的态度或行为　愿意解释并回答学生的问题；关心并尊重学生；鼓励并表扬学生；指出学生的进步；具有幽默感；声音、语调愉快；当学生需要时随时会出现在学生身边；对学生进行指导的量适当；表现出自信并信任学生等。

2. 不利于学习的态度或行为　使学生有威胁感；嘲笑讽刺学生；行为傲慢；轻视学生；在其他人面前纠正学生的错误等。

因此，临床教师应该尽可能尊重、鼓励、支持学生，相信学生的能力，平时工作中采用友善的态度和行为关心学生，从而减少他们的焦虑，促进他们学习。临床教师还应注意积累经验，与学生共同学习，相互学习，增加学生的自信和学习动机。

五、临床教学环境的评价标准

临床教学不仅涉及教师的"教"，学生的"学"，而且与医院的病床数量、病种、仪器设备、基本建设、经费、医护人员的素质、医院管理、教学指挥系统的组成等方面都有关系。

前面我们概括了影响临床教学环境的因素，护理学校需要针对这些因素制定一些标准来控制学生的临床学习环境。在制定标准时，如果能积极地邀请临床工作人员参与，则会使之更准确有效。实际上应该由临床工作人员最先确定现有临床环境条件的优缺点，因为这是他们对其系统不断评价和改进的一个重要组成部分；护士学生也应该对其提出建议，他们是临床学习环境的最直接受益者；同时临床单位领导者的重视也是一个相当重要的方面。作为合作关系，学校的工作人员可以和临床人员及其领导者一起进一步分析他们提出的优缺点，制定一系列适用于各个病区又对学生学习有利的环境标准。当然，应考虑到每个病区的特殊情况，标准也应有一定的灵活性。下面是一些作为满意的临床教学环境应该具备的基本特征。

1. 由健康权威机构认可，并能够：①提供良好的医疗护理服务；②满足临床实践的需要；③由适当合格的工作人员提供足够的教学和指导；④提供专业继续教育的机会；⑤提供足够的经济支持以维持一定的标准。

2. 教学与护理实践之间应具有成功的合作关系。

3. 临床环境必须具备良好的学习氛围，包括：①所有的工作人员都能获得并利用学习机会；②病房护士长应该定期进行检查和评价；③在护理实践中应用护理科研的一些新发现；④护理人员积极热情地钻研护理专业知识和技能。

4．应该拥有一个具有一定设备的护理教学基地，以保证学生或教师拥有共同的教与学的场所。

5．教师与学生的比例适当。

总之，学校与临床单位应共同合作制定出一系列临床教学环境的标准，从而为护士学生在临床学习阶段提供良好的条件。

第五节 临床教学常用方法

　　临床教学与课堂教学有很大的区别，临床教学很少采用说教式，大部分是以教师与学生一对一或小组的形式进行的。在这种场合，学生与教师之间建立起良好关系是非常重要的，因为工作的需要他们之间需要有大量的密切接触和相互合作。在临床，学生在通常情况下会受到一定程度的监督，而监督本身就具有应激性，特别是对于初到临床的学生就更为强烈，这是很难避免的问题，教师要尽量体现出对他们的关心、理解和帮助，从而有利于学生完成学习任务。

　　在临床教学中，教师需要持续注意学生之间的积极性、理解能力及操作技能等存在个体差异，当然也受到学生在其他科室学习时间和经历的影响。教师必须接受这一差别，并针对不同的学生采取相应的教学方法，同时还必须允许学习比较慢的学生有更多的时间完成护理工作。教师应注意这些学生也像其他人一样渴望能够胜任工作，能够有机会进行尝试并做出决定。

　　临床教学存在一些特殊的困难。困难之一是教师为完成教学目的通常需要仔细地判断是否需要征得病人的同意。在某些情况下临时征求病人同意的方式并不合适，因而要求教师在接近病人之前必须向护士长详细地咨询，以确保病人的配合。另一个困难是，当病人询问自己的病情时应该告诉他多少信息。教师最好在解答提问时，注意评估病人的承受能力和对自身疾病的了解程度，从而决定哪些信息可以告诉病人，而哪些是要向病人保密的。第三个困难是，满足病人护理的需要与学生积累经验的需要之间常常会存在一定的矛盾。护理教师既要满足教学的目标，同时又要考虑临床的具体情况，其责任是努力试图使两者相对平衡。

　　根据临床教学的特点，护理专业临床教学常用以下教学方法。

一、带教制

　　带教制是一种常用的个体化的临床教学方法。一般是一个教师带一个或几个学生，学生在每天的临床实践中与一个角色榜样共同工作。临床教师的高质量监督是学生巩固知识、发展专业技能的基础。带教制充分体现了"以教师为主导，学生为主体"的教学模式，是一种行之有效的方法。

　　带教制的组织方法主要是教师在学生进入临床前，根据教学大纲和学生多少，选择合适的教具和护理服务实践对象。学生进入学习环境以后，由带教老师组织学生参观或进行操作练习。此时，教师可以采取"一看二练三放手"的方式逐步指导学生进行护理操作。

　　在带教制中，学生还可以表格方式评价老师的带教过程，当然，教师也要明确表格中涉及的内容，以便做出表率。表5-1是利用Keller的四个主要的动机维度设计的学习动机激发技巧，供参考。

　　带教制作为一种临床教学方法，其特点在于这种经历有助于增进教师的知识和技能；教师发挥了自身价值，感到被需要并受尊敬，增加他们工作的满意度；改善他们的人际关系等。同时对学生也有相当的益处：学生同一位合格的临床带教老师一起工作可以获得许多有价值的帮助；带教老师能够为学生选择最适合的服务对象，并通过照顾这样的服务对象达到学习目标；而且在带教老师的监护下，避免工作中的失误，杜绝差错事故给病人造成的损失；在老师的指导下，结合服务对象的特点，可以进行一些专题研究，在实践中锻炼自己的科研和创新能力。

表 5-1 学习动机激发技巧

技巧	如何运用	出现频度
吸引学生的注意力		
表现出对主题的兴趣[1]		
激发好奇心		
积极促进方式		
语言幽默引导学生		
使用有关[2]的教学手段		
制约学生的兴趣		
挑战他们的成功		
让学生感到自身的价值并不断得到奖励		
刺激学生的期望[3]		
激发他们的信心		
着重正性期望		
制订成功完成某项操作的标准		
为学生的成功创造机会		
增加满意度[4]		
为有意义的实践操作提供奖励		
即使实践操作不成功,也会得到某种程度的肯定		

1. 兴趣是指学习者的好奇是否被激发起来,这种好奇将持续多久;
2. 有关是指学习者获得了能满足自身需要或达到自身目的的指导;
3. 期望指学习者获得成功的最大可能或他们能在自身的控制下得到成功;
4. 满意度指学习者的内在动机或他们的反应得到外在的奖励。

当然,带教制也会给临床教师带来一定的压力。压力一方面来源于重复的带教过程及额外花费的时间、精力,例如带教老师需要指导学生的护理实践,同时要解答学生的问题并为学生的行为负责;另一方面,带教老师与学生之间的性格及教育背景的不同也可以造成压力,例如一个本科毕业的带教老师指导一个中专护士学生或者相反的情况;此外,压力还可以来源于对学生进行评价的过程以及遇到表现差的学生等等。另外,缺少有效的奖励机制,也会使带教老师丧失积极性。为了保证带教制的质量,必须遵循带教老师的选择原则选择临床教师,同时,要重视为带教老师提供必要的培训机会。

采用带教制时应注意教学医院与学校的密切配合,注意良好的沟通,建立相互信任和尊重的关系。学校教师也可以定期邀请临床带教老师、学生以及其他参与教学的人员举行座谈会,讨论带教过程中存在的问题,共同商讨解决问题的具体办法。

二、实习前、后讨论会

实习前后讨论会是现今护理临床教学中较普遍运用的方法。此种教学方法可以极大地发挥临床实践基地的作用,是学生获得临床学习经验的重要组成部分。

实习前讨论会一般需要半个小时,然后是与病人的交流和执行护理操作,最后是半个小时的实习后讨论会。

实习前讨论会上，教师要明确并澄清实习目的，安排实习的理由和学生实习的内容及希望达到的目标。通常，临床老师在实习前一天选择病人，校内老师和临床老师共同备课，教师在见习前一天或当天开始见习前向学生说明实习安排。教师通过提问或参加学生课堂学习的方式评估学生对护理问题的理解程度、观察问题的能力，从而获得足够的信息，以便更好地组织教学。临床教师还要注意指出学生对某些问题理解的偏差和不可行的地方。当然，作为临床老师，也要结合具体情况，必要时对教学案例做临时调整，以保证教学计划的落实。

实习后讨论会可给每位学生提供一个重新认识分析自我的机会，在评价当天实施护理活动的有效性、分享学习成果的同时，通过其他成员的帮助，获得建议，解决疑问。实习后讨论会应由学生自己主持，老师只是承担一名顾问的角色，在整体上控制会议的进展，激发学生的思维，反馈信息，同时做总结性发言。教师要注意尽量让每个学生都有参与机会。学生通过实习后讨论会，逐渐使自己变得可以主持、组织小组会议，个人专业思想和技能也同时得到进步和发展，促进了个人的成长和成熟。

所以临床实习前、后讨论会并不是学生实习的附属部分，而是完整临床教学的重要组成部分之一。它不仅为学生提供了将理论与护理实践结合的一个途径，而且为他们提供了参与实践活动、主持小组会议和锻炼技能操作的机会。通过自己做，获得经验，使学习得到了很好的强化。

三、临床查房

临床查房是临床工作中为了提高医疗护理质量及临床教学水平而采取的一种较好的教学方式，是为了提高学生的认识能力而采取的一种加深学生对某个问题认识的一种教学方法。它实质上是一种内容比较充实的，为了学生学习目的而设计的，由多位有临床经验的临床教师共同参与的学习会议。通过临床查房，学生可以记录查房的过程，查房解决的主要问题，提问自己不明确的问题，以及查房教师在处理病人疑问时采取的方法，从而为自己以后的工作提供借鉴和指导。

临床查房有医疗查房和护理查房。学生通过参加医疗查房可以知道病人所用的治疗方案和存在的医疗问题，以及整个的治疗计划，了解医疗小组在病人照顾中所扮演的角色，从而更加理解自身工作的性质和范畴，同时也可减少医护不一致的矛盾。而护理查房可以帮助实习学生明确病人的护理问题和应采取的护理措施，以及针对此类病人制定护理计划的方法。同时每位学生还可以向查房老师学习处理护理问题的步骤、手段，以及工作技巧的运用等。

学生在参加查房时避免用一张纸做记录的方式，因为它们很容易被丢失，从而使病人本身或其他人读到这些应该保密的细节。在查房结束时，请查房教师对一些特殊的问题作进一步的讨论和解释是十分必要的，这样才能帮助学生学习到真正的知识。

四、专题报告及研讨会

专题报告及研讨会是指对于临床护理发展的新概念、新理论、新方法、新技术等进行专题讲座和研讨，以期达到引入新知识，开阔学生的眼界，拓宽学生思路，提高学生能力的目的。

专题报告及研讨会的过程类似于组织一个会议。首先要依据专题内容和研讨的项目制定一份详尽的计划，选择合适的地点，报告人准备好报告材料和讨论稿，然后组织专题报告，鼓励学生的积极参与和记录，最后做出一个总结。理想的情况下应该邀请所有的病房护理人员参加护理研讨会，对某一个或某几个病人的护理进行全面的讨论和评价。如当实行责任制护理时，每个护士都要解释他所负责病人的情况，护士长和其他护士就病人病情的特殊方面提出疑问，大家共同进行讨论，以一种轻松愉快的气氛鼓励大家学习就是很好的研讨会形式。病房专题报告及研讨会为学生和临床护士提供了一个良好的相互学习的机会，同时还可以锻炼大家在公众面前充分表现自己的能力和在同事面前报告的信心。

专题报告与研讨会的主要特点是新颖，学生可以得到许多前沿的专业知识，并可以对临床实习进行评判性分析，为自己以后的工作或学习提供参考。

在组织专题报告或讨论会时，要注意激发实习学生的热情，促进大家的积极参与和思考。对于研讨中不能做出结论的内容，要鼓励学生的创新意识，并保证可以再次研讨等。

五、其他临床教学方法

除以上方法外，临床教学中还有一些较常用的技巧可以帮助学生达到较好的学习目的，如临床学习项目、模拟教学、个案研究、病房交班报告、科研课题等。

1. 临床学习项目　临床学习项目是指在临床护理工作中建立的，为促进本科室或单位护理实习学生完成学习目标的项目。它的目的是为了给学生在实习期间提供一个系统的学习经历。临床学习项目应该是一个具体的计划，主要包括：①目的和目标，学生应该获得哪些知识和技能；②完成目标所用的技术，如小组教学报告、参观等等；③项目评价，对学生和临床教学进行评价等。

2. 个案研究　个案研究是对一个病人的健康问题进行全面的分析和研究，它比制定一个护理计划更深入、更具体。在采用个案研究方法教学时，教师把病人的临床病情摘要交给学生，这些内容为学生的护理实践提供了真实材料。学生根据资料制定出他们认为恰当的护理计划，然后再与真正实施的护理措施进行比较和讨论。个案研究法为学生提供了良好的机会，扩展了知识面，增加了解决问题的技能，促进了评判性思维，培养了决策能力，增强了书写的逻辑性等等。教师组织个案研究时，最好避免利用模拟的病例，因为学生经常会问："这些病例是真实的吗？"如果答案是否定的，就会导致他们失去学习兴趣，而且也将意味着在学习结束时没有真实病例依据可比较。

3. 病房交班报告　这是病房日常管理的一部分，每个实习学生均会遇到，虽然各个病房之间的报告形式有很大差异，但都包括"互动性"的报告方式，即报告内容是由病房全体工作人员共同参与和讨论形成的。这种方式可以帮助学生熟悉整个病房的情况，掌握书写报告的方式，指导工作和实践。

4. 科研课题　是指应用一个小的科研形式，通过对一定范围内不同病人的研究来检验护理工作的某些方面。例如研究减少褥疮的护理措施等等。在我国护理本科生的教育中，一般是在毕业前的专题训练中，安排学生参与研究某一个课题，这种方法不仅能够锻炼学生的科研和创新能力，而且能够促使学生对某些问题进行深入的思索。

（宫玉花）

第六章 教育评估与评价在护理教育中的应用

第一节 教育评估与评价发展简史

教育评估、评价的思想的起源很早，我国封建社会的科举制度，就是一种教育评估、评价的方法，但由于封建社会制度的禁锢，科学的教育评估、评价方法始终未得到应有的发展。科学的教育评估、评价最早兴起于19世纪中叶，到20世纪60年代后兴盛于以美国为代表的西方世界，经历了近一个世纪的探索，教育评估、评价才形成为独立的研究领域，并逐步向科学化的方向发展。目前在我国虽然各省市都有考试中心，也相应成立了许多评估、评价机构，广泛展开了对教育的评估、评价活动，但是我们对教育测验、教育统计、教育测量、教育评估、教育评价的理论研究并不很成熟，还没有真正形成自己的教育评估和评价体系，这与我国广泛开展的教育评价活动很不适应，因而学习、了解和借鉴西方的教育评估及评价思想，对我们具有十分重要的现实意义。

一、教育评估与评价的发展阶段

教育评估和评价的发展过程大体经历三个时期：萌芽期、形成期和发展期。

（一）萌芽期（19世纪中叶到20世纪30年代）

在教育评估和评价的萌芽阶段，教育评估和评价的主要对象是学校的教育成就和效率，评估和评价的依据是学生各种能力测验的数据，评估和评价的主要手段是教育测量。在这一阶段，教育评估和评价的中心内容则是围绕对学生能力的测量，重点在于如何客观地测量学生的能力，因而有许多学者致力于研究和开发用于测量能力和智力的客观化和标准化的工具。随着教育测量的发展，一般可用学生能力测量的结果如升级率、退学率等来评价学校教育效果或者用于鉴定学校的水平和论证资格。

（二）形成期（20世纪30年代到50年代）

教育评估与评价形成期的突出特点是出现了以教育目标为依据的"泰勒评价模式"，形成了一套比较完整的学校评价体系，学校的鉴定制度日趋完善。1933~1941年，在卡内基基金会的资助下，泰勒教授进行了"课程与评价的研究"，这也就是美国教育史上最著名的"八年研究"，其主要的研究结果是：①教育是改变人类行动方式的过程；②教育评价是一种衡量达到教育目标的过程；③应从各个方面对教育活动进行评估和评价；④评估和评价的方法不仅仅是依靠纸和笔的测验，而且包括观察、调查和评定。为了鉴定"八年研究"的成果，泰勒教授以新的教育学理论为指导，吸收心理学的研究成果，以全面发展人的主要才能为目标，来研究和设计教育成果的评估方法，并于1942年提出"史密斯－泰勒报告"，这份"划时代的教育评估宣言"向全世界宣告：只有用教育评估的思想和方法，才能达成新课程的目标，才能实现全面发展人的才能的目标。同时美国在这一阶段对学校的鉴定工作也得到正常发展，教育评估和评价涉及教育活动的各个领域，如课程内容、教育计划、教学手段、教师行为及学生学习效果等，评估和评价的基本依据是教育目标，评估和评价的主要手段除了教育测量外还包括观察、调查等多种方法，评估和评价更加注重系统性和综合性。

（三）发展期（20世纪50年代到现在）

这一阶段教育评估和评价的思想和方法随着科技和社会的发展不断变化，改变了泰勒模式的主导地位，出现百家争鸣的形势，如1956年布鲁姆（B.S.，Bloom）发表的教育目标分类学—认知领域；1963年克龙巴赫（L.J.Cronbach）在《通过评价改进课程》中提出：评价者不仅仅要关心教育目标，检验教育目标达到的程度，更应关心教育的决策；评价和评估应注重教育过程，而不仅是教育结果。1966年斯塔弗尔比姆（D.L.Stufflebeam）提出教育决策的中心CIPP评价模式，其中包括背景（context）评价、输入（input）评价、过程（process）评价以及结果（product）评价。1975年比贝（C.E.Beeby）认为评价应为系统地收集信息和解释证据的过程，在此基础上进行价值评定，目的在于行动。同时，美国成立了国家鉴定委员会，主持全美的教育鉴定工作。分析美国教育评估和评价的发展历程可以发现，教育评估和评价的范围越来越广，目的越来越明确，手段越来越科学，形式越来越多样化，教育评估和评价已经成为推动教育进步的一种科学管理方法。

二、相关概念

在我们学习和应用教育评价与教育评估的过程中，发现评估与评价是两个非常相近的概念，并且在许多场合是通用的。但是为了便于在护理教学实践中准确地运用评估与评价方法，我们需要进一步从概念上区分和正确理解评估与评价的关系。

（一）测量、评估与评价

1. 测量（measurement） 是根据一定的规则，对事物进行量的测定。它是一个数量化的过程，即给某一个体或事物的某种特性打分或计数，如：测量人体的身高、体重、肺活量等；这些特性都可以通过具体工具的测量，获得具体的数值；反过来，具体的数值可以为我们提供某一特性的信息。这些对某一特性进行数量化的过程统称为测量。

2. 评估（assessment） 相当于测量，除了可用于对事物进行量的测定外，它还可以用于测定事物非量化的价值，例如：对某人的行为、态度等特性进行测评，用观察的方法评估护理学生在临床实习过程中对待病人的态度是热情，还是漠不关心、恶劣等。

3. 评价（evaluation） 是判断个体特性价值的过程，即对照一定的标准进行判断，个体特性是通过测量或评估获得的。如：护理学生在临床实践课结束后要求参加毕业考试，成绩合格者准许毕业并获得学位，但若某学生毕业考试成绩为49分，对照要求（标准）判断该学生未能达到要求，进一步综合判断结果是该学生可以毕业，但不能获得学士学位，这就是一个评价的过程。

我们不难看出测量、评估和评价之间存在着区别与联系。①"测量"一般只用于可量化的事物，而"评估"则既可用于可量化的事物，又可用于非量化化的事物；②测量和评估的本质是事实判断，所谓事实即客观存在，事实判断是以客体的本质和规律为对象，它探讨客体"是怎样的"、"是什么"，探讨事物的现象、本质和规律等属性；③在测量或评估获得信息资料的基础上，才能开始评价的过程，依据一定的标准判断事物的价值。评价实质上是价值判断，它突出价值观，充分重视对问题的分析与评判。价值判断是以客体与主体需要的关系为对象，它探讨客体的价值属性，并以认识、情感、意志等多种形式的综合来反映客体与主体需要的关系。价值判断和事实判断是人们把握客观世界的两种不同方式，两者反映的对象、意义和参加的心理成分都有着质的区别。事实判断是价值判断的基础，只有在弄清事实的基础上才可能做出合理的价值选择。一方面，评估或测量是评价获得信息的工具和手段，是评价的基础。另一方面，评估和评价往往交融在一起，人们所陈述的事实的"真实性"就必然包含一定的价值倾向性，如果对评估的事实资料不依据一定的目的和标准进行分析、解释和评价，则评估获得的事实、信息也就毫无意义，所以评估包含有一定的评价内容，两者是相互依存、相互影响的辩证统一体。

（二）教育测量、教育评估与教育评价

1. 教育测量（educational measurement） 是指应用测量手段对教育活动所作的量的测定。对教育投入、教育过程、教育结果、学生的能力等方面通过教育测量获得资料。如：测量教育投入的资金量、投入的人力等，都可用具体数字量化。

2. 教育评估（educational assessment） 是对所设计的评估内容，根据一定的评估标准进行测量，并对测量结果进行统计、分析、整理、归类的过程。教育评估可涉及教育活动的各个层面，如评估社会对学校教育的需求，教师教学和学术水平、学生的思想品德等因素对教育质量的影响。教育测量是教育评估的重要手段之一。

3. 教育评价（educational evaluation） 是参照现有的教育目标，通过系统地收集信息，采用科学的方法对教育活动中的事物或人做出综合价值分析和判断的过程。

教育测量、教育评估与教育评价之间有着密切的关系，教育测量、教育评估可以通过对学生知识的掌握、智力的发展、思想品德、体质状况以及教育活动的各个方面进行测定、评估，是教育评价信息的主要来源，为教育评价提供依据。如果没有教育测量、教育评估提供的资料、信息，教育评价将成为无源之水，失去了作价值判断的依据，也就无从谈起其科学性、准确性。相反，通过教育测量、教育评估获取的资料，只有通过教育评价才能获得实际意义。例如：评价教师是否合格，首先确定评价的主要内容，包括学术水平、教学水平、教学效果以及工作能力，然后分别制定指标，利用标准的测量工具收集信息，将信息进一步整理归类，到此都是教育测量或教育评估的内容，最后对照标准衡量教师的实际水平，做出优秀、合格、不合格的判断，完成价值判断，从而完成一个教育评价的过程。

三、教育评估与评价在护理教育中的意义

教育活动是按照一定的社会和阶级的要求对学生施以全面的影响，因而运用科学的方法对它的内容、过程以及结果进行测量、评估和评价也就具有丰富的内涵。现代教育评估、评价的主要功能和根本意义，既不在于鉴定和选择，也不在于对学生进行警戒与鞭策，而在于根据一定的教育目标和标准，通过系统地搜集教育过程的主要信息，准确地了解实际情况，进行科学分析，对办学水平、教育质量做出评价，为改进工作、开展教育改革和改善宏观的教育管理提供依据。护理教育是一门学科教育，而且是一门实践性很强的新兴学科，对护理教育全过程的评估和评价，其目的是为促进护理教育、教学改革和发展提供科学依据，这是保证和提高护理教育质量的重要手段之一。

第二节　教育评估

护理教育是一门实践性的学科，在我国，作为护理学科标志的高等护理教育起步较晚，因而学习和研究科学的教育评估方法，对护理教育的各个方面进行全面评估，获得科学、真实和有价值的资料和信息，是提高和保证护理教育质量的基础。科学的评估对护理教育具有鉴定、诊断、反馈、沟通、向导、激励、监督和决策的作用。例如，评估可以提供有关课程设置适应性的资料以及学生进步的资料，对教学过程进行改革，以适应社会的需要；评估也可以作为学生学习的激励手段，激励学生努力学习，不断提高。总之，无论现在还是将来，评估都将是任何教育系统中不可缺少的部分，护理教育也不例外。护理教育者还需要不断观察，修改评估方案、方法以确保它适合于现行的护理专业教育、教学需要。

一、教育评估的分类

教育评估是一个系统过程，依据不同的评估目的、要求，从不同的角度将评估分成许多类型，下面简介常用的评估类型及其特点。

1. 正式评估/非正式评估（formal assessment/informal assessment）　正式评估即运用科学的方法和工具进行测试来获得资料，并对不同的资料进行整理、分类，再经统计学处理和比较分析，这一过程就是正式评估。例如当前教育部制定的普通高等学校教育评估体系、日常教学中的期末考试、标准化考试以及临床结业考核等，均是正式评估；正式评估的另一特点就是评估获得的资料是被法定机构认可的。相反，非正式评估则是个人的、主观的评估，它可以是从对学生每天行为的观察、从学生的练习以及非正式的接触或交谈中逐渐获得资料的过程。虽然非正式评估是个人的、主观的，但是有时通过非正式评估获得的资料又是非常真实，它可以作为正式评估必要的补充。

2. 定量评估/定性评估（quantitative assessment/qualitative assessment）　定量评估是指采用定量计算方法，对评估的内容进行数量化的过程。而定性评估是使用描述性语言对评估对象"质"的特征、程度、状态和性质等非量化的资料进行收集、整理和分析的过程。例如，试卷测试后的成绩用百分制记录，收集的学生学习资料是定量资料；对于某一门课程考核标准采用"及格"或"不及格"就是定性评估，对学生态度的评估往往也是一种定性评估，例如：新生入学后，评估她们对护理专业的认识。

3. 诊断性评估/形成性评估/总结性评估（diagnostic assessment/ formative assessment/summative assessment）　根据评估的目的不同，可将评估分为诊断性评估、形成性评估、总结性评估。诊断性评估是指在一项教育活动开始之前所做的评估，其目的是确定被评估对象的状态水平、存在的问题等，即确定问题；形成性评估是在教育活动运行过程中随时进行评估，其目的是为了改进，即随时了解动态的教学过程，反馈信息，以便及时强化、及时调整，使教学活动在监控中不断完善，以便顺利达到预期目标。例如在一门课的讲授过程中随时进行评估，可以了解学生对课程的掌握情况，了解课程的设置是否合理，并据此对教学进行必要的改进，形成性评估主要强调的是不断改进。总结性评估则是在教育过程某一阶段终结时，为对其总体状态和阶段效果进行的评估，其主要作用是进行阶段性总结，总结性评估强调结果，为今后改进提供依据。一般在课程结束后采用期终考试的形式，用以了解学生是否已经达到了教学大纲所规定的目标。

4. 外部评估/内部评估（internal assessment/external assessment） 根据评估过程中主体、客体关系，可将评估分为外部评估和内部评估。例如：对学生评估时，按照传统习惯，教师是评估学生的关键人物，我们常常以教师为中心对学生的各个方面进行评估，评估的最终结果更多地考虑教师的意见和见解，这时教师对学生的评估就可归结为外部评估。随着人们对以"学生为中心"的学习和教学过程的重视，学生已成为教学的主体，在对学生的评估中就越来越多地包括了学生本人对自己的评估，这部分信息就是内部评估。

评估的分类方法多种多样，每一种又各有特点，但在实际应用中可以根据具体情况同时采用多种评估方式相结合，以便相互弥补，以达到全面、科学和准确收集信息资料的目的。例如，对学生内科临床实习情况的评估，可以采取诊断性评估来确定其在开始实习之前的情况，确定学生没有护理脑中风病人的经历，临床教师根据教学大纲的要求和学生的具体情况，安排其在神经内科的实习计划中落实中风病人的护理内容，然后，在实习过程中，可用形成性评估及时调整计划，实习结束时，可用总结性评估，收集资料评估计划完成的情况。当然，对学生的实习、教师的带教情况我们既可以采取定量评估，如：完成护理操作的次数、教师示范操作的次数等；也可以用定性评估，如：学生的学习态度、对待病人的态度，教师的带教、备课的态度等的方法。评估中还可以采用内部评估和外部评估相结合的方法，使评估获得的信息更全面、公正和真实。

二、有效评估的标准

教育评估应力求建立客观、准确、符合评估目的和实际的评估标准体系。教育评估的科学性体现在：评估要符合事实、符合逻辑、符合规范、符合目的。无论你所运用的评估是何种类型或是基于什么目的，任何有效的评估都需要符合一定的标准，一般我们从以下几个方面判断一项评估的科学性和实用性。

（一）真实性（validity）

真实性又称效度，效度是指评估的有效性，即一个评估的结果与欲要评估（测量）的属性之间相符程度的指标。也就是指一项评估实际上达到了多少它应该达到的目的。它是评估中最重要的一个方面。例如：我们需要评估学生的实际操作能力，我们采用笔答试卷去测试，虽然试卷设计得非常完美，但无法真实地体现学生操作的水平，其有效性当然不可靠。真实性所代表的是一种程度概念，其有效性总是与评估的特殊目的、功能、范围相适应的。效度一般可分为三大类：内容效度、结构效度和效度标准关联效度。

我们知道，在护理院校中进行的考试，应围绕教学大纲规定的内容进行，如果一项评估基本上按照大纲的要求设计，大纲内容的符合率较高，就可以说这项评估具有内容的真实性；如果设计一种评估的目的是为了预测护理学生将来会做得如何，经过一段时间后，通过对评估的准确程度进行评价，会发现它确实具有预测的作用，就可以说它具有预测的真实性。

（二）可靠性（reliability）

可靠性又称信度，它反映评估的稳定性，代表所得到资料的稳定程度。它是指一项评估对评估对象前后测量的一致性程度，即它不受偶然因素干扰的程度。也就是在相同的条件下，评估工具多次对同一组对象评估的结果或所得到的资料相同的程度，例如将一种考试先后运用于同一组学生，不管两次考试的时间是否有间隔，两次测试分数的相同程度。分数的一致性高，则可以说这一评估的信度较高；相反，则信度较低。在教育测量和评估中常用相关系数来描述信度的高低，称为信度系数，如果某一评估得到的资料完全可靠，不受任何因素的影响，前后完全一致，则其信度系数为1。信度的主要作用一是可用来估计评估结果的可靠性，一般标准化评估其信度应在0.90以上，通常要达到0.95；二是可以帮助教师提高设计评估工具的技能，通过对评估结果信度的分析，发现评估工具中的缺陷，如试题质量不高或题量不够等等，从而及时加以纠正，提高评估工具的信度，这也是提高评估科学性所必须遵循的原则。

（三）区别性（discrimination）

任何测试、评估的目的都具有把那些能正确回答的人与不能正确回答的人区别开来的能力。区分度是指评估对被评估对象反应水平的区分程度和鉴别能力。一般通过评估结果获得的信息资料与整个评估总结果之间的相关系数来表示评估的区分度。对学生进行一项测试，如果从测试结果中无法区别学生的类型，则这项测试也就没有区别和鉴定的作用。

（四）实用性（practicality）

我们设计一项评估当然需要将评估在实际中应用，评估是否能简单、方便地实施，即其是否具有实用性是十分重要的。评估的实用性，也可称为可行性，它应包括三层含义：①在制订评估方案时必须考虑人力、物力、财力、时间及评估技术手段等多种因素的制约，只有充分考虑了以上因素的影响，才可使评估可行；②评估方案中不能只是抽象的概念，需要有具体实施的条文规定和可以操作的方法；③评估的指导思想和评估目的应该依据教育目标，切合实际。也就是评估在实际应用上有无时间、场所、经费等的限制，如果一项评估在应用的过程中有过多的限制条件，或者是设计者没有明确的目的，要求面面俱到，使评估过于庞大、繁琐，给实际工作带来很多麻烦，最终使评估无法按计划完成，这种评估的实用性就比较差。评估的实用性要求评估的标准简明可测量，评估的量化方法方便易行，评估的结果实事求是。

三、常用的评估方法

评估的方式多种多样，但我们所设计的评估内容、评估方式和方法都应该紧紧扣住教育评估的目的。教育评估是一项系统化工程，在设计过程中，要求设计者首先要明确评估的目的、评估的对象，评估工具结构合理、指标体系符合教育目标的要求，收集信息的方法得当，资料的分类、整理清晰，方便于最终对照标准进行评价。在护理学教学中，常用的评估方法包括观察法、笔试试卷、书面作业、口头报告、口试以及操作考试等等。下面以试卷编制来介绍一项评估设计的过程。

（一）试卷编制概述

在教育学中，"考试"属于教育测量的范畴，试题是考试的精髓。试卷的编制是实施考试的关键环节，考题质量的高低，直接关系到考试水平的高低和考试的成败，高质量的考题的标志是教学大纲符合率高（效度），教学内容覆盖率大（信度），考题题意清晰，数量适中，具有一定难度与区分度。

1. 标准化试卷的设计步骤　无论是大规模的国家级考试，还是教师自编课堂测验，从试卷的编制到实施、评分及结果的解释应用，是一个彼此相关、相互制约的系统工程。试卷编制的基本步骤有：确定考试的目的和测量目标、设计测验蓝图、决定试卷时限、决定试卷测验类型、决定试题数量、决定记分方法、拟定试卷题目、实施考试、分析试题难度与区分度、筛选试题拼题、建立题库、鉴定试卷信度与效度、编制试卷量表、编写试卷使用说明。

2. 试卷编制的基本原则

(1) 编制试题应该严格遵守保密制度,不得以任何形式泄漏试题内容。

(2) 根据不同的考试目的和用途进行试卷的设计和试题题型的选择。

(3) 试题的量应根据考试的时间、内容、题型、试题难度及被测试对象的特点等选择。一般考试时间为 2 小时,试题的量应该以中等水平学生在 1 小时 30 分到 1 小时 40 分内完成为宜。

(4) 教学大纲的符合率。编制试题必须以教学大纲为依据,一般不可超出教学大纲范围。

(5) 教学大纲的覆盖率。为了试题有较好的覆盖率,试题内容及重点应与教学大纲要求一致,试题的数量应适当增加,每题的分数不宜过多,试题编制前应设计试题的分布,确定各部分内容的比例。为了保证教学大纲的符合率和提高教学大纲的覆盖率,可根据 Bloom 认知目标分类学说和教学大纲的要求制定"双向细目表",表 6-1 是以基础护理学的内容制定"双向细目表"的范例,纵向设计的目的是为了确定考试所要测量的内容,并确定其相对重要性和综合程度,原则是"覆盖面大,重点突出";横向设计的目的是为了确定考试所要测量的学习水平,并按其相对重要性和学生实际确定其比例。

表 6-1 基础护理学试卷设计双向细目表范例

教学内容 (内容权重)	学习水平(目标权重)						合计
	知识	理解	应用	分析	综合	评价	
第一章 医院环境	2	1	1	1	1	0	6
第二章 人体力学在护理中的应用	1	2	2	2	2	0	9
第三章 病人舒适的需要	1	2	1	1	2	1	8
第四章 病人清洁的需要	2	1	1	2	2	1	9
第五章 生命体征的观察与护理	3	2	3	2	2	1	13
第六章 病人饮食与营养的需要	3	2	2	2	1	0	10
第七章 胃肠及排尿活动	3	3	2	2	1	1	12
第八章 消毒、灭菌、无菌技术	4	3	2	1	1	1	12
第九章 给药	3	2	3	1	2	0	11
第十章 输液与输血	3	2	3	1	1	0	10
合 计	25	20	20	15	15	5	100

(6) 为保证试题具有一定的区分度,根据考试的目的确定试题的难易程度。

(7) 题意清晰,内容简要,问题明确,用词简练,在编制试题时禁用概念混淆,模棱两可的词语,如:有时、可能、大约、或许、多数等。

(8) 试题的答案应该没有任何争议,特别是对于客观类型的试题而言。

(9) 试题应该彼此独立,不可含有暗示本题和其他试题正确答案的线索。

(10) 试题的实施和评分应方便易行。

(11) 在没有题库的情况下应设计试卷的副本。

根据测试和评估的目的，试卷可有不同的组成。试题基本可分为两种类型：主观试题和客观试题，每一种类型的试题都有自己的特点。

（二）主观性试题的编制

1．论述题　论述题属于主观试题，其特点是要求学生用自己的语言和表达方式来回答问题，基本上不给学生回答问题设定限制。它适用于评估高层次的认知功能，如应用、分析和评价，而不宜用于测试学生对所学知识记住了多少。另外，论述题测试作为一种间接方法，可用以评估学生的态度、价值、观点等情感方面，如询问学生对护理的看法等。论述题测试要求学生表达出自己的想法，并且在测试后应给学生一份有关其回答问题情况的详细反馈意见。所以这种测试也是一种教给学生怎样有效组织材料的方法。

教师在设计一份论述题试卷时，应注意：①试卷应在使用前就设计好；②要检查所提问题内容的真实性；③问题陈述要清楚，避免出现模棱两可的问题；④要在题目中给出行为动词，如陈述、描述等；⑤问题中要给出一些限制，如"正常发育的指标"、"最初48小时的引流量"；⑥写清注意事项，指明答卷时间、各部分所占总分数的比例以及对语法错误和错别字的扣分要求；⑦最好不要设选答题，如果遇有学生的学习经历不同的情况时，再考虑设选答题；⑧设计一些可以测试学生高层次能力的问题，如具体应用和解决实际问题的题目；⑨题目宜多，答案宜精，不要出太大的论述题，这样，所学的内容可能更广泛地被包括在内；⑩要保证学生有充足的时间回答问题；⑪准备好评分标准。

2．论述题试卷的评分系统　论述题试卷的分数表明了学生所能达到的程度，其评分系统有两种——绝对评分法和相对评分法。绝对评分法是按照标准答案看学生答对了多少，常常是以百分制计；相对评分法则是指出学生属于哪个档次，是属于中等、中等以上还是中等以下，以此来评估学生，其成绩与参加同样测试的其他同学相比水平怎样，相对评分法常用优、良、中、差来表示，有些老师认为只用"及格"或"不及格"两个等级进行评分最方便，因为这样可以免去为确定"优"或"良"等具体标准所带来的麻烦。不过，相对评分使我们无法得到一个具体分数所包含的信息。例如，有两个考试均及格的学生，其中一个以高分通过考试，分数为90分；而另一个刚刚勉强通过考试，分数为62分，他们之间是存在很大差别的，这种差别只有用具体分数时才能体现。

（1）绝对评分法——分析法：在运用绝对评分系统时，常采用分析法。也就是说，在事先准备好的标准答案中，应指出各关键内容应给多少分或在总分中占多少比例，各部分的相对重要性应在分数分配上体现出来。表6-2就是一个运用分析法的例子。这种方法的优点在于：由于在标准答案中已经非常具体地给出了分数的分配比例，因此，只要评分人认真负责，则这种方法是比较可靠的。至于如何确定每一部分的重要性或者说每一部分的分数占多少比例，完全取决于学习目标。学习目标所强调的内容，其重要程度就高，在分数上所占比例就大。

（2）相对评分法——综合法：在运用相对评分系统时，常常采用综合法。综合法也要求有标准答案，但只作为一种比较的标准。分数不以百分制计，而是以诸如"非常好/好/一般/一般偏下/不好"这样的等级来计分。等级是按满意度来划分的，很重要的一点是要为每一等级选出一份典型的答卷做样本，随后，教师就可以很快的速度审阅这些答卷，按照样本将答卷归入不同的等级，再将以上过程重复一遍，以增加分类的准确性。或者请另一位教师进行审阅，会使结果更有效。这种评分方法比分析法快得多，而且较为省力。

表 6-2　论述题试卷中分析法范例

论述题：描述青霉素过敏反应发生的原因、过敏性休克的临床表现及抢救措施
用分析法进行评分标准的分配

答（1）青霉素过敏反应发生的原因，占总体的20%，进一步分解为：
- 青霉素溶解后分解成青霉素烯酸和青霉素噻唑，两者为半抗原（10%）
- 进入人体与体内的蛋白结合成全抗原（10%），易使人致敏

（2）过敏性休克的临床表现：占总体的30%，进一步分解为：
- 呼吸道阻塞症状（10%）
- 循环衰竭症状（10%）
- 中枢神经系统症状（10%）

（3）抢救措施：占总体的50%，进一步分解为：
- 立即停药，病人平卧（5%）、保暖（5%）、吸氧（5%）
- 立即皮下注射1∶1000的肾上腺素（10%）
- 对症给予抗组胺（5%）、升压（5%）、呼吸兴奋剂药物（5%）
- 根据情况采取心肺复苏护理措施（5%）
- 密切观察病情，并记录（5%）

（3）"光环"效应：在对论述题测试结果进行评分时，避免产生"光环"效应是非常重要的。"光环"效应是指一个学生前面问题的回答情况会对评分人评阅判断后面的结果产生影响。特别是当由一名教师将一张卷子从头到尾批阅时最容易产生"光环"效应。假如一张卷子共5道题，某学生前4道答得十分令人满意，这时就给评分人留下了一个很好的印象，即使这名学生第5题答得非常不理想，但由于前面的好印象，也可能使评分人放松对第5题的扣分标准，这就是一个"光环"效应的例子。"光环"效应会导致试卷评分的不客观、不真实，为此，评分人一定要注意从主观上克服"光环"效应，严格按标准评分。但有时"光环"效应是在不自觉的情况下产生的，所以有些教师建议先将所有学生对同一个问题的答案全部评出分之后，再评阅另一道问题。或每判完一道题后，都将试卷的顺序改变一下，这样使得后面问题的评分不至于受到前面问题评分的影响。此外，阅卷时不看学生的姓名也有利于去除偏见。还有一种方法，即评分人将自己所评的1~2份试卷交给其他教师进行抽样检查，这样做也是克服"光环"效应的一种比较有效而且容易的方法。

3．主观性试卷的反馈意见　有些教师认为考试的目的就是评估学生取得的成绩，因此不写反馈意见，答卷也不发给学生。有些学校，虽然发还学生试卷，但也不写反馈意见，学生从试卷上只能看到哪道题错了，扣了多少分，却不知道扣分的原因，所以不容易从教师评阅的试卷中直接获得经验、教训，也就无法从中提高。事实上，试卷的反馈意见对于学生的学习是非常重要的。由于每个学生对论述题试卷的回答情况各不相同，逐个书写反馈意见会耗费教师大量的时间，设计一种简单的表格，可以方便教师使用。表6-3的反馈意见表范例中列出了需要反馈的意见内容，教师只需在合适的位置上打"√"就可以。

表 6-3　论述题试卷的反馈格式范例

姓名	考试日期	分数
题目		

第一部分　文字表达

长短	①合适	②太长或太短
组织	①段落划分清楚	②段落划分不清
阐述	①观点阐述符合逻辑	②观点阐述离题

第二部分　内容

准确性	①内容准确	②内容有不准确之处
是否具体	①内容很具体	②内容很空洞
图表（1）相关性	①有相关性	②无相关性
（2）技巧	①画得很好	②画得不好
先后顺序	①回答有先后顺序	②回答随意，无顺序
资料	①对资料进行了解释	②对资料仅有陈述，无解释
药物	①阐述得详细	②阐述得不详细
护理步骤	①描述了护理步骤，说明了实施的频度	②未描述护理步骤，未说明实施的频度
护理措施的起止	①有起止日期	②有或无开始或停止日期
心理护理	①给予足够重视	②重视不够
对家属的护理	①有	②无
出院指导	①有	②无
补充意见		

4．论述题的优、缺点

（1）主观性试题适用于评估高层次的认知能力，其优点有：①考试对象可以自由作答，从不同的侧面、广度和深度进行自由发挥；②它可用于考察学生的理解能力、概括能力、判断能力、推理能力、创造能力以及对事物的评价鉴赏能力；③一次进行多因素的综合评分，可间接用于态度和价值观的评估；④命题比客观性试题容易。

（2）主观性试题也存在一些不可避免的缺点：①内容真实性低。在一次考试中，论述题往往只有几道，因此所涉及教学大纲要求的内容就很有限，大纲的覆盖率较低。②分数可靠性低。我们知道，有些老师评分很松，而有些老师则很严，最后的分数很大程度上决定于评分人。评分人之间还常常存在着许多不同，即使是同一个评分人，在不同时期评分结果也是不一样的。③评分困难。给论述题进行评分要花费教师大量的精力和时间，这样在其可靠性上就会产生些问题。④学生感到疲劳。这一点很少有人提到，但却是一个不容忽视的缺点。回答论述题时，学生不仅要不停地动脑筋进行思考，还需要不停地动手书写，疲劳的结果必然会影响到答题的质量。⑤书写能力会影响分数。学生的写作能力会直接影响得分。将测试内容同个人写作的文笔区分开来往往很难，所以常常会出现评分人给某个学生的分数与她实际水平不符的情况。比如，尽管某个学生对所测试的内容了解很多，但由于语言表达能力差，结果得分很低。⑥选答会影响分数。许多论述题测试常常包括选答，像"5 道题中任选3 道回答"等等，这种做法存在不少问题。第一，在设计题目时，很难使这些题目具有同样的难易程度，所以实际上这种方式是给每位学生进行了不同的测试，不利于学生成绩的比较。第二，能力较强的学生可能会对较难的问题感兴趣，如果他们选了较难的问题回答但答得不好，他们的分数就会受到影响。

（三）客观性试题的编制

主观性试题的局限性导致了客观性试题的发展。"客观"这个词是指在对考试的试题进行评分时不受评分人主观意见的影响，而是完全取决于答卷人的知识水平。与论述题测试相比，由于答案已确定，客观题测试在评分人方面是完全可靠的；一份测试的试卷中客观性的题目可以很多，从而保证教学大纲中所要求内容的覆盖率，试卷内容的真实性也高；而且，答案固定可节省阅卷时间，甚至于通过现代化设备的支持，完全可以由机器承担阅卷任务，既快又省人力；这种测试的题目可以储存于题库中供多次使用。另外，客观题测试不易使答卷人感到疲倦，因为回答客观题测试的速度比较快，不必长篇大论地书写，只需只言片语甚至几个"√"就可以完成。但是，出一份客观测试的试卷，尤其是一份高水平的试卷往往需要花费很多的时间和精力。

1. 客观性试题的种类

（1）单项选择题

1）A型题：在备选答案中只有一个是正确的或最佳答案供选择，包括三部分："主干部分"——问题的陈述；"答案部分"——正确答案；"干扰部分"——错误的答案。选择项至少应给出三条以上，以减少猜对的可能。

例如：

    结肠上皮属于   ——主干部分
    a. 鳞状上皮
    b. 立方形上皮
    c. 移行上皮   ——干扰部分
    d. 扁平上皮
    e. 柱状上皮   ——答案部分

2）B型题：选项中由一组三个以上备选答案列于若干个题干前面，要求从备选答案中选出1个最佳答案。

例如：

    a. 丝脉
    b. 洪脉
    c. 间歇脉
    d. 脉搏短绌
    e. 缓脉
    1. 高热病人的脉搏常表现为（ ）
    2. 大出血病人的脉搏常表现为（ ）
    3. 洋地黄药物中毒病人的脉搏常表现为（ ）

答案分别是 b、a、c。

（2）多项选择题（X型题）：从这种题中可以选出一个以上的正确答案，或者说是将不正确的答案挑出，剩下的全都是正确的，所以这种题型又称为反选择题。

例如：表明可能发生心脏停搏的项目有：
a. 呼吸停止
b. 瞳孔散大
c. 胸痛
d. 脉搏消失
e. 腹痛

其中，a、b、d 均为正确答案。

选择题的各种形式已被学生广为熟悉，选择题不但能评估学生对概念、相关知识的认知能力，它也能测出理解、分析、综合以及评价等多种层次的能力。

（3）配对题：包括两列内容，要求学生将 A 列中的陈述项与 B 列中的选择项配对。

例如：

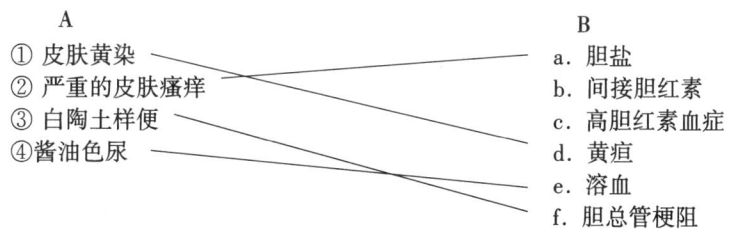

配对题在测试学生的专业名词掌握情况及甲、乙两件事之间的特殊关系方面是很有用的。

（4）是非题：是非题要求学生判断某项陈述是对还是错，这种题型猜对的可能性很大，并且很难找到绝对正确或绝对错误的题，因而目前在护理相关内容的试卷中应用此种类型的题目较少见。

（5）因果判断题：这种题型给出两种陈述，一种是结论，另一种是原因。要求学生判断①两种陈述谁对谁错；②原因是否正确解释了结果。

例如：

结果		原因
肾小球毛细血管内压力是 70mmHg	因为	出球微动脉管径比入球微动脉管径小

（6）填空题：在填空题中，要求学生将问题陈述中缺少的内容填入相应的空格内，使陈述的内容完整、正确。

例如：臀大肌注射的十字定位法，是指从_____顶点向左或向右划一水平线，然后从_____最高点做一垂直分线，在_____避开内角为注射区。

这种类型的题目是用来测试学生对名词、概念的掌握情况，但一般不适宜测试高层次的能力。有时，适合于填空的答案不只一个，使得在评分过程中出现不客观的现象。另外，这种题型的另一个缺点是，有时可能引导学生死记硬背书本上的内容。

（7）阅读理解题：这一题型要求首先给学生一篇文章或一些资料，之后提出几个问题，让学生在文章或资料中找出正确答案。阅读理解题可用来评估学生认知领域的水平，包括对相关资料的认识能力，归纳能力，运用原理的能力以及假设和推理的能力。下面是一个阅读理解题的例子，其中涉及的统计数字均为虚构。

例如：请仔细阅读表 6-4 中的内容，然后回答表后的问题。

表 6-4　某医院两个不同年度三大系统疾病病死率的比较*

病种	1980 年			1990 年		
	出院人数	病死数	病死率（%）	出院人数	病死数	病死率（%）
循环系统	920	136	14.78	1991	239	12.09
呼吸系统	1828	108	5.91	1029	52	5.05
消化系统	2056	126	6.13	1215	73	6.01
合计	4804	370	7.70	4235	364	8.60

*摘自：李竹主编. 新编实用医学统计方法与技能

根据所给的资料对以下陈述进行分析判断，如果是对的，在"T"上画圈；如果是错误的，在"F"上画圈。

① 1980 年病死率最高的是循环系统疾病　　　　　Ⓣ　　　F

② 1990 年病死率最低的是呼吸系统疾病　　　　　Ⓣ　　　F

③ 1990 年疾病的总病死率高于 1980 年*　　　　　T　　　Ⓕ

*由于两组资料内部各小组病死率明显不同，不能直接比较，应先进行标准化处理后，再进行比较。

2. 设计客观题试卷的注意事项　一份高标准的客观性试题，题目的编制是关键，下面我们将结合具体的实例，分析阐述客观题试卷各种题型编制的注意事项。

（1）选择题的注意事项

1）主干部分应做到：①问题的陈述必须清楚；②只给出必需的资料即可；③可出些较难的题，以测试高层次水平。

例 1：维生素 B_{12}
　　a. 含有铁　　　　　　　　b. 在口腔中吸收
　　c. 储存在肝脏　　　　　　d. 缺乏后引起溶血性贫血

分析：属于问题的陈述不清楚，主干部分只给出一个名词，而未包含问题，学生只有看完每一个选择后才能确定题目的要求。

例 2：维生素 B_{12}，是水溶性维生素 B 族中的一种，用于：
　　a. 预防溶血性贫血　　　　b. 构成血红蛋白
　　c. 构成血小板　　　　　　d. 参与红细胞的成熟过程

分析：主干部分虽包含了问题，但也包含了一些不必要的资料，如"水溶性维生素 B_{12} 族中的一种"可以删去。

例 3：一名女性病人，年龄 60 岁。因疲倦、活动后气短及有晕厥史而入院，其血红蛋白为 70g/L，化验检查表明有胃酸缺乏。可能的诊断是：

a. 缺铁性贫血　　　　　　　　　　b. 溶血性贫血
c. 恶性贫血　　　　　　　　　　　d. 叶酸缺乏性贫血

分析：主干部分包含了较复杂的内容，这样的问题需要学生将知识综合运用才能回答。

2) 选择项应该是：①三个或三个以上，以减少猜中的可能；②应按逻辑或数字顺序排列；③尽可能短，但应保证清楚；④避免重复；⑤应是同类性质的内容。

例4：男性正常血红蛋白是：
　　a. 14g　　　　　　　　　　　b. 7g
　　c. 18g　　　　　　　　　　　d. 10g

分析：选择项若是数字，应按从小到大或从大到小的顺序安排，即7g，10g，14g，18g或18g，14g，10g，7g。

例5：在体温单上，病人脉搏的画法是：
　　a. 将两点用蓝色实线连接　　　　b. 将两点用红色实线连接
　　c. 将两点用蓝色虚线连接　　　　d. 将两点用红色虚线连接。

分析：选择项出现了重复，每项中都有"将两点用……连接"，这句话可放入主干部分中。

例6：胸腔的下界是：
　　a. 胸骨　　　b. 胸椎　　　c. 膈肌　　　d. 腹膜

分析：选择项中出现了不同类性质的项，腹膜不是胸腔的一部分，较好的方法是将d改成第12肋骨。

3) 干扰部分应该含有使人粗看起来似乎正确的内容，这样才能在学生选择正确答案时起到干扰作用，应该避免使用那些一看就不正确、与问题毫不相干的陈述做干扰项。

例7：皮脂腺分泌的物质称为：
　　a. 耵聍　　　b. 皮脂　　　c. 精液　　　d. 汗

分析：汗和耵聍是粗看似乎正确的干扰项，而选择项c，任何学生都不会将它看成是正确答案，它就无法起到干扰作用。

4) 单项选择题中答案部分应是惟一的一个最合适的回答。

例8：住院病人发生腹泻，护士首先要做的是：
　　a. 增加液体入量　　　　　　　b. 将病人隔离
　　c. 将粪便标本送化验室　　　　d. 记录出入量。

分析：出题人希望答案是b，但若选择a、c或d也不能算错，这样就会引起混乱和争议。

设计选择题时的注意事项中，大多数也适用于其他类型的客观测试题，但其他类型的题还有各自需要特别注意的地方。下面就简要介绍编制其他题型的注意事项。

(2) 配对题注意事项：当设计配对题时，应特别注意两点。第一，选择项一定要多于陈述项，以减少猜对的可能。第二，较长的陈述应作为陈述项，这样，学生在寻找答案时可以节省一些时间。

（3）是非题注意事项：第一，应保证每道题都是完全正确或完全错误的，避免出现模棱两可的陈述。第二，避免出刁钻古怪的题。

（4）填空题注意事项：①留出重要的词让学生填；②在一句陈述中需填的空不能太多；③保证题目本身是正确的。

（四）试卷的质量分析

试题应该按照科学的程序进行编制，确保试卷具有较高的真实性（效度）和可靠性（信度），这些内容我们在前面讲解试卷编制原则时已涉及。为了进一步完善试卷，必须对试题和试卷的质量进行分析，目的在于提高试卷质量，保证通过试卷获得信息资料的可靠性。试卷质量的分析主要通过难易度、区分度、信度及效度等重要的量化指标进行评价。

1. 试卷的难度　难度是指试卷的难易程度，通常用难度指数加以描述。试题难度的描述方法较多，我们只介绍较为简单又容易理解的计算公式。这种方法主要根据试题答对的百分比来估计难度。公式为：

（1）客观试题：

$$P = \frac{R}{N}$$

其中 P 代表试题的难度；R 代表答对的人数；N 代表全体被测试人数。

（2）主观试题：

$$P = \frac{某题的总平均分}{该题满分值}$$

难度不是一个独立的指标，仅根据难度的高低还不能对试卷做出质量判断。P 越大，说明答对的人数越多，题目也就越容易；P 越小，答对的人数越少，题目越难。题目太难或太容易，试题就无法区分被测试对象之间的差别，同时测试的信度也很低；而难度适中的题目测试的信度较高。试卷难度的选择主要根据测试的目的、对象和性质。测试的目的是衡量评估学生掌握某学科知识技能程度的水平，所选工具要求能够将不同水平的评估对象，通过试卷的考核分离出来，因而试卷要具备有较大的区分能力，题目的难度偏中等，整个试卷的难度分布以 0.35 ~ 0.65 为宜。如果是为了选拔尖子学生，应该适当提高试卷的难度，目的是突出一极，筛选出真正的顶尖学生，难度可以 0.2 ~ 0.4 为宜。

2. 试卷的效度　效度是指由数据所提供的差异反映出所要测量的各个项目之间的真实差异程度。一个测验必须能测出它所要测定的功能或达到其测量的目的才算有效，但到目前为止，估计测验的效度还没有十分有效的方法，通常用的有内容效度和效标关联效度。

试卷一般看重对其内容效度的鉴定，首先看试卷是否达到测量目标的要求；再看试题的知识覆盖面和学习水平层次是否达到考试蓝图的设计要求；还要看是否有偏题、怪题或过难过易的试题。除了进行内容效度鉴定外，还可以进行效标关联效度的鉴定。效标关联效度是以一次认为是最有效的测验成绩作为效标，计算出本次测验成绩与效标之间的相关系数（以 r 表示），相关系数的值在 -1 ~ +1 之间，r 为 +1 表示正相关，r 为 -1 表示负相关。相关系数可以运用多种公式进行计算，下面介绍一种常用的公式：

$$r_{xy} = \frac{\sum xy}{n \times \sigma x \times \sigma y}$$

$\sum xy$ 是每个学生在 X 测验中的离均差（x）与在 Y 测验中的离均差（y）的乘积相加之和。

◆ n 为参与的学生数目。

◆ σx、σy 分别是 X 测验和 Y 测验的标准差。

如果相关系数高，说明本次测验与效标的测量效果一致，测验的效度就高。下面我们举例说明相关系数的计算方法（表6-5）。

表6-5 20名学生临床期末考试论述题与客观试题成绩相关性的计算

姓名	X	Y	x	y	x^2	y^2	xy
葛兰	84	90	+11.6	+20.8	132.56	432.64	+241.28
蒋特	82	77	+9.6	+7.8	92.16	60.84	+74.88
欧阳	81	87	+8.6	+17.8	73.96	316.84	+153.08
雷阳	78	62	+5.6	-7.2	31.36	51.84	-40.32
郝利	78	75	+5.6	+5.8	31.36	33.64	+32.48
王莎	77	73	+4.6	+3.8	21.16	14.44	+17.48
方阳	77	78	+4.6	+8.8	21.16	77.44	+40.48
高飞	75	78	+2.6	+8.8	6.76	77.44	+22.88
孟丹	74	65	+1.6	-4.2	2.56	17.64	-6.72
周波	74	75	+1.6	+5.8	2.56	33.64	+9.28
安才	73	60	+0.6	-9.2	0.36	84.64	-5.52
詹娜	72	67	-0.4	-2.2	0.16	4.84	+0.88
黄睿	71	63	-1.4	-6.2	1.96	38.44	+8.68
乔珊	70	68	-2.4	-1.2	5.76	1.44	+2.88
韩德	69	68	-3.4	-1.2	11.56	1.44	+4.08
李芳	66	65	-6.4	-4.2	40.96	17.64	+26.88
邓一	65	62	-7.4	-7.2	54.76	51.84	+53.28
何莫	63	63	-9.4	-6.2	88.36	38.44	+58.28
赵之	61	55	-11.4	-14.2	129.96	201.64	+161.88
计雷	58	53	-14.4	-16.2	27.36	262.44	+233.28
总和	1448	1384	0.0	0.0	958.80	1819.20	1089.40
均数	72.4	69.2					

$$\sigma x = \sqrt{\frac{x^2}{n}} = \sqrt{\frac{958.80}{20}} = \sqrt{47.94} = 6.92$$

$$\sigma y = \sqrt{\frac{y^2}{n}} = \sqrt{\frac{1819.20}{20}} = \sqrt{90.96} = 9.54$$

$$r_{xy} = \frac{\sum xy}{n \times \sigma x \times \sigma y} = \frac{1089.40}{20 \times 6.92 \times 9.54} = 0.82$$

由此我们可以看出两项测验的相关系数为 0.82，两次测验具有很强的正向相关性。如果其中 X 测验为标准，那么，说明 Y 测验的有效性较高。

3．试卷的信度　是指试卷的一致性和可靠性的程度，信度大体包括内部一致性信度和稳定性信度。前者是本测验内部部分之间相关的程度，追求其等同相关系数。后者是指同一测验先后两次在同一被测总体中实施，两次测验结果的相关程度。试卷整体信度即稳定性信度的计算方法也较多，下面介绍运用对半相关法计算试卷信度的方法，其公式为：

$$r_{tt} = \frac{2r_p}{1+r_p}$$

公式中：r_{tt} 为试卷整体的信度，r_p 是对半相关系数。为了计算对半相关系数，可将试卷的试题按奇偶对半的方法，将编号是奇数的题目作为一个测验，而将编号为偶数的题目作为另一个测验，计算出两个分测验的相关系数，即 r_p 值，相关系数的计算可按照试卷效度中介绍的相关系数计算方法而获得。r_p 代表是原测验一半长度的信度，而要求整个测验全长度的信度，可用斯皮尔曼-布朗（Spearman – Brown）公式加以矫正，即求得试卷的整体信度 r_{tt}。

4．试卷的区分度　是指试题区分被测的特征差异或鉴别其优劣、高低程度的能力。一般讲，一道试题，如果被测对象能力高，其得分高，如果被测对象能力水平低，得分低，这种结果就表示这道题有较高的区分度，它能够把学生成绩好的与差的区分开来。下面我们介绍用极端分组法计算区分度。

（1）客观试题：$D = \dfrac{2 \times (P_H - P_L)}{N}$

D 代表区分度；P_H 代表高分组中答对该题的人数；P_L 代表低分组中答对该题的人数；N 高低分组的总人数（$D = P_H + P_L$）。高分组为总分前 27% 的被测者，低分组为总分后 27% 的被测者。

（2）主观试题：$D = \dfrac{2 \times (高分组该题的总分 - 低分组该题的总分)}{高分组该题的总分 + 低分组该题的总分}$

根据区分度的计算方法，区分度的范围是从 – 1.00 到 1.00，区别度为 0 表示没有区别；区别度为负数，说明学得不好的学生的正确率比学好的同学还要高，这时教师就要对这道试题特别注意，仔细分析这种情况发生的原因是什么，例如是题目含糊不清还是标准答案有错误，以便及时修订或更正。美国测验专家 Ebel 根据长期测验提出评价试题的区分度标准如表 6–6 所示。

表 6–6　评价试题的区分度标准

区分度	试题评价
0.40 以上	很好
0.30 ~ 0.39	良好，修改后更佳
0.20 ~ 0.29	尚可，仍然需要修改
0.19 以下	差，必须淘汰

5．试卷质量的综合分析　我们虽然可以从测验的信度、效度、区分度和难度四个不同的角度分析试卷质量，但是对试卷全面的分析，应该适当考虑这四个因素对试卷的整体影响，也就是一份高质量的试卷的评价应该考虑信度、效度、区分度和难度之间的相互关系。

（1）区分度与难度：区分度与难度有一定的交叉关系，在一定的范围内，难度值（P）越小，则区分度（D）越高，但是如果难度值过小，区分度反而下降；如果难度过大，区分度自然也难以保证。一般认为：

- P > 0.5, D > 0.2 　　可以认为试题难度适中，区分度良好；
- P < 0.5, D > 0.2 　　试题偏难，但仍然有较好的区分度；
- P > 0.5, D < 0.2 　　区分度较差，如果内容是学生必须掌握的，试题尚可使用；
- P < 0.5, D < 0.2 　　无区分度，又过分难，应该放弃不用。

（2）难度、区分度与信度：各个试题的区分度越大，试卷的信度越大，也就是难度中等的题目组成的试卷的信度较大。

（3）区分度与效度：试卷的区分度是以测验的实际得分与测验总分的相关性来表示的，因此区分度越大，测验的效度也就越高。

（4）试卷信度高是效度高的必要条件：由信度与效度的理论定义，不难看出要具有较高的效度，必须具有较高的信度；而较高的信度不能保证必定具有较高的效度。试卷测试前后两次结果相似，可以说明稳定性较高，试卷测试具有较高的信度，这并不能说明试卷与教学大纲有较高的符合率，即试卷内容有效性高。

四、临床能力评估

根据护理教育基本目的，在对护理专业学生的临床能力进行评估时，就应考虑到称职的整体性。通过客观观察和主观判断相结合的过程，公正评估学生的临床能力。对学生临床能力的评估可采用形成性评估与总结性评估相结合；试卷评估与实际操作评估相结合；正式评估与非正式评估相结合等多种形式。

（一）学生临床能力评估的内容

评估内容的设计主要应依据教学大纲的要求，内容涉及认知领域、情感领域和精神运动领域。

1. 认知领域　评估学生知识的掌握程度，根据 Bloom 的认知层次，可以通过试卷、病历分析、口头报告、演讲方式，分别从知识、理解、应用、分析、综合、评价的层次收集学生掌握知识的情况。

2. 情感领域　评估收集学生在临床学习中的信念、敬业精神、学习态度、团结协作、仪表、对待病人的态度等方面的信息。

3. 精神运动领域　评估临床操作技能。通过实际的技术操作获得评估的资料。

（二）常用的临床能力评估方法——观察法

临床能力是一种实际工作能力，常用的方法有观察法、书面作业、口头报告、模拟考试等。我们通常对学生实际工作通过观察法来获取信息资料，可以采用检查表或等级评分表来指导观察。

1. 检查表　简单地说，检查表是一张与具体的护理措施有关的学生行为清单。评估人用检查表来检查学生是否完成了某些操作，重点在于观察学生的行为，一张检查表可能只包括一些需要学生去做的行为，也可能会包括一些做得不好的行为。表 6-7 是一张护理教育中常用的行为检查表，其中包括了正性行为和负性行为。应该注意的是表中的两列不是相互对应的，右边所列的行为是一些会降低护理效果的常见错误行为。

表 6-7　学生临床工作能力的检查表范例

评估内容：接收新病人入院（在学生做过的行为后面画"√"）

称职护士的行为	不称职护士的行为
● 事先准备好病人的床单位	● 事先未准备好病人的床单位
● 接病人及家属入院，并进行自我介绍	● 入院过程不允许家属陪伴
● 带领病人到床位前	● 重点放在入院手续上，忽略欢迎病人和使病人安心
● 介绍病房环境	● 忘记提供一些必须用品
● 允许病人有充足时间提出问题	● 未进行入院环境介绍
● 开始只作必要的介绍，并约好做进一步入院介绍的时间	● 一次给病人介绍太多太细的内容

2．等级评分表　等级评分表可以告诉我们，学生在某一方面或某些操作做得是好还是不好。等级评分表有数字型分级和描述性分级两种。

（1）数字型等级评分表　数字型等级评分主要是用数字型等级的形式描述出学生实际达到的水平（表 6-8）。

表 6-8　外科换药评分表范例

评估内容	应得分数值					
	1	2	3	4	5	6
洗手	□	□	□	□	□	□
用物准备	□	□	□	□	□	□
与病人建立融洽的关系	□	□	□	□	□	□
病人准备，向病人解释操作步骤	□	□	□	□	□	□
取下旧敷料	□	□	□	□	□	□
观察伤口情况	□	□	□	□	□	□
按原则更换新敷料	□	□	□	□	□	□
整理好病人的衣物和床单位	□	□	□	□	□	□
处理用物	□	□	□	□	□	□
记录	□	□	□	□	□	□

请画出与护士操作水平相对应的数字，"1"表示最不好，"6"表示最好。

（2）描述型等级评分表　主要运用文字描述的方法，对学生某项实际操作能力进行描述。常用的有双极描述法、副词描述法和短句描述法。

1）双极描述法

例如：

甲	按甲中所说的去做	大部分按甲中所说的去做	有时按甲做有时按乙做	按乙中所说的去做	乙
工作中始终注意以病人为中心					工作中未能始终注意以病人为中心

2）副词描述法

例如：

评估内容	副词描述等级			
	总是	经常	偶尔	从来不
1. 开始操作前做好充分的解释工作	□	□	□	□
2. 操作前做好查对	□	□	□	□
3. 操作前洗手	□	□	□	□

3）短句描述

例如：

评估内容	短句描述的等级
与其他护士一起工作时	处于领导地位
	与其他护士承担同样的责任
	大多数时候处于被领导地位

（三）影响临床能力评估的因素

临床能力是一种实际工作的能力，对临床能力的评估多采用观察法。观察性评估往往受以下三个因素的影响，即评估人，学生和评估方法。

1．评估人　准确的评估是需要尽心尽力的，评估人对评估的影响主要表现：①评估人的态度，评估人是否认真、严谨，能否严格执行评估的标准；对评估是否有兴趣；评估人自己对护理操作的认识如果存有偏见或不同意见等都会对评估的结果产生影响。②评估人的动机，评估的目的可以是为了发现问题，了解事实真相。教育评估的最终目的就是促进改革，提高和保证教育质量。评估人的动机是否积极，是否与评估的目的相一致，必然对评估的进程和评估的结果产生影响。③评估人的主观因素，评估人还常有意或无意地犯下列两种错误。一种是"光环"效应。"光环"效应是在评估人受到学生特性的影响时产生的。如果评估人对学生的印象好，就可能对其操作打高分；相反印象不好，则可能给低分。另一种错误是评估人在打分时很大方，学生的所得分超过了他的应得分。这种情况常发生在评估人就是学生的临床带教老师时，因为在实习中经常接触而彼此间很熟悉，所以在评估时便放松了标准。④评估人的经验，既往是否参加过评估工作，对评估工具的熟悉程度以及对评估内容是否熟悉等，也会影响评估结果。⑤其他：评估人缺乏足够的评估时间；评估人的个性特征，如性格急躁、缺乏条理性等都将影响评估的结果。

2．评估对象　在评估对象方面，影响评估的主要因素是其对将要评估的内容的准备程度，以及评估时的焦虑水平。首先一点是学生自己对评估要心中有数，必须对将要评估的内容做好充分准备；另外，由于过度焦虑会导致学生在评估当时失去真实的操作水准，并降低其做出判断的能力，所以学生应学会放松技术以减轻自己的焦虑程度，使评估结果确实能代表本人的真实能力和水平。

3．评估方法　对于一所护理学院来说，评估学生的临床能力是采用间断评估法还是连续评估法，所得到的结果是大不相同的。如果采用的是间断评估法，学生若在评估当时这一关键时刻的操作比平时一般水平要差，她的成绩则会很差；相反，若某学生平时一贯较差，而幸运的是在评估当时却做得很好，则分数会很高，在这样的情况下评估结果就无法代表学生的真实情况。连续评估法可以克服以上这些缺陷，它要求评估人通过与学生之间的互动来获得大量的资料。评估不是发生在某一时刻，而是贯穿于整个的学生临床实习期间。这样，在实习结束时，评估人甚至不需要用考试的方法便能给学生做出一个真实可靠的评估。

（四）评估临床能力时的注意事项

前面我们已经提到，临床评估可以运用间断法或连续法，两种评估方法均需事先做好周密的计划。尽管连续性评估获得的资料比间断性评估更接近于正常情况，但两种方法都需要得到病人的配合，评估人需要确定怎样才能使评估做得最好，是纯粹的观察还是自身参与到要评估的护理活动中，两者各具优缺点。纯粹的观察干扰了学生正常的护理活动，但确实保证了评估人一心一意地进行观察；相反，边工作边观察的方法，使评估人看到的是学生真实的工作情况，但这种方法很可能使评估人不能专心地进行评估。

另外，评估结束后，在给学生反馈意见之前，最好先听一听学生对自己操作所做出的自我评价，这样可以鼓励学生自我完善，评估完毕之后，可以让学生休息一下，喝杯热茶，使她（他）从评估的紧张中恢复过来。否则，由于过度紧张她（他）很可能不能够完全理解你给她（他）的反馈意见。评估人要做到既提出了有益的意见又不伤及学生的自尊心，这需要很高技巧。即使对于评估结果不及格的学生，在明确她（他）的操作未达标准的同时，也要指出他的优点所在，给予信心。

第三节 教育评价

一、概述

"评价"这个词广泛运用于行为科学和教育学中，构成了问题解决、护理程序、质量保证以及课程设置等许多循环过程中的最后一个环节。评价的意思是"评出某件东西的价值"，而"价值"又与"重要性"是同义词，因此，评价就是一个通过详细的鉴定研究，弄清某样东西的价值或某件事物的意义的过程。教育评价具有以下几方面主要功能。①导向功能：通过评价目标、指标体系的引导，可以为学校指明办学方向，为教师和学生指明教与学的奋斗目标；②调节功能：运用反馈原理，通过评价及时获得教育结果、教育过程的信息，以便及时强化、及时调节、及时矫正；③激励功能：评价可以使被评价者看到自己的成绩和不足，找到或发现成功与失败的原因，激发人们责任感和进取心，改进工作，发扬优点；④鉴别功能：主要指对教育运行的状态及其效果做出比较准确的描述和判断。

教育评价是依据一定的教育目标，运用科学手段，对教育活动过程及其效果进行价值判断，从而为教育决策提供依据的全过程。在开始进行评价以前，我们必须明确以下几个基本问题。①教育评价的对象：明确对象是制定任何评价方案的前提，对象可以是教学过程中的任何一部分要素，如教师、学生、教学环境、课程设置等，也可以是教育体制。②教育评价的目的：如果目的是为了"选拔适合于进入本科护理教育过程学习的护士"，属于一种总结性评价，通过价值判断确定该护士是否符合进入本科阶段学习的要求，通过考察、衡量，也可以鉴别该护士在进入本科前教育活动中的得失、改进情况，以及不同背景教育的区别，此时评价的作用在于"判断"；如果评价的主要目的是为了"创造一个适合在职护士学习的本科护理教育"，此时为过程性评价，需要在教育活动进程中不断反馈矫正系统，它的作用在于"改进"。现代教育评价强调发挥评价的改进、激励、鉴别和导向功能，因此评价最重要目的不再是"证明"，而是"改进"。③教育评价的标准：是对评价对象进行价值判断的尺度和衡量的标准，教育评价标准系统是教育理论联系教育实践的中间环节，教育评价有助于教育理论与教育实践的统一。④教育评价的手段：是必须运用科学的评价技术和工具。因此，教育评价的实质是参照现有的教育目标，通过系统地收集信息，采用科学的方法对教育过程中的事物或人物做出综合价值分析和判断的过程。其目的在于提高教育质量、推动教育改革、改善教育管理以及做出教育进步的决策。

二、教育评价模式

教育评价在其发展过程中，形成了多种评价模式，每种评价模式代表着一种教育评价理论的观点和流派，各自有独特的使用价值。作为"教育评价之父"的泰勒所创立的目标模式，曾经风行一时，在其被广泛应用的实践中，人们逐渐发现了它的不足，并据此提出了若干新的模式，如 CIPP 评价模式、目标游离评价模式、应答评价模式等，以满足教育实际的需要。

1. 目标模式（objectives-oriented evaluation） 又称目标导向评价模式或泰勒模式，是由泰勒（R.W.Tyler）创建的，其主要内容是以目标为中心对活动结果进行评价，判断目标达到的程度。目标模式的具体步骤如下。

（1）确定目标。

（2）依据预定的目标，规定预期学生产生的行为，即目标行为化。

(3) 选择和编制评价工具。
(4) 依据行为变化情况分析判断预期目标的实现程度。

泰勒评价模式在实践中占据主导地位长达近30年，但在实施过程中人们逐渐发现了它的不足之处，如：如何判断作为评价核心和依据的"目标"的合理性？非预期的教育目标要不要评价？如何评价？教育教学是否有统一的目标？这些问题对于教育评价方案来说至关重要。为了解决上述问题，人们开始对教育评价目标模式进行反思，并根据实际需要提出和发展许多新的教育评价模式。

2. CIPP模式 经过多年的实践和研究，美国学者斯塔弗尔比姆（Stufflebeam）在批判目标评价模式的基础上，于1966年，创立了CIPP教育评价模式，主要包括四个基本步骤。

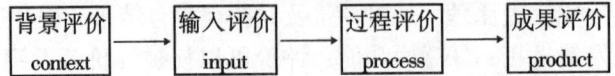

(1) C（context evaluation）：即背景评价，是评价的第一步，依此作为选择和形成方案目标的基础。主要目的是评定被评价对象的综合地位，鉴定其不足之处，集中和整理能用来纠正其不足之处的因素。背景评价主要解决以下问题：评价方案面对的需要是什么？这些需要的广泛性和重要性如何？方案的目标在多大程度上反映了已评定的需要？它的目的是检查教育目标和教育重点是否同学生的需要相协调，评价的最后结果应能为调整教育目标和教育重点提供一个可靠依据。

(2) I（input evaluation）：即输入评价，是在背景评价确定了方案的目标之后，对方案的可行性、效用性的评价。在这一阶段主要考虑的问题是：考虑选择哪些备选方案？所选方案的合理性如何？输入评价的结果是形成一个最佳方案，同时对实施过程中可能出现的各种障碍做出估计，从而修订改进计划，避免它的盲目实施，以避免失败和浪费时间、人力、物力。

(3) P（process evaluation）：即过程评价，是对方案实施情况的监督检查，目的在于调整和改进实施过程。在整个实施过程中，进行全程追踪评价，定期写出报告，使计划及时得到修正、不断充实、不断完善，使之更符合实际需要，保证实施质量。

(4) P（product evaluation）：即成果评价，是测量、判断、解释方案的成就，即测量、判断改进计划后，实施结果到达预期目标的程度。

CIPP评价模式的特点是以决策为导向，重视评价的改进功能，同时将诊断性评价、形成性评价、终结性评价完整地结合在一起，充分发挥了教育评价导向和改进的职能。

3. 目标游离（goal free）模式 在进行教育活动的实际中，往往除了收到预期效应外，还会产生各种"非预期效应"，或者叫"负效应"，根据预定教育目标进行评价时，一般只注意目标规定的预期效果，而对于"非预期效应"很难得到反映。斯克里芬经过多年的实验研究提出目标游离模式，其目的是为了降低方案、计划制定者主观意图对评价活动的影响，以利于评价者收集全部的关于方案的成果信息。这种不受预定活动目标影响的评价是自由目的评价。这一评价模式与泰勒模式、CIPP模式最大的区别，是在这种评价中做出评价结论的依据、准绳不是方案制定者预定的目标，而是活动参与者的意图。这就是从评价活动主要反映管理者、决策者的意愿，转向反映"群众"的意愿，因而具有更大的"民主性"。

4. 对手（adversary）模式 这种模式是采取准法律过程——评委会审议形式，对提示的方案正、反两方面长短、得失进行评价模式。它十分重视听取关于教育方案和教育活动的争议性意见，尤其是反对意见。这为各方面的情况能得到充分的反映提供了保证。这一评价的基本特点是能较充分反映各类人员"多元的"价值认识，是依靠人们直觉与经验的评价。

5. 哈蒙德模式　由哈蒙德（Hammond）提出，主要内容不仅确定了达到某个教育计划目标的程度，而且也强调确定改革效果的一种系统形式。哈蒙德从三方面对教育进行评价，即教学结构方面、机构方面、行为目标方面，他认为各个方面的因素相互作用，这些作用会产生新的因素又相互组合，这种组合因素在某个教育计划评价中应看做是变量。教学结构方面的主要因素涉及教学组织、教学内容、教学方法、教学条件及教学费用等；机构方面的主要因素有学生、教师、管理人员、教育专家、家庭和社会等；行为目标方面的主要因素包括有认知领域、情感领域和心理活动领域。

三、教育评价过程

（一）教育评价的步骤

教育评价一般需要经过包括确定评价目的、建立评价模型、收集评价信息、处理信息资料、做出判断、反馈指导等步骤。

1. 确定评价目的　就是明确评价要解决什么问题，收到何种效果，并且明确评价的范围、对象。

2. 建立评价模型　确定评价内容及评价标准，建立评价的指标体系、评价标准体系和指标权重体系。

3. 收集评价信息　根据指标体系，科学、系统地收集各种信息资料。

4. 处理信息资料　对收集到的信息资料进行整理和分析的过程。

5. 做出判断　在科学分析的基础上，对评价对象的某方面做出客观判断。

6. 反馈指导　将评价结论及时反馈给评价对象，并提出指导性意见，帮助评价对象进行改进和调整。

（二）教育评价指标体系的设计

指标就是目标的一个方面，它应是具体的可测量的、行为化和操作化的目标，具有系统化和紧密联系的一群指标才能反映全部的目标和目标整体。与教育目标相比，指标体质往往具有更强的指导、定向作用。所谓教育评价标准系统是指教育评价所采用的准则及其具体化形式的集合。

1. 指标体系的结构　教育指标体系可以按照不同的形式分为多级，如根据教育内容可分为目标指标、过程指标和条件指标。

（1）目标指标：反映评价对象水平和质量特征的指标，主要指成绩、成果和效益的数量与质量，如毕业学生的质量评价。

（2）过程指标：评价教育过程的指标，如教育计划的实施与管理。

（3）条件指标：评价完成教育活动所必需的基础条件指标，如办学条件。

2. 指标体系设计的程序和基本方法　评价指标体系的设计，有较强的政策性和技术性，需要按照一定的程序，采用科学的方法，进行技术处理，才能达到理想的效果，基本的步骤和方法如下。

（1）分解教育目标，初步拟定指标：如教育目标中对教师的业务素质有一定要求，就可以进一步分解业务素质，如：文化素质、教育理论素质、教育实践经验等。

（2）归类合并，对指标进行筛选：可采用经验法、调查统计法等对分解的指标进行归类，以确定主要因素和次要因素，并且使指标达到少而精的要求。

（3）理论论证：对经过筛选的指标，依据教育科学针对教育目标、评价目标、管理目标和被评价对象的实际情况逐一进行论证,以求得高质量的指标体系。

(4)专家评判:可通过个别访问、座谈讨论、问卷征询、现场调查等方式,请专家和教师等进行评判和修订。

(5)预试修订:经过以上步骤后,可在一定的小范围内试验,试验后再修订指标体系,使之更趋于合理化。

在护理教育中正确运用教育评价,发挥教育评价的导向功能、调节功能、激励功能和鉴别功能是实现护理教育决策科学化,加强护理教育系统科学管理,实现整体优化,调动各个方面积极性,促进护理教育教学改革,强化素质教育,全面提高护理教育质量的重要措施。

四、教育评价的内容

当我们谈到对护理学院进行教育评价时,常常要考虑学院在教育方面的整体情况,即:学校的结构,如资金、人员、环境等;学校的教学过程,如教学方法、教师的技能等,以及教学效果,如学生的知识和技能、满意程度等。教育评价可在大范围内进行,如评价以上所述的各方面,包括:①学校的生活设施是否与教学规模相匹配,如食堂、宿舍等;②教学设施是否充足,如教学工具等;③学校是否为学生提供了就业服务项目;④学校对信息情报是否有足够的重视,如书刊的订阅,图书馆的建设等;⑤行政人员及技术人员的辅助工作是否与课程需要相匹配;⑥学校是否重视提高教师队伍的质量,即是否鼓励教师接受继续教育;⑦学校的管理过程如考核、分配等是否达到了预定的目标;⑧学校与其他机构的交流合作是否促进教学。这些指标主要是评价学院的整体情况。在实际中我们往往更加重视对课程结构、教师教学质量、授课情况的评价。

(一)课程评价

课程评价的规模比对一所护理学院评价的规模要小,但进行课程评价时却必须要考虑到其所在护理学院的评价结果,因为课程是在学院中讲授的,学院在资金、设备、人员等方面的任何问题都会对所有课程产生直接或间接的影响。对课程的评价可能涉及以下内容。

1. 课程目标是否合适并且是否达到。
2. 课程结构、进度和连续性如何。
3. 课程大纲的实用性与现实性。
4. 教学方法的质量与效果。
5. 课程结束后学生的能力。
6. 课程目标是否进行了评估,评价学生学习效果。
7. 工作人员的进取心及凝聚力。
8. 提供的资金及资金利用。

教学评价或课程评价有两种主要的收集资料方法——定量法与定性法,定量评价重点在收集数量化的资料,因此是一种测量模式。相反,定性评价则不大正式,而且更有赖于观察及对现象的解释,关于两种评价的优缺点还存在着争议,很大程度上取决于评价者个人的观点。

(二)教师教学质量评价

在教学过程中可以通过对教师的教学态度、教学水平、教学方法和教学效果四个方面的评价,来判断教师教学质量的高低。参与评价的可以是教学管理人员、教师和学生,可以通过填写问卷、填写评价表和观察等方式进行。表6-9为教师教学质量评价表范例。

表 6-9　授课教师教学质量评价表范例

教师姓名_____　　性别_____　　　　所任课程名称_____

项目	类权	评价项目	项权	A B C D
教学态度	20	教书育人，为人师表	0.20	
		备课充分，临床教学内容充实	0.30	
		答疑，书面作业及时认真批改	0.20	
		根据需要，进行必要辅导，耐心答疑	0.05	
		虚心听取学生建议，注意改进教学	0.10	
		关心学生成长、进步	0.15	
教学水平	40	对教学内容有广泛深入的了解	0.40	
		能正确清楚地解答学生提出的问题	0.20	
		讲解清楚、有条理	0.15	
		重点突出	0.10	
		教学难易适度	0.15	
教学方法	20	注重教学方法，能调动学生积极性，教学气氛生动活泼	0.45	
		注重实践，注意培养学生实际能力	0.40	
		教学组织严谨，语言精练	0.15	
教学效果	20	学生的测验、考试成绩	0.40	
		解决了学生学习上的主要疑难问题	0.30	
		学生实际能力有明显提高	0.30	

（三）教师授课质量评价

授课质量评价一直被认为是各种教育系统考核教师水平的重要活动之一。对授课进行评价的方法较多，问卷是所有评价方式中最常用的一种方法，它需要答卷人回答有关某位教师的问题。答卷人可以是学生，也可以是同行专家、同事等。表 6-10 介绍一种常用的教师评价表供参考。在表中每一项内容的后面，均按由不好到非常好分为 6 个等级，"1"代表最不好，"6"代表非常好，答卷人只需在相应的位置上打"√"就可以。

表 6-10　教师授课评价表范例（用于教师之间相互评价时）

项目	评价等级					
	1	2	3	4	5	6
1. 态度是积极的，充满热情的	□	□	□	□	□	□
2. 开场白						
能激发学生兴趣	□	□	□	□	□	□
指明将要讲什么	□	□	□	□	□	□

续表

项目	评价等级					
	1	2	3	4	5	6
3. 声音						
音量	☐	☐	☐	☐	☐	☐
清晰程度	☐	☐	☐	☐	☐	☐
说话速度	☐	☐	☐	☐	☐	☐
4. 非语言性沟通						
面部表情	☐	☐	☐	☐	☐	☐
手势	☐	☐	☐	☐	☐	☐
5. 表达能力	☐	☐	☐	☐	☐	☐
6. 提问						
所提问题涉及各个层次	☐	☐	☐	☐	☐	☐
提问运用技巧	☐	☐	☐	☐	☐	☐
7. 示范	☐	☐	☐	☐	☐	☐
8. 解释说明	☐	☐	☐	☐	☐	☐
9. 抓住了学生的注意力	☐	☐	☐	☐	☐	☐
10. 给予学生不同的刺激	☐	☐	☐	☐	☐	☐
11. 学生参与	☐	☐	☐	☐	☐	☐
12. 视听教具的使用						
使用熟练	☐	☐	☐	☐	☐	☐
使用得当	☐	☐	☐	☐	☐	☐
使用的效果	☐	☐	☐	☐	☐	☐
13. 授课的进度	☐	☐	☐	☐	☐	☐
14. 授课的难易程度	☐	☐	☐	☐	☐	☐
15. 评价						
在授课过程中	☐	☐	☐	☐	☐	☐
在授课结束时	☐	☐	☐	☐	☐	☐
16. 课程结束						
提出要点	☐	☐	☐	☐	☐	☐
对所讲内容进一步提出建议	☐	☐	☐	☐	☐	☐

  表中的例子是教师之间相互进行评价，同样，学生也可以参与对授课的评价。让学生评价一门课程往往比让他们评价这门课程的每次讲课效果更有意义。原因是，第一，把对每次课的评价再综合起来往往很困难；第二，教师得到的是学生对他一学期来授课的总体反映而不是某次课的特殊表现。表 6-11 是介绍学生对教师授课评价的范例。

表6-11 教师授课评价表范例（供学生对教师进行评价时使用）

项目（X）	像 X	大部分像 X	有时像 X 有时像 Y	大部分像 Y	像 Y	项目（Y）
内容与护理有关						内容与护理无关
内容组织得好						内容组织得不好
讲得生动有趣						讲得枯燥乏味
语言表达清楚						语言表达混乱
音量合适，口齿清楚						音量不合适、口齿不清
授课速度合适						授课速度太快或太慢（是太快还是太慢请用线划出）
所讲内容的量合适						所讲内容太多或太少（是太多还是太少请用线划出）
所讲内容难易合适						所讲内容太难或太容易（是太难还是太容易请用线划出）
视听教具使用得当						视听教具使用不当
与学生关系融洽						与学生关系不融洽
学生有参与的机会						学生无参与的机会
学会了许多东西						没学会什么东西
对学生的进步做出了很好的反馈意见						对学生的进步没有做出反馈意见

使学生感到不舒服，或在语言、行为上具有某些能使学生分心的特殊习惯：

意见：

五、教育质量保证

（一）概述

保持和提高护理教育的质量是护理界所有领导者们重要的职责之一，质量是一种价值判断而非客观真理，因为它是个人的看法。显然，每个人对"什么是好的质量"的看法是不同的。而且，质量这一概念在不同的环境、不同的时代也是不同的。例如，一份教学大纲在今天可能是高质量的，但十年以后它可能就是低质量的，因为时代进步了，科技发展在教学可运用的手段、技术设备不断更新，十年前的大纲当然无法适应未来的教学状况。由此可见，好的教育并不意味着它就是最佳的或最理想的。就中国的高等教育发展趋势而言，其质量标准表现为：普通高等学校的质量标准主要是考察所培养人才的理论水平和能力，精英高等教育是建设一批学术水平高的研究型大学，培养一批学者、科学家和各学科的学术骨干、学科带头人，增强国有的科学技术和文化潜力，力争在世界科学与文化舞台上占有一席之地，同时，要加快建设一大批应用型、技能型的高等教育机构，培养一大批掌握现代科学技术、具有从事生产活动实践能力的工程技术人员和管理人才等等。总之，21世纪中国高等教育质量标准不仅仅是多样的，而且又是全面的、整体的。

1983年，世界卫生组织的定义是：质量保证是一项正式的活动或项目，其目的是评估并提高一个有组织的医疗机构或康复机构的护理质量。这样的活动或项目包括确定质量上的不足之处，纠正质量问题以及评估活动或项目本身的有效性。

从事质量保证活动的机构（包括人员、基金、仪器设备等）需执行以下活动：① 提供规范，设立标准，进行审核；② 监督及评价；③ 纠正错误，解决问题。

要想对护理质量进行客观的、系统的监督和评价，就需要制定出连续的质量保证计划，以解决现存的问题，提高护理质量。1985年，世界卫生组织又为质量保证确定了以下四部分内容：

◆ 技术质量（业务方面）；
◆ 资源利用（效率方面）；
◆ 危险因素的控制（与医护服务有关的病人受伤性危害）；
◆ 病人对服务的满意度。

质量保证是为了保持和提高质量而进行的一个评估过程。可见，质量保证就是对卫生健康部门的监督和评价，并令其对不足之处加以改正。当然，这些内容也同样适用于护理教育中的质量保证。

（二）教育质量保证的内容

无论在何种领域，质量保证一般包括一个机构或系统的组织、执行及结果三个方面的内容。正是出于这样的考虑，Donabedian在1980年绘制了著名的Donabedian结构图。下面就是Donabedian结构图在护理教育的应用。

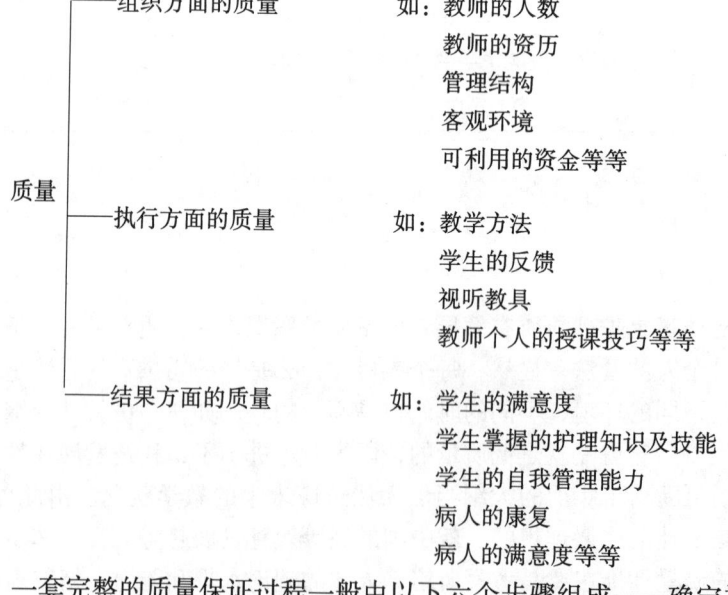

一套完整的质量保证过程一般由以下六个步骤组成——确定被评价的内容、制订标准、执行、评估、分析及修正。表6-12就是这六个步骤的具体实例。

表 6-12 护理教育中的质量保证程序

步　　骤	举　　例
1. 确定被评价的内容	"外科的临床学习环境"
2. 为评估组织、执行及结果三方面的质量而制定标准，选择评估工具	制定的标准，如：体现人道主义思想，有小组合作精神，授课方法有效，为学生提供了学习机会等等
3. 按照已规定的标准，安排授课内容及学习环境	提供小组合作性操作的机会
4. 按步骤 2 中制定的标准评估临床学习环境	按步骤 2 中选择的工具，如问卷法收集资料
5. 分析评估结果并做出改正不足之处的计划	分析问卷调查获得的资料，得出临床学习环境的有效性
6. 在步骤 5 的基础上开始改正不足	让工作人员接受继续教育，以帮助他们为学生提供更好的临床学习环境

（三）教育质量保证的方法

谈到护理实践与护理教育中的质量保证，我们可以运用许多专门的系统或方法。其中之一称为"质量小组"法。

"质量小组"是一种由小组成员共同解决问题以促进服务质量的方法，小组由 3～12 人组成，定期开会，讨论并解决工作中出现的主要问题，这些问题可由他们亲自解决或领导其他人去解决。同时，小组成员还需不断接受培训，学习解决问题的技巧。质量小组法提倡的是集体的力量，一个人的思路和智慧毕竟是有限的，所以，在护理学院中由一组老师共同来解决常见问题，是一种值得提倡的方法。

另一种提高护理实践质量的质量保证方法称为"监测"法（monitor），这种方法要填写许多有关病人及与病人护理相关的问卷，往往需要一名以上的评估者。在病房运用监测法时，首先应由评估人将病人分成四组，它们分别是需最少护理组、需一般护理组、需较多护理组以及需最多护理组，每组都有各自的问卷。病房中的病人可以全部参加，或随机为每组选择三个病人，然后应用相应的问卷，开始监测。问卷中，有关病人的问题如"你知道你的责任护士是谁吗"，有关护理的问题如"护理病历中是否记录了患者家属对患者病情认识方面的资料"，回答"是"，给 1 分；回答"否"，给 0 分，最后计算总分。总分的高低则显示出护理质量的高低，监测法不仅可以用于病房护理质量的评价，也可以用于护理学院学生的临床实习质量评价。

总之，质量保证活动的目的就在于能够使服务对象得到一个安全、可靠、经济而又有效的服务。

（尚少梅）

第七章 护理院校的教育管理

第一节 绪论

一、教育管理学定义

教育管理学作为一门科学开始于19世纪后期，它来自于人们教育管理实践经验的不断积累。美国从19世纪后期，经历了近百年的发展，直到1951年，教育管理学才被公认为是一门独立的学科。随后教育管理学涉及许多科学，如：政治学、经济学、法律学、社会学、社会心理学等等，使之更丰富、更具科学性。

教育管理学是一门研究教育管理过程及其规律的科学，它以教育管理过程及其规律作为自己的研究对象，主要包括领导行为、管理职能、教育评价、人员培训、组织制度和教育督导等。广义的教育管理学包括教育行政和学校管理两部分，教育行政是指教育、学术、文化的行政。狭义的教育管理学是以一定类型的学校组织作为研究对象，阐述社会环境与学校之间的关系；学校内部诸因素之间的关系；以及学校组织如何为提高教育质量而提供必要的环境、秩序和措施，以便学校组织按照教育规律正常运行。通常教育管理学涉及以下几个方面。

1. 创造和维护有效的学习环境。
2. 按不同需求进行课程设置和描述课程内容。
3. 监测和评价学校、教师和学生的行为。

与其他教育管理一样，护理教育管理的最终目标也是提高学院的工作效率和教育质量。要做到这一点，必须实行科学管理，把教育管理科学的基本原理应用于护理教育的管理实践。

二、教育管理学的主要功能

教育管理学在学校管理活动中具有多方面的功能，归纳起来主要有下列三个方面的功能。

1. 组织管理方面　管理是人们应用一定的原理和方法，在特定的环境下，引导和组织全体教职工的力量去行动，使有限的资源得到合理的利用，以达到预期目标的一种行为，包括资金、预算、仪器设备、人事管理和学生管理。
2. 环境方面　学院与外部团体（如国家和地区的团体之间的关系）、环境对组织职能的发挥起着一定的作用。教育管理的任务就是研究教育组织如何适应环境和控制环境。
3. 课程方面　包括课程的设置、实施、回顾、监测和评价。

三、护理教育领导者的主要功能

护理教育的发展离不开教育管理，而教育管理的效果离不开教育管理的领导。领导常被看做是一种能力、过程或行为，而领导者则是指具备领导能力、实施领导行为和操纵领导过程的人。在护理教育中，领导者的个人品质和工作方式对教育实践活动起着重要作用，作为护理教育领导者的角色，不仅要有相关的魅力，可信任性，以及高度的责任感；而且对学院（系）全面管理应具有高瞻远瞩的战略眼光，不拘泥于日常琐碎的事务性工作。在当今的护理学校管理中，护理教育领导者正发挥广泛的作用，其主要功能如下。

1．人事管理　如工作人员的选聘，师资培养等。
2．教育教学管理　如课程设置与评价、学籍管理、素质教育、毕业分配等。
3．科研管理　鼓励工作人员进行科学研究，发展学科。
4．对外交流与合作　包括国内外学院（系）间的交流，向健康保健机构提出建议等。
5．其他　政策的制订与实施、制订工作计划、预算等。

第二节 护理学校组织

从组织形态的角度看待组织，人们习惯于把组织看成是由若干部门按一定结构方式组合而成，并去实现某个特定目标的整体。护理学院组织的性质不是生产经营性组织，它的基本作用是继承和发扬护理学科的文化遗产，从根本上说，护理学院（系）是一种服务性组织，其服务对象就是护理学专业学生，作为大学的组成部分之一，护理学院（系）是一种文化机构，其组织的特点主要体现在组织的构成要素上，根据伯顿的系统观点，高等教育组织的基本构成要素分为三个方面。

1．工作的表达和安排方式　护理学院是一个学术性组织，因此，劳动分工是根据知识特性展开的，如内外科护理学的教师和妇产科护理学的教师，其分工是根据教师对某一领域知识的掌握情况和研究程度决定的。

2．信念　是指组织的主要规范和价值观，特别是学术信念。

3．权力　主要是学术权力。

以上三方面的构成要素分别决定着护理学院（系）的主要成员即教师的工作，促使他们对教学工作和学科发展的忠诚，分配着他们的权力。这种以学术性为组织的基本特征，使教师们既属于某一学科和研究领域，又属于特定的大学和学院，因而，形成了由学科和事业单位两条主线构成的矩阵型组织结构模式，在一定程度上造成了学术管理和行政管理的分离。但是，由于护理学科的发展在我国还刚刚起步，各种护理学术团体还尚未形成规模，因此护理学院（系）内这种学术管理和行政管理分离的现象不如其他学科如医学学科那么突出。

一、高等护理教育的行政管理系统

作为一种学术性机构，护理学院（系）虽然不以追求经济效益为目的，但学术政策的落实、大量学术事务如教学和科研活动的开展必须涉及诸如人、财、物、时间和信息资源在学院内部的分配和流动，因此，一个科学、合理和有效的行政管理系统是提高学院资源使用效率的关键。

高等学校的行政管理系统，主要是指由高校内相互联系的不同权力和职责主体所共同构成的，具有特定结构和功能的统一体。高等学校的行政管理系统在结构上基本分为三个层次：校、学院和系。根据高等学校的规模，其行政管理系统有校－系二级结构和校－学院－系三级结构（图7-1、7-2）。然而，虽然护理是一门古老的艺术，护理学却是一门年轻的学科，护理学科发展的规模和现状，决定了护理教育在高等院校中的行政管理系统为校-院或校-系二级结构（图7-3）。

二、各级行政管理机构及其职能

（一）校级行政管理机构及其职能

校级行政管理机构是全校行政工作的统筹部门，它以校长为核心，由校长根据高校决策机构确定的政策和方向，制订具体的落实计划，确定有关部门的负责人人选，组织内部有关职能部门和人员，最大限度地实现预期目标。目前我国大多高校实行党委领导下的校长负责制，其组织机构是直线－职能制形式结构（图7-1）。

在校的行政机构中，校长处于行政管理结构的顶端，他们对下级进行指挥、下达命令并

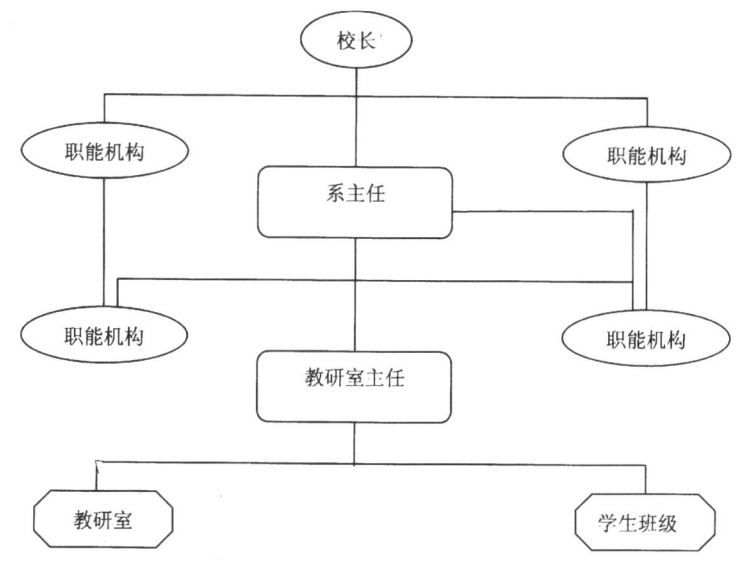

图 7-1 直线 – 职能制组织结构

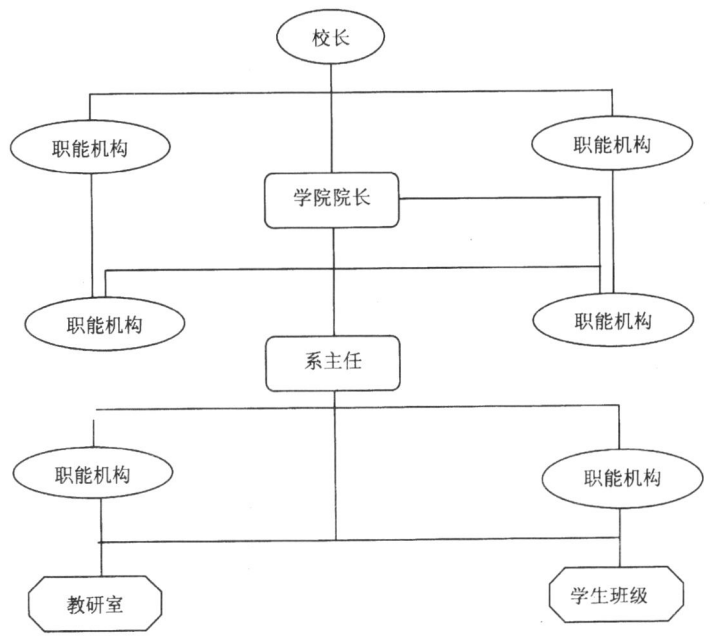

图 7-2 学院部组织结构

负全部责任。校长之下设有各种职能部门,如教务处、科研处、人事处、财务处等,并配备相应的职能管理人员,他们作为校长的参谋机构和助手,协助校长执行学校各方面的管理事务,但不拥有决策权。

(二) 学院级行政管理机构及其职能

护理学院设在大学之下,是学校的二级机构,护理学院的院长一般由校长任命,对校长负责。其基本职能是协助校长管理护理学院内的事务;协调所属各教研室及与教学医院各临

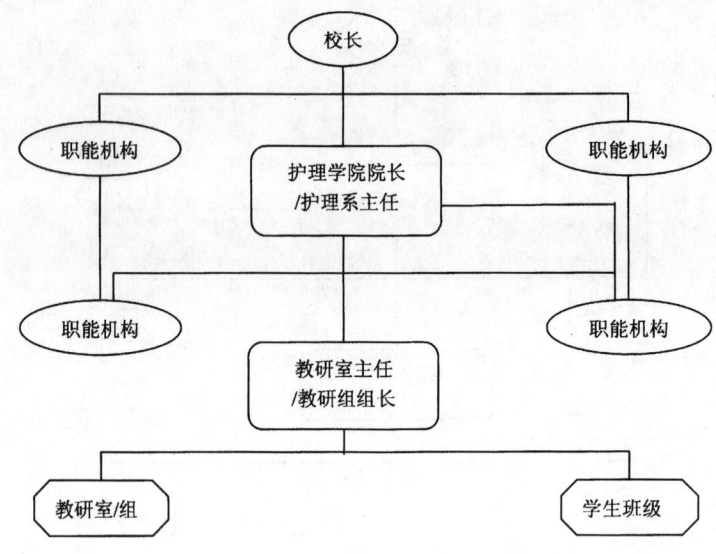

图7-3 护理学院（系）组织结构

床护理教研室的关系；制订学院的发展规划和发展学科建设；统筹全院的人、财、物等资源的调配等。目前我国护理学院机构内部一般不设系级机构，而是根据护理学科专业直接设立内、外、妇、儿科护理学和护理学基础等教研室（图7-3）。

（三）系级行政管理机构及其职能

我国护理教育的学院制管理仅在少数高校实行，大部分高校仍然以护理系的形式行使其管理职能。护理系常直属校部管理，也有的学校设立于医学院之下，护理系主任一般由上级部门如医学院院长或校长任命。系级行政管理机构在上级部门的指导下，具体负责开展护理教学和科研活动，落实上级意图，接受上级监督和考核。护理系机构内部根据护理学科专业设立内、外、妇、儿科护理学和护理学基础等教研室或教研组，教研室或教研组是护理教育和科研的最基本单位。

第三节 护理学院的管理过程

一、管理过程的要素

管理过程是管理者为实现预定目标而开展各种行政管理活动的程序。管理活动所包含的要素、步骤或环节，学者们的看法很不一致。最著名的是古利克的 POSDCORB 理论，他认为管理过程包含七大要素：计划、组织、人事、指挥、协调、报告和预算。学校管理过程本质上与一般管理过程没有什么区别，古顿（Richard A. Gorton）在《学校管理：领导者的挑战和机遇》一书中提出学校管理过程包括 13 个领域：即认识问题、诊断、确定目标、决策、计划、组织、协调、授权、调动积极性、交流、与各种团体打交道、解决问题、评价。美国管理学家戴明提出的 PDCA 学说则将学校的管理过程分为四个环节：计划（plan）、实施（do）、检查（check）和处理（action）。我国关于学校管理过程的论述，基本上是在戴明的 PDCA 学说基础发展起来的，包括计划、实施、检查和总结四个环节。

二、护理学院的管理过程

护理学院的管理过程属于普通学校管理过程的范畴，本书将从上述四个环节，计划、实施、检查和总结简要讨论护理学院的管理过程。

（一）计划

计划工作就是预先决定做什么，怎么做，何时做和谁去做。计划的作用包括：①使管理活动围绕目标进行；②提供活动的路线图；③使工作具有系统性；④将发展战略转化为日程表；⑤使教职工明确工作范围和职责。制定计划应符合上级教育管理部门的精神，结合本校及本学院（系）的实际情况，使所制定的计划经得起理性的推敲，并具备可操作性。制定计划的步骤包括获取信息、了解情况、起草初稿、充分讨论和最终定稿。

（二）实施

计划的实施是管理全过程的中心环节，实施工作包括组织、指导、协调和激励等。

（三）检查

检查的目的是控制运行、纠正偏差、考核业绩、推广经验；检查有各种类型，如全面检查、专题检查、经常性检查、突击检查；检查方法包括巡视、个别交谈、随堂听课、召开会议等。

（四）总结

总结的目的是发扬成绩，吸取教训，为新一轮的周期循环创造条件。总结也有多种类型和方法。总结要求实事求是，一分为二，客观公正。

三、护理教育教学中的管理原则

管理原则就是管理活动必须遵循的基本准则。在教育管理学界，有关学校管理原则的描述达三四十种，这里仅介绍一些在护理教育管理过程中应用比较广泛的原则，以供护理学院（系）的管理人员有选择地应用。

（一）一长制原则

一长制原则又称单一行政首长负责制。一个护理学院（系）常设有多个领导，但其中之一必须是主要负责人,目前我国高等院校的护理学院(系)基本上采用院长(系主任)负责制,全面负责院(系)的工作,而其他领导只各自负责其中的一部分工作,对院长负责。很多实验表明,无核心的多个领导必然带来摩擦,使相互间的协调出现问题,妨碍效率的提高。

(二)职责分明原则

学院(系)应使每个成员明确自己的职责所在,不管这一职责是自己乐于选择的还是领导分派的。不了解自己职责和义务的人不可能成为组织中有效的一员,也不会给组织效率的提高带来利益。

(三)明确目标原则

尽管松散结合系统理论认为学校的目标有时不是很具体明确的,但是作为管理者,还是应该努力设法使每个成员了解本学院(系)的目标和意图。目标不明确容易引起冲突,并最终导致组织的混乱和瘫痪。因此在制定学院(系)的目标时应尽可能具体明确并具有可操作性。

(四)例行工作规范化原则

学院(系)内的一些常规性工作如学生成绩的管理、教务管理工作等应尽可能地规范化、程序化和标准化,以减少人力和时间消耗,使管理者腾出更多的时间处理例外的或突发的事件。

(五)政策保持稳定原则

一个学院(系)如果在政策或工作计划上变化无常就会造成工作人员在时间和精力上不必要的损耗,降低工作效率。因此在制定政策和计划时必须仔细研究,一旦制定就不要轻易抛弃或改变,这样可以大大减少由于政策起伏而带来的额外消耗。

(六)必要的灵活性原则

稳定不等于一成不变。当受环境所迫,且内外部条件基本成熟时,应该对政策和计划加以修改调整。灵活性与稳定性虽互相矛盾,但非截然对立,关键是寻找两者之间的平衡关系。

(七)安全感原则

教职工在学院(系)内的安全感是保持学院(系)稳定高效的必要条件,当缺乏这种安全感时,学院(系)内就会形成一些小团体,产生内耗。因此设法从各个方面来提高教职工的安全感,包括工作条件、设备、规章制度、公平待遇、组织气氛等。

(八)适当竞争原则

安全感与竞争又是对立的统一。只有安全感而无竞争,会带来懈怠和惰性;只有竞争而无安全感,又会造成人心浮动,精神压力过大。所以,两种极端都不利于提高学院组织效率。因此在学院内既要鼓励竞争,但又要给予一定的安全感,在两者之间寻求一种平衡状态。

(九)动力原则

在护理学院(系)中,充分发挥教职工的工作动力十分重要,根据马斯洛的基本需要理论,当人的最基本的生理和安全方面的需求得到满足后,教职员工的工作动力主要来自于渴望得到学校和同事认可的需要,希望她(他)们的工作得到尊重的需要,以及能够充分发挥她(他)们独特潜能的需求。因此,学院(系)的领导者应在注意满足教职工基本需要的基础上,更重要的是要注意满足高层次的需要,充分发挥教职工的工作热情和主观能动性,提高工作效率。McGregor博士的X理论和Y理论是又一在管理学界中对人事管理方法颇具影响的管理理论，X 理论和 Y 理论是建立在关于人的本质的假设基础上（表 7-1），根据 McGregor 博士的理论，护理学院（系）的领导者可以针对不同的工作人员采取灵活的管理方法，以充分调动全体教职工的工作积极性，发挥最大的工作潜能。

表 7-1 McGregor 管理理论在学校中的应用*

	人的本质的假设	管理者可能的行为
X 理论	1. 人是懒惰成性的，总是尽量逃避工作	* 在规定下班之前，工作人员不能提前离开学校
	2. 大多数人是在被动或强迫状态下完成任务	* 管理者在教学过程中坚持进行检查
	3. 一般人没有进取心，不愿意承担任何责任，宁愿听从别人的指挥	* 时间表由管理者制定
		* 课题必须征得管理者同意
		* 教师没有得到管理方面的培训
Y 理论	1. 人并非天生懒惰，而是追求工作	* 教师们制定弹性工作时间
	2. 如果承担任务，就能学习自我控制和自我指导	* 允许教师有充分的自由安排教学计划并实施，尽量减少控制
	3. 一般人能主动承担责任	* 对所承担的任务给予充分的信任
	4. 每个人都具有丰富的想像力和创造力，并希望表现出来	* 所有教师都参与教学计划的制定，集思广益，可提供新观点，并参与改革

*引自：郑修霞主编. 当代教育学理论与护理教育. 1994

（十）合理的人事政策原则

合理的人事政策原则可以提高学院（系）的工作效率，包括师资的合理培养和使用，为每个教职工提供发展的空间等。

（十一）建立评价制度原则

缺乏评价的活动是无成果的活动。学院（系）应建立相对客观的评价指标，使评价能够真正起到信息反馈、表彰先进、帮助落后者的作用。

（十二）建立良好人际关系原则

良好的人际关系可以提高士气，营造一种和谐轻松的工作氛围，因而有利于各项工作任务的自觉执行，提高学院工作的效率。

（十三）争取社会支持原则

护理学院（系）也是一个开放系统，与其环境进行着不断的相互作用。随着科学技术的高度发展，外界社会对学院的影响越来越大。因此学院领导者单纯扮演"教学领导"的角色是远远不够的，还需要扮演懂得公共关系、善于与社会打交道的"公关经理"的角色，以争取获得社会团体的支持。

第四节 护理教育中的教育制度

随着社会对教育需求的增加，教育系统内部结构和功能也日趋复杂，学校的一些基本规范如学制、考试制度和教师资格制度等已逐渐形成一些带有各国特色的现代教育制度，本节将重点讨论与护理教育有关的基本制度，包括学制、学位制度、招生就业制度和教师聘任制度。

一、学制

学制是指一个国家的各级各类学校的系统，包括学校的种类、由谁来主办和管理、学校的性质和任务、入学条件、修业年限以及各级各类学校的关系等。

（一）建立学制的基本依据

护理教育的学制是护理教育发展过程中，根据社会的需要和自身内部规律的要求不断加以调整、完善和规范化而逐渐形成，因此，护理教育的学制基本依赖于以下几方面。

1. 护理人才培养目标　护理院校应根据本学院的特色及我国护理教育的基本国情，制定出切实可行的护理人才培养目标，如"学术型"、"技术型"、"临床实用型"等，从培养目标出发，确定达到培养目标所需要的修业年限。

2. 社会经济和医学科学的发展水平　护理是一门古老而年轻的学科，自从有了人类，护理便随之产生。但是，在社会生产力水平低下和科学落后的时代，从事护理活动的人员无需接受正规的护理教育。19世纪30年代后，随着社会的进步和科学的发展，欧洲开始出现训练护士的学校，但都设在教堂内。19世纪中叶，南丁格尔首创了科学的护理专业，经过克里米亚战场的护理实践，同时也受到当时医学科学发展的影响，南丁格尔创办了第一所正式护士学校，随后护士学校如雨后春笋般地纷纷成立，但是这些护士学校都是采用医院办学的职业教育模式，学制2~3年。二次大战以后，美国经济开始复苏，科学技术和医学科学进一步突飞猛进地发展，护理教育也从医院办学向大学办学模式转化。我国的护理教育自20世纪80年改革开放后开始恢复高等护理教育，现已形成了多层次多轨道的护理教育体系，以适应不同区域经济发展的需要。

3. 社会政治制度　任何社会对教育机构所培养出来的人才大都有一定的思想和规格要求，学制作为学校教育的基本制度，规定着各种教育层次的护理教育应该向什么人敞开大门，各种层次的护理教育之间的教育内容如何衔接，各个层次的护理教育及各类护理学校的办学方向是否保持一致等，都受着社会政治制度的制约。

4. 教育者的年龄特征和教育背景　同其他形式的教育一样，护理教育的主要目的在于传授知识和技能，而知识和技能本身有其自身的内在逻辑和层次递进规律，它往往受制于受教育者的接受能力和领悟能力，因此受教育者的身心发展特征和教育背景是确定各个层次护理教育的入学条件、修业年限的基本依据。

（二）我国普通护理教育的学制

我国目前的普通护理教育包括中等专科教育、大学专科教育、大学本科教育和研究生教育四个层次。

1. 中等专科护理教育　其培养目标主要是初级的护理技术人才，目前中等专科护理教育仍然是我国主要的护理教育形式，学生来源一般是初中应届毕业生，修业年限为3~4年，也有部分学校招收应届高中毕业生，修业年限2年。

2. 大学专科护理教育　随着社会经济和医学科学技术的发展、医学护理模式的转变以及人们对健康需求的不断增加，近年来大学专科层次的护理教育发展很快，本层次的培养目标主要是实用型的临床护理专业人才，学生来源包括：①应届高中毕业生，修业年限为3年；②应届中专毕业生，修业年限为2～3年。

3. 大学本科护理教育　由于我国护理教育发展的现状仍然是以中等专业护理教育为主，并将逐渐扩大大学专科护理教育的规模，因此我国的大学本科护理教育的培养目标定位在学科型人才和实用型人才相结合的人才培养目标，大学本科护理教育招收应届高中毕业生，修业年限为5年，毕业后获医学学士学位。近年来随着护理教育改革的不断深入，有些大学的护理学院（系）已将修业年限改为4年，毕业后获理学士学位。

4. 护理研究生教育　目前硕士研究生教育是我国最高层次的护理教育，招生规模很小，培养目标主要是学科型人才，即具有从事护理专业教育、管理和科学研究工作能力的高级专业人才和具有独立从事护理学科科研工作和实际工作能力的高层次专业人才。护理硕士研究生的入学条件是具有学士学位的护理本科毕业生，部分院校也招收其他相关专业的本科毕业生，修业年限为3年。近年来，随着医学科学和护理学科的发展以及社会对高层次护理人才需求量的不断扩大，护理专业也开始开设在职硕士研究生教育，招收具有护理学及相关学科学士学位从事护理临床、护理教育和护理管理工作的在职护理人员，修业年限为4年，毕业后获硕士学位，但不授予研究生学历。

（三）我国成人护理教育的现状

目前我国成人护理教育主要有以下几种形式。

1. 夜大学和业余大学　常设在职工大学及普通高等院校的夜大学部，有两个层次，大专和专科升本科教育，分别招收中专毕业及大专毕业的在职护士，学习方式主要是业余形式，学习期限大专为4年，大专升本科为3年。

2. 自学考试制度　自学考试已成为提高护理人员现有学历层次的主要形式之一，学习方式主要是自学，考试是中心环节，护理专业的考试计划，专科一般3～4年完成，专科升本科一般为2～3年。

3. 其他　其他形式的成人护理教育还包括广播电视大学教育和网络教育，主要是利用现代化的教学手段和网络技术实现远距离的护理教育，教学层次目前仅设有大学专科层次，招收在职中专护士或应届护理中专毕业生，学习方式有业余和全日制两种，招生对象和修业年限与同等教育层次的夜大学和普通高校的护理教育相同。

二、学位制度

学位是评价一个人学术水平的一种尺度，也是衡量一个学科学术水平高低的一种标准。对于学位获得者来说，学位不仅代表着他在知识等级中的地位，而且反映出他的学术能力。因此，学位本身具有很强的严肃性，学位制度就是国家和高校为保证学位的严肃性，通过建立明确的学术衡量标准和严格的学位授予程序，而对达到相应学术水平的受教育者授予一定称号的制度。

（一）我国的学位级别和标准

根据1980年通过并公布的《中华人民共和国学位条例》规定，我国的学位分三级：学士、硕士和博士。对各级学位的要求和标准如下。

1. 学士学位　"高等学校本科毕业生，成绩优良，达到下述学术水平者，授予学士学位。①较好地掌握本学科的基础理论、专业知识和基本技能；②具有从事科学研究工作或担负专门技术工作的初步能力。"

2. 硕士学位　"高等学校和科学研究机构的研究生，或具有研究生毕业同等学力的人员，通过硕士学位课程考试和论文答辩，成绩合格，达到下述学术水平者，授予硕士学位：在本门学科上掌握坚实的基础理论和系统的专门知识；具有从事科学研究工作或独立担负专门技术工作的能力。"

3. 博士学位　"高等学校和科学研究机构的研究生，或具有研究生毕业同等学力的人员，通过博士学位课程考试和论文答辩，成绩合格，达到下述学术水平者，授予博士学位：①在本学科领域掌握坚实宽广的基础理论和系统深入的专门知识；②具有独立从事科学研究工作的能力；③在科学或专门技术上做出创造性的成果。"

（二）护理学科的学位层次

高等护理教育在美国起步较早，目前已经形成了完善的护理学位层次和体系，美国正式的护理学位层次有四种。

1. 护理准学士学位　授予社区学院护理专业的毕业生。

2. 护理学士学位　授予完成大学护理学院4年课程的大学毕业生。

3. 护理硕士学位　通常在获得护理学士学位后再学习2年，修完规定课程和学分，有时还需完成一篇论文，通过后即可授予硕士学位。

4. 护理博士学位　包括护理专业博士学位和哲学博士学位两种，一般在获得护理硕士学位后再学习3~4年，修完规定课程和学分，通过综合考试，完成有独创性论文并通过答辩后才能获得博士学位。

我国的高等护理教育起步较晚，1984年正式恢复护理本科教育，1992年开始护理研究生教育，至今尚无博士研究生教育。到目前为止还未设有护理学科学位，护理本科学生和研究生毕业后获相应的医学学位或理科学位。目前护理学科只有两个学位层次，即学士学位和硕士学位。

三、护理院校的招生和就业制度

招生制度是一个国家高等教育制度的重要组成部分，它规定着不同层次、不同类别的高等学校在人才选拔中所拥有的权限，人才选拔的标准、形式和范围等。

（一）招生制度的方式

1. 统一的入学考试方式　实行统一考试制度的根本目的在于保证不同的高等学校学生入学水准的相对统一，实行择优录取。实行统一考试的前提条件是现有教育资源不足以满足全部申请入学者的需要，而通过统一考试则起到一个有效而合理化筛选作用。我国自1977年恢复高考制度以来，基本上实行全国统一考试的招生制度，护理院校的全日制教育已纳入国家统一招生计划，通过全国统一考试择优录取。

2. 由大学单独组织入学考试的形式　一些实行大众高等教育的国家，为保证部分顶尖大学的学术水平，以体现大众化高等教育中的精英教育特征，允许一些高校保留采取竞争性的严格选拔的单独考试制度。如美国的许多名牌私立大学，自行举办入学考试，对申请入学者进行严格的淘汰和选拔，只有少数成绩优异的学生才能获得入学资格。

3. 统一考试和单独考试相结合的形式　实行统一考试与大学单独考试相结合，其根本目的在于更准确地把握考生的详细情况，避免一考定终身的弊病。实行这种形成招生制度的国家主要是日本的国立、公立大学和英国的一些传统大学。

（二）就业制度

长期以来，我国基本上实行统招统分的制度，高校毕业生的就业必须纳入到国家的整体计划。考虑到这种统一分配制度中的种种弊端，如分配中的专业不对口，造成人才浪费；学生、学校和用人单位都没有自主选择权，缺乏动力和压力等，于20世纪80年代中期开始实行指令性计划和指导性计划相结合，试行"供需见面、双向选择"的分配制度。90年代后，随着我国社会主义市场经济体制的确立，社会用人制度发生了根本性的改革，人才市场作为一种新的人力资源配置形式显示出越来越重要的作用，促使了高校毕业分配制度的进一步改革。

我国目前的毕业生就业制度已经完全打破了传统的计划就业模式，其整体框架是少数毕业生由国家安排就业，多数由学生自主择业。护理院校的毕业生就业也基本上实行了以毕业生就业市场作为基础的资源配置方式，学院（系）设有毕业生就业指导小组，为护理毕业生提供就业信息，并进行毕业生就业指导和咨询服务。

四、教师聘任制度

学校管理的最终目标是提高教学质量，在达到这一目标的过程中，护理教师的质量起着极其重要的作用。如何才能招聘到合格的护理教师呢？在选择护理教师的过程中应该遵循怎样的原则？这些都是教育管理学应该考虑的内容。

护理教育具有极强的职业性和专业性，护理教师在整个教学过程中起着主导作用，例如：贯彻教育方针，制定和执行教学计划；培养学生能力，组织安排教学活动，评价教学等都离不开教师。

随着我国教育教学改革进程的不断深入，学校中也逐渐引进竞争机制，部分学校已开始对教师采用聘任的办法，这样既可以广泛、灵活地发掘人才，又可以打破以往的僵化局面，使学校充满生机，做到物尽其用，人尽其才。教师聘任制度是根据教学和科研任务的需要，确定设立工作岗位的种类和聘任教师的方式，并规定受聘者应具备的条件及承担的责任和义务的制度。

（一）教师职务的设置

高等学校中护理学院（系）的教师的职务是与教师的工作任务、职责范围相对应的工作岗位。教师职务设置的总体原则是按需设岗，具体来说，岗位设置应遵循四个原则。

1．系统原则　在考虑一个岗位的设置是否合理时，应把这个岗位放在整个教师队伍的全局之中，从总体上分析它在系统中的作用。

2．整体效应原则　每一个岗位的设置，都要以教师队伍的整体工作目标为中心，并且所有岗位彼此间要保证能有效合作，以保证实现工作目标和任务。

3．最低岗位数原则　即用最小的投入获得最大效益，岗位的数量应限制在能够有效地完成工作任务所需要的最低数。

4．动态性原则　岗位的设置要从教师队伍的整体结构如年龄结构、职称结构、学历结构和知识结构，以及学院（系）的长远发展的角度予以综合考虑，注意梯队建设，以保证教师队伍在发展过程中始终保持一种动态平衡。

（二）教师职务的评审与聘任

工作岗位明确后，便可进行教师职务的聘任。根据岗位的需要，配备什么人，首先要考虑到受聘对象的任职资格。任职资格就是我们通常说的职称。职称和职务是两个不同的概念，职称反映一个老师的学术或技术能力水平和工作水平，职称一经确定，终身享有，而职务是根据教学和科研任务的需要设立的工作岗位，因此，职务有任期限制。

受聘人任职资格的审定，是由相应级别的教师技术职称评审委员会执行，任职资格的审定程序比较严格，体现了学术管理的严肃性。目前随着学校人事制度的改革，教师职务的聘任也引入了竞争上岗的机制，也就是说，获得任职资格后，并不意味着就可以获聘上岗，初步实现择优聘任。

（三）教学人员的选聘

工作岗位确定和聘任后，护理学院（系）的管理者便可确定目前还需要什么样的教师，是普通教师，还是专家型教师，并按照工作要求制定出招聘计划。在实施招聘工作时，最好准备一份关于需要招聘的工作岗位的详细工作职责及要求，具体内容应包括：①职务；②要求：包括学历、临床经验、教学经验，应具备的知识、技术和能力以及特长等；③最基本的职责和义务；④每项职责需承担的任务。值得注意的是，对于护理师资来说，即使是普通教师，仅具备学历是远远不够的，她还应具备丰富的临床实践经验。如果一个普通护理教师没有任何实践经验及相关知识，她在讲课时只能把书本的知识简单地复述给学生，这样对学生和教师双方都是一种伤害，学生得到的只是书本上的死知识，而教师也逐渐对教学产生一种冷漠感，最终很难胜任护理教学工作。而护理专家就意味着她是临床某一专科领域的专家，且有丰富的临床经验和较强的学术权威性，这样的教师不仅对学生有益，而且也有利于培养其他年轻教师。表 7-2、7-3 介绍英国两所护理学院和表 7-4 介绍北京大学护理学院用于招聘护理教师时的工作职责介绍，供大家参考。

表 7-2 Fransham 护理学校教师职务工作的介绍*

职务：护理教师

级别：普通护理教师

承担的责任：护理教育的指导者

对谁负责：上一级指导

最低学历要求：注册护士，由 UKCC 发给的护理教师资格证书或被认可的学位证书

职责：

● 教育方面

1．个人教学任务的计划、实施和评价

2．指导一组学生的学习

3．计划和实施评估过程

4．参与课程设置和改革

5．协助保持有效的临床学习环境

6．参与课堂教学和临床带教

7．指导临床护理人员进行专业培训

8．参与护士的继续教育项目

续表

- 专业方面
    1. 通过临床实践，以保持护理专家的水平
    2. 通过改革提高专业和个人水平
    3. 与卫生权威机构保持联系
    4. 参与校外学术团体的活动，如 UKCC
    5. 在直接上级领导不在时，承担高一级职责
- 社会工作方面
    1. 参与招生工作
    2. 帮助和劝说学生
    3. 监测学生在临床中的进步
    4. 与学校其他部门的人员联系
    5. 作为指导教学活动和评价学生的导师
    6. 积极参与评价活动
- 管理方面
    1. 坚持汇报学生的进步
    2. 向学生提出合理性建议
    3. 参与计划时间表
    4. 参加和组织全部教学会议
    5. 参加教育性社会活动

* 引自：郑修霞主编．当代教育学理论与护理教育．1994

表 7-3　Lucy Hallwell 护理学校教师职务的工作介绍*

职务：专家型临床护理教师
对谁负责：学科负责人
最低学历要求：注册护士，由 UKCC 发给的护理教师资格证书
职责：

- 临床方面
    1. 组织和安排病人的护理
    2. 向病人及家属提供指导
    3. 评价护理水平和结果
    4. 与相关人员联系和讨论
    5. 通过改革推广和发展现代护理实践
- 教育方面
    1. 为工作人员提供有效的临床学习环境
    2. 在病区内监测学生的进步情况
    3. 参与教学和师资培训工作
    4. 参与学生的评估
    5. 在护理学校内对学生进行专科教育
    6. 作为专家参与课程设置
    7. 参与工作人员继续教育的项目

续表

● 人事方面

    1．保证所有人员的健康和安全

    2．帮助和劝说学生和培训人员

    3．对受培训人员进行评价

    4．与受培训人员协商继续教育问题

● 管理方面

    1．提供学校和社区对临床教育质量的反馈

    2．向学生提供合适的报告

    3．监测在职护士的水平，确保整体护理以及对学生进行全面的监督管理

    4．保证卫生权威机构的政策的贯彻执行

    5．当上级管理者不在时，承担其职责

*引自：郑修霞主编．当代教育学理论与护理教育，1994

表 7-4　北京大学护理学院教师任职岗位职责

职务：护理教师

岗位：普通护理教师，C1 岗

主要职责：内科护理学的课堂教学和临床教学

直接指导者：内科护理学课程负责人

要求：

    1．硕士学位

    2．注册护士

    3．中级技术职称

    4．护理临床实践经验 5 年以上，以内科护理为主

    5．临床护理教学经验 2 年以上

上岗前培训：

    参加教师资格培训合格，通过普通话测试，获得由国家教育部颁发的教师资格证书

职责：

● 教学任务和目标

    1．完成院、教研室安排的教学任务及学科建设项目

    2．讲授内科护理学 30%～40% 授课内容

    3．平均每年主讲内科护理学 30% 的内容或至少 70 学时（含实习课）

    4．参与课程设置和教育教学改革

    5．负责指导本科生、专升本的专题论文，平均每年 1 篇

    6．教学评估不低于 85 分

    7．每年完成 3 个月的临床实践

    8．平均每年能独立指导本科生至少一个组的全程教学见习任务

● 科研任务和目标

    1．平均每年发表论文 1 篇

    2．参加教材的编写

    3．参加院级科研项目

● 校、院、教研室服务任务和目标，完成指派各种社会工作和临时性任务

（四）面试

在确定候选人后，除了要对应聘者进行各种业务考核外，还要进行面试。面试是管理者与应聘者之间获取信息的互动过程，一方面，管理者试图在面试过程中激励应聘者提供更多的信息资料，同时，可根据应聘者的基本情况和行为表现进行综合考虑，做出决定；另一方面，应聘者也可以从管理者那里获得学校和其他相关资料，从而帮助自己做出选择。因此，面试对双方都是非常重要的。为了提高面试的效果，在进行面试前首先应做好充分的准备。

1．面试的准备　在面试前做好充分的准备工作，是确保面试工作顺利有效地进行的重要步骤之一。一般情况下，面试的时间常常有限，因此，管理者必须合理安排面试时间，不经充分准备的面试将导致浪费时间，影响面试顺利进行，甚至丢失重要的信息。另外，也可使面试失去控制，最终降低面试的效果。面试前的准备工作应包括以下几方面。

（1）了解已有信息：在面试之前，管理者必须仔细阅读要招聘岗位的任职资格要求、应聘者的申请表和个人简历，记录下需要提问的特殊问题，以免大量的时间浪费在那些不太合格的申请者身上。

（2）制定面试计划：面试前应该制定一份计划，以便管理者能合理安排时间。如果面试是一个接一个地进行，则在两个申请者之间应有一定的时间间隔。

（3）准备面试场所：面试场所可以安排在办公室或小型会议室，有时，为了考察新教师的实际教学能力和临场应对能力，可采用让应聘者进行一次15～20分钟的课堂讲课的方式，因此，如果需要应聘者进行试讲，面试也可以安排在具有各种电教设备的教室里进行。不管面试在什么地方进行，管理者应该为面试者提供一个轻松的面试环境和气氛。为应聘者提供的椅子要舒适，面试者与被面试者的椅子的高度要保持一致；注意椅子间的距离要合适，中间最好没有桌子隔开。如果面试安排在办公室进行，面试者的椅子应该安排在桌子旁。在面试的过程中最好去除各种干扰因素，例如：不接电话，不打电话，在门外挂上"请勿打扰"的标志等等。

（4）确定参加面试的人员：面试时参加的人数一般没有特别的要求，有人主张一个人参与即可，但前提是他必须清楚地掌握目标、原则和要求，以便做出明智的选择。一人参加面试的缺点是可能使面试的结果过分主观。反之，多一些人参与面试可以从多方面考查申请者，有助于克服主观片面性，但缺点是意见往往难以得到统一。另外，如果采用由两人参加面试并进行考查的方法，可以由一个人主要负责与申请者谈话，另一个人负责仔细观察申请者的行为表现、语言表达，从而做出较为客观的决定，这种方式可以克服上述方式的不足之处。

2．面试的进行过程　面试应该准时开始，开始时要对申请者热情友好地问候，并做自我介绍，如有其他人在场，也应一一向应聘者介绍，同时需问一下申请者的确切姓名。管理者应该尽可能缩小由于自己的地位对面试所造成的影响；同时也不应让桌面遮住自己的身体，这样做的目的是为了建立一种开放性的气氛，以便申请者能尽可能多地呈现自己的情况。回答与提问应该贯穿于整个面试的过程，开始时，为了活跃一下气氛，可以先问一些题外话，如：爱好、兴趣、娱乐等，并可通过非语言性行为保持接触，如眼神的交流、倾听、点头，最后管理者应大致总结一下面试的内容，以节省时间，并使面试过程在和谐自然的气氛中结束。

面试过程的顺利有效进行，需要管理者具备丰富的社会经历，良好的人际沟通技巧以及较强的逻辑思维、综合分析和判断能力。

面试期间，相互间都会提出一些问题，管理者可以按事先准备好的指导计划进行提问，并让申请者明白这些准备好计划是为了避免遗忘问题，请他不要介意，更不必紧张，管理者可以用多种方式提问，但同一个问题只能问一次，要注意多问"开放式"的问题，这样可以避免申请者只简单地回答"是"或者"不是"，同时可以激发申请者提供更多的信息。"封闭式"问题只是在希望获得一些特殊资料时使用。

面试是一个复杂的过程，也是人际间相互作用的过程，在面试结束后，管理者应该总结一下应聘者的优缺点，并且要和其他应聘者相比较，综合平衡后，方能做出较为客观的决定。这个决定有时很容易，有时很难，特别是涉及人的行为方面的问题时，往往很难明确决定。表7-5概括了比较全面地进行一次有效面试的要点，供参考选用。

表7-5 进行有效面试的要点*

1. 给予热情，友好地问候
    a. 尽量放松，面带微笑
    b. 用合适的称呼，注意称呼一致，读音正确
2. 闲谈几句或做自我介绍，以帮助申请者放松
3. 告诉申请者面试的目的和基本内容
4. 根据面试计划按顺序进行，内容要准确
5. 谈论主要问题，询问需要了解申请者的资料
6. 澄清一些负效应和不清楚的问题
7. 注意应用倾听技巧
8. 总结申请者回答问题的要点
9. 给予有关学校的真实资料
10. 友好地道别
    a. 询问将来的计划
    b. 询问是否还有补充和建议
    c. 道别并感谢申请者的到来

*引自：郑修霞主编. 当代教育学理论与护理教育. 1994

3. 决定　面试结束后，管理者就要根据面试获得的资料，结合学校和学院（系）对所招聘职位的具体要求进行综合考虑，做出决定。决定是整个师资招聘过程中最令人关注的一步，因此，在做出这一决定时应该注意：①权衡学校和学院（系）制定的各项要求；②从现有的资料中权衡每位申请者优势，包括观察到的行为举止等；③权衡申请者的不利因素。在做出决定之前，管理者应该对以上情况进行全面考虑，并且在申请者之间进行比较和综合分析，最后做出符合逻辑的决定。

第五节　工作人员及工作情况的评价

大多数成年人至少有三分之一的时间用于工作，因此，工作作为我们生活的主要组成部分，具有极其重要的意义。每个人工作的好坏除了与个人因素有关外，还受到很多因素的影响。首先，社会关系可以影响一个人每天的工作效率，在某些情况下，社会关系对工作的影响程度可以超过工作人员本身的影响；其次是管理方式，管理人员消极的管理方式可以对工作产生负面影响，这种消极的管理方式常常使工作人员不能从自己的工作中得到满足，最终影响工作效果。此外，工作还与自我发展、社会地位等有着密切的关系。因此对工作人员个人和工作情况的评价要特别慎重，管理人员应该清楚地意识到，对工作人员个人和工作行为的评价活动不只是一个简单的收集资料过程，评价前应明确评价的目的，并根据评价目的适当的评价指标，使评价结果能够真正体现工作人员的真实情况，这样才能使评价起到积极的促进作用。

一、评价的目的

评价过程可以看做是一个系统，在这个系统中，工作人员（被评价者）和管理人员（评价者）可以围绕工作目标，对成长与发展以及满足需要等方面相互提供反馈。对工作人员的评价过程主要围绕两个中心问题：①你对组织的成长与发展有何贡献？②组织对你个人的成长与发展有何贡献？一般来说，通过评价过程，可以达到以下目的。

1. 为制定管理决策提供依据　对工作人员的行为或工作成绩的评价可以成为制定一些管理决策的依据，如：提高薪金、促进交流、降级或解聘等。

2. 明确发展方向　评价有助于教师明确今后进一步发展的方向，在评价结束后，高层管理者和工作人员可以根据评价结果，一起制定促进个人专业提高的行动计划，也可以制定一些正规的制度，如正规的培训计划，学术活动计划或单纯的工作训练计划等。

3. 明确组织目标　通过评价可以使工作人员进一步明确学院（系）的工作目标，提高工作效率。

4. 促进人员间沟通　评价方法常采用工作人员进行自我反省和自我评价，小组成员互评的方法，因此，通过评价过程，促进了工作人员之间的沟通，增进了相互间的理解。

5. 其他　开发人力资源以及评价组织活动的质量。

二、评价的原则

评价教职工的工作行为对个人具有重要意义，不能任意地随便做做而已，评价必须做到真实、准确。对工作人员行为的评价应特别强调遵循以下的原则。

1. 评价结果应存档　评价至少每年进行一次，每次评价结果必须记录存档。

2. 评价结果应与本人见面　有关工作行为的评价资料必须与被评价者见面，被评价者也应该有机会通过书面的形式表达自己的看法。

3. 提供申诉机会　学院或学校必须设立专门的机构，以便被评价者对评价结果提出申诉。

4. 评价要尽可能客观　领导者应该有足够的机会观察被评价者的工作行为，如果缺乏观察的机会，如评价者与被评价者在不同机构工作，则应该通过其他途径收集资料以充实评价信息，弥补由于缺乏观察所带来的不足。

5. 确保资料的连续性和完整性　在评价的全部过程中，应该不断地记录被评价者的行为,使资料具有连续性、完整性,同时所有记录存档的资料都应该与被评价者见面。

6. 培训评价者 评价者必须经过统一培训,使评价者明确评价的有关问题,例如:最合理的工作行为是什么?如何完成填表工作?如何完成面谈的反馈工作等。

7. 评价要强调以行为为基础 工作行为的评价应该强调以行为为基础,即集中于他们都做了些什么?而不是把评价的焦点集中于个人动机、品质及个人特征等方面的,这种强调以行为为基础可使评价更具客观性。

三、评价的实施

评价的最基本目的是使管理者发现工作中存在的问题,并促进工作人员不断充实自我,提高工作质量,因此为了使评价对管理者和工作人员双方都产生最大效益,每次评价活动之前都需要进行仔细推敲和周密计划。

(一) 评价前的准备工作

在进行评价前的一二周,评价所涉及的双方都应充分利用时间集中完成将要评价的主要工作,执行评价的一方应该明确评价的内容,选择合适的评价标准,确定参加评价的人员。对工作人员进行评价的内容主要包括两个方面:①评价工作人员的个性特点;②评价工作人员的行为表现。每一方面又都采用不同的方法,不同的标准进行评价。此外,在评价前,还应考虑通过什么方法来判断一个工作人员的个性特征及行为表现,常用的方法有绝对判断和相对判断两种,绝对判断是指评价者根据自己的认识程度给每位工作人员打分,即把每位工作人员孤立起来进行判断。相对判断是指评价者将每一位工作人员的情况与其他人员进行比较后做出的判断,并根据比较的结果给每位工作人员打分(表7-6)。表7-7为英国某机构所提供的一份有关工作人员评价内容的提纲,供学习者参考。

表 7-6 绝对判断和相对判断的评价*

1. 绝对判断的评价:评价者根据自己的认识程度来给每位工作人员打分:

(1)	(2)	(3)	(4)	(5)
低于标准	接近标准	达到标准	超过标准	远远超过标准

(1) 主动性,积极性

(2) 独立性

(3) 相关知识水平

(4) 遵守校规情况

2. 相对判断的评价:评价者根据与其他人员比较后,给每位工作人员打分:

(1)	(2)	(3)	(4)	(5)
最差的 10%	最差与中等之间的 20%	中间的 40%	中间与最好者之间的 20%	最好的 10%

(1) 主动性,积极性

(2) 独立性

(3) 仪表

(4) 合理利用时间

*引自:郑修霞主编. 当代教育学理论与护理教育. 1994

表 7-7 英国某健康机构工作人员评价的基本内容*

姓名：	职位：
时间：	评价者姓名：

1. 去年的工作活动
   1.1 按照权重比例简要列出你工作的主要方面
   1.2 利用一量表自我评价你所确定的每项工作
   1.3 确定促进你以上工作的因素
   1.4 确定妨碍你以上工作的因素
2. 去年的发展情况
   2.1 确定去年用于专业发展的方法
   2.2 确定去年用于个人发展的方法
   2.3 确定对你的发展有特殊意义的事件
   2.4 确定你利用以促进专业和个人发展的任何机会
3. 明年的工作
   3.1 在工作中，你特别想在哪些方面得到发展
   3.2 在工作中，你特别想在哪些方面进行改革
4. 明年的发展计划
   4.1 明确在明年你的发展要求
   4.2 上述哪项最有优先权
5. 行动计划
   根据以前的资料，写出一份你明年的行动计划，并确定权重顺序。

*引自：郑修霞主编．当代教育学理论与护理教育．1994

（二）评价方式

1. 评价量表法　采用评价量表进行工作人员行为的评价是最常用的、也是较为简单的评法方法，但这种评价往往不够精确，因此，必须同时配合其他评价方法。

2. 评价性面谈　仅仅完成表格内容的填写只是评价工作的一个侧面，并不意味着评价工作的结束。为了使对工作人员行为的评价更为精确，达到促进工作人员进步的目的，可以采取面谈评价的方式，这是为工作人员提供有效信息，帮助个人发展的基础。

评价性面谈的形式与前面所述的面试有相似之处，但目的、对象不同。在评价性面谈中可以利用面试中有关创造轻松、愉快气氛的技巧，使评价工作更为有效；评价性面谈也应该在一个不受干扰的房间中进行，可以准备一些茶点，尤其当面谈需要较长的时间时，必要的茶点可以避免因吃饭而中断面谈，干扰双方的思路。

在进行评价性面谈过程中很可能会产生一些新的想法，因而必须保证有充足的时间，以便参与评价的双方能进行充分交流，及时得到反馈信息。评价性面谈是被评价者与管理者进一步沟通和交流的良好机会，有时候可能是惟一的机会，因此，应把握好时机，多花一点时间（如准备半天时间）也是值得的。

3. 观察　要使评价工作确有成效，评价者必须尽可能客观地反应评价的结果，保证评价意见的准确性。为了做到这一点，评价者必须保证确确实实了解被评价者的实际工作情况。对被评价者进行观察或实地考查，是了解被评价者实际工作行为的有效方法，假如被评价者是一位课堂授课教师，评价者就应该深入到教学课堂中去听课。如果评价一名临床教师，则评价者需要到临床实践中去，与学生们一起学习，共同工作，从中观察临床教师的行为，只有这样才能比较客观地反映教师的实际工作行为，从而提高评价的准确性。

在评价专业发展时，需要花费更多的时间用于讨论被评价者继续教育的问题。对护理学院来说，迫在眉睫的任务是加强各种学位教育，以便解决各层次的师资问题。在评价期间我们还应该不断地发现新问题，挖掘促使改革的动力，推动工作向新的目标发展。

（三）行动计划

在评价性面谈结束时，评价双方都应该对今后一段时间的行动计划初步达成一致性意见，明确明年的工作计划以及个人和专业的发展方向。例如可以讨论研究某些新课程的设置方案，总结已获得的经验，以及在教学和科研中试用的新技术等等。

（四）评价的副作用

评价活动也有一些副作用，如在进行评价时，可能会使工作人员产生重度焦虑，尤其是在评价动机、目的模糊不清的时候。有人把评价称做是"开放的间谍系统"，这就意味着工作人员对管理者如何使用评价结果产生一种恐惧心理。再者，整个评价过程，从收集资料，根据标准衡量资料，到最后分析得出评价结果，持续的时间较长，这种长时间的等待评价结果也增加了工作人员的焦虑情绪。评价的另一个弱点是主观性，不管采用什么评价手段，都不可避免地带有一定的主观性，这种主观性主要来源于两个方面，一是评价者对评价最终结果的分析判断，需要依据评价者个人的经验、品质、个性及评价技术；另一方面是资料的主观性，一些管理者认为克服资料的主观性，可以通过"行为活动量表"使其客观化和标准化。评价者在评价之前根据这些特征，用自己的语言来描述各种行为标准的定义，如什么是低水平的，只有明确量表中的各项指标的可测量性定义，才能使量表中评价的各种行为转化为可测量的数字，以减少主观性差异。

（吴　瑛）